イスラーム国の黒旗のもとに

新たなるジハード主義の展開と深層

サーミー・ムバイヤド

高尾賢一郎 + 福永浩一 訳

青土社

イスラーム国の黒旗のもとに

目次

イスラーム国の黒旗のもとに　新たなるジハード主義の展開と深層

謝辞

本書は最も困難な時期を通して書かれた。私の祖国シリアは戦争状態にあり、社会構造は破壊され、経済は荒れた。死亡した二五万人以上の国民の多くは、不幸にも現在続いている暴力の犠牲となり、戦場からの脱出を試みて地中海で溺死した人もいる。一九九〇年代に文通を始めて以来、私に安らぎを与え、寄り添ってくれた友人たちはみな祖国を離れてしまった。純粋にシリアでの大虐殺から逃れた人もいれば、ヨーロッパやアラブ世界で仕事を見つけた人もいる。

しかし彼らは、世界の果てから原稿の下書きを読み、また独自の調査を通して、私が本書を完成させるのを手伝ってくれた。その筆頭は、アブダビにいるアブドゥッサラーム・ハイカル氏である。彼はベイルート・アメリカン大学の学生時代から、二〇年近くにわたって私のあらゆる著作のために時間を割き、貴重なアドバイスを与えてくれた。私にとって彼は、離れていても常にそばにいて、苦難な状況にある私を掴む手であり、また悩みを聞いてくれる兄弟であった。

ムハンマド・サウワーフ氏は、ダマスカスでイスラームとカリフ制について夜通し議論に付き合ってくれた相談役である。シリア社会民族党のジャミール・ムラード氏もそうだったし、学生から同僚、そして友人となったカースィム・シャーグーリー氏もまた、政治思想に関する指導をしてくれた。ベイルート・カーネギー中東センター時代の優秀な元研究助手、ファラフ・アキル氏もまた、時間をかけて本書に目を通し、その洞察力を発揮してくれた。ベテランの同僚であるジョシュア・ランディス氏は、今日を代表するシリア研究者の一人である。信頼できる個人助手、アビール・ジャマル氏には、私のあらゆる作業において、何度となくその価値を見出すための時間と努力を費やしてくれたことに深い感謝を申し上げる。

自分の学生たちにも私は感謝を申し上げたい。彼らは本書に必要な現地のリポートに貢献し、データを集め、戦地となったシリアの危険な場所からのインタビューを設定してくれた。また、本書の編集者であるファーディー・イスビル氏には多大な感謝を申し上げたい。元学生で今は友人となったイスビル氏は、アメリカでの約束されたキャリアと、ロンドン・スクール・オブ・エコノミクスでの輝かしいサクセス・ストーリーを捨てて、故郷であるダマスカスに戻ってきた。祖国が灰の中から蘇るのを手伝うため、過酷な戦争の最中に帰還した彼は、善良な市民、また出来た母親の息子の模範である。彼の母親もダマスカスも、両手を広げて彼を心待ちにし、彼もまた多くの情熱を母親と故郷に注いだ。イスビル氏は四つあった初稿を読んで、専門家の目で細部の編集を行い、全体に厚みを加え、本書の原稿を完成に向けて洗練することに尽力してくれた。本書は私の本であると同時に彼の本である。

最後に、母と父に感謝を申し上げたい。彼らは涙と恐怖とともに「イスラーム国」（ＩＳＩＳ）の誕生を見てきた。私は常に彼らに対して、明日はより良い日になると安心させてきたが、彼らはそれをほとんど信じなかった。シリアが最も栄えていた時代を知る彼らの世代にとって、シリアが戦争、混沌、無法地帯に陥るのを見るのは耐え難いことである。しかし私は、積み重なる恐怖と絶望の底にまだ希望を見出している。何ごとも永遠に続くものはない。これは人生の教訓である。いつかシリアの戦地からすべての勢力が去るだろう。ヌスラ戦線やＩＳＩＳも消滅するだろう。光がすべてのトンネルの端まで広がり、暗い雲はどんなに獰猛であっても最後は消え去る。多くを目撃してきたこの国は、必ずその灰の中から蘇る。一万年近く、絶えずそうだったのだ。政治家は過ちを犯し、体制は計算を誤るが、歴史は常に正しく決着する。

はじめに

二〇一五年二月半ば、身の毛もよだつ映像がインターネット上で広がり、世界中に衝撃を与えた。映像に映る場面はリビア海岸沿い、同国の元独裁者ムアンマル・カッザーフィーが生まれたスルト市の近くである。海岸で二一人のエジプト人キリスト教徒がオレンジ色のつなぎを着て列を作っている。地面に膝をつく彼らの震える足に地中海の波が打ち寄せていた。

背後には、彼らを人質にとった別の二一人の男が列を作っている。中央の全身黒ずくめの男の左右に迷彩服の男が一〇人ずつ立ち、全員が光った鋭いナイフを構えている。彼らが各々、無抵抗の人質の襟首を掴むと、黒ずくめの男が北米訛りの英語で「十字軍兵士たち」と呼んだ。その男は、十字架を破壊し、豚を殺し、ローマを支配すると誓った。その後、彼の取り巻きが、目の前の膝をついた人質の喉を切り裂いた。ヨーロッパから南にわずかな距離の地中海の水が血で染まっている場面が映される中、黒ずくめの男は人質にナイフを当てる直前、世界に向けてこう訴えた。

> 人々よ、あなた方は先日、シャーム（レバント地方）[i]の丘とダービク[ii]の平原[iii]（アレッポ付近）で、我々が首を切り落とすのを見ただろう。その首には長い間、イスラームとムスリムに対する悪意に満ち

た、欺瞞の十字架がかけられていたのだ。

彼は、「黒ずくめの男」のモデルであるジハーディー・ジョンにも言及した。ジハーディー・ジョンとは、「イラクとシャームのイスラーム国」(ISIS、ISIL、IS)[iv]に所属する死刑執行人の上役である。ジハーディー・ジョンはイギリス生まれのジハード主義者[v]で、別の映像の中でやはりトレードマークであるオレンジ色のつなぎを着た無抵抗の西洋人の喉を切り裂いて世界を震撼させた。ISISによる恐怖の支配は、今やイラクの砂漠、シャームの丘から、地中海の海岸にまで広がっている。

「イラクとシャームのイスラーム国」は、二〇〇三年にアメリカがイラクの首都バグダードを占領した後に生まれた比較的新しい組織である。多くのアラブ人や外国人は、ISISのアラビア語名の頭文字をつなげて「ダーイシュ」と呼ぶ。ISISの信奉者は、この呼び名を珍妙なものに聞こえるからと嫌い、単に「イスラーム国」と呼ぶのを好む。一方、ISISの思想的なルーツはより古く、イスラームの初期とムスリムの最初の世代に遡ることができる。イスラーム主義者[vi]たちが信じるところでは、シャリーア、すなわちイスラームの聖法による統治と、六三二年に預言者ムハンマドが死んだ後に設立された、イスラーム初期同様のカリフが支配する国家の設立は、真の信仰者にとっての究極的な目標である。これはISISのイデオロギーの最も重要な点と言える。

イスラーム主義者はカリフ制という着想を、神聖な夢として、世代から世代へと引き継いできた。ウサーマ・ビン・ラーディンやアブー・ムスアブ・ザルカーウィーといった著名なジハード主義者も同じ夢を抱いていた。当初よりシリアのジハード主義者は、一二〇〇年以上前の輝かしいウマイヤ[vii]朝の首都ダマスカスでカリフ制を再興することを望んでいた。ウマイヤ朝はイスラーム史上最初の王朝で、特有の官僚制度や国内治安体制、また海軍や郵便事業を有していた。そこからイスラームは、はるか中国やスペインに領土を広げ、「不信仰者」も改宗するに至ったのである。

シリアのジハード主義者は、自分たちを預言者ムハンマドに続く正統なスンナ派ムスリムの継承者、すなわちアブー・バクル・スィッディーク、ウマル・イブン・ハッターブ、ウスマーン・イブン・アッファーン、アリー・イブン・ターリブといった偉大なムスリム指導者たちを継ぐ存在と見ている。ムスリムの最初の世代であるこれら四人の正統カリフはイスラーム実践の模範である。彼らは、アラビア語でムスリムの初期の世代を意味する「サラフ」、あるいは「始祖」と呼ばれ、彼らを模範として生きる人々は「サラフィー」と呼ばれる。

現代においてサラフィーと呼ばれるジハード主義者は、イスラームにもとった実践を伴う信仰の解放、イスラームの純化に努めながら、イスラームの内部改革を求めている。ここで言う「改革」は、像や墓石といった偶像を破壊・禁止し、預言者ムハンマドが使用した歯磨き用の小枝であるミスワークの使用を奨励し、西洋の不信仰者を真似たネクタイや、イスラームが厳しく禁じる飲酒よりも体に害を与える喫煙を禁止する、といったものである。実際に彼らは、正統カリフが示した初期ムスリムのあり方から歪んだ現在のイスラーム世界を、倫理、敬虔さ、実践の面で元に戻そうとしている。

サラフィー主義と呼ばれるこの姿勢は、まず一九世紀、ムスリム世界にヨーロッパの影響が及んだことへの反応として興った。当時ヨーロッパは、長く続いていたムスリム世界の社会・文化・宗教規範に挑み、これらを侵食した。シリアを含むオスマン帝国では、ヨーロッパの領事や商人が影響力を増した他、ドイツ、ロシア、アメリカ、フランス、イギリスの宣教者や学校の数も増えた。その中でも最も有名なのは、一八六六年にアメリカ人のプロテスタント教徒が建てたシリア・プロテスタント・カレッジである。

ムスリムの支配領域は、かつて東ヨーロッパ、バルカン半島、クリミア半島、コーカサスを含んでいたが、オスマン帝国の支配下でセルビア、モンテネグロ、ルーマニア、ボスニア、ヘルツェゴビナ、キプロスを失い、その領域を狭めた。エジプトやチュニジアといった、ムスリムが確固たる地位を築いていた北アフリカの一部でも、世俗化が浸透したことで伝統的な宗教領域が狭まった。帝国の王たるスルタンは、領土の縮小を埋め合わせるため、帝国内のアラブ地域に鉄の支配を課し、自らを無謬で揺るぎない、神聖なる指導者と位置づけた。今日の世界では、サラフィー主義の主流は扇動的な信仰のあり方となり、世界中で神権政治の確立を目指している。彼らの描くイスラームとは、シーア派やアラウィー派といったスンナ派以外の存在を排除し、「不信仰者」の首を跳ねることを是認するものである。多くのムスリムの目に、こうした行為は歪曲されたイスラームのあり方と映る。

二〇一四年夏、ISISがシリアとイラクの広大な領土を制圧した時、大半の人はこれが短期的な現象で、そのうち消え去ると予想した。これはシリアの内戦による混乱から生まれたもので、シリアでひとたび銃声が止めば消滅すると思われた。また多くの専門家は、ISISのイデオロギーの根拠や勢力基盤は疑わしいと主張した。しかし一五年半ば、本書の執筆中にISISはまだ消え去っておらず、むしろその存在感を強めている。テロリスト集団は支配を強め、一四年九月以来のアメリカ主導の大規模な空爆作戦を生き延びている。

ＩＳＩＳはまた、裁判制度や機能的な警察部隊、強い軍隊、洗練された諜報機関、国歌、そしてアル＝カーイダの黒い幕を基にした国旗といった、国家としての様々な象徴を設けることで政府を完成させた。さらにより重要なこととして、石油収入により国庫を満たし、一国家にふさわしい機能を完成させた。こうしてＩＳＩＳはシリアとイラクの土地を支配し、両国の軍隊と戦いながら、ジハード運動において同類のグループを出し抜いた。

この結果、ＩＳＩＳのカリフ、アブー・バクル・バグダーディーは、ナイジェリアのボコ・ハラムやシナイ半島のアンサール・バイト・マクディスといった強硬な集団から支持の誓約を取り付けた。そしてその手をヨーロッパに伸ばし、かつてスペインを支配したイスラーム帝国の再興を目論んでいる。ＩＳＩＳは消え去っていない。そのイデオロギーの根拠と勢力基盤は、多くの専門家がかつて述べたよりも強大であることが示された。

＊＊＊

本書では、読者をオスマン帝国時代から現在にいざないつつ、「イスラーム国」とそのカリフ制の思想的基礎について深く掘り下げて考える。これは、ＩＳＩＳのメンバーやＩＳＩＳの支配地域に住む人々への直接のインタビュー、また支配地域からの現地リポーターによる分析を紹介して、ＩＳＩＳがどこから来たのか、どのように伸張し、今後どこに向かうのかといった同組織の性質を明らかにする試みとなろう。二〇一三年のＩＳＩＳ形成の背後には誰がいたのか？　ＩＳＩＳのメンバーはサッダーム・フセイン政権時代の軍人で、〇三年のイラク戦争後にジハードに走った元バアス党員メンバーだけなのか？ アメリカのオバマ政権が一一年以降のシリア紛争への介入を渋ったことで何が生じたのか？ シリアの反体制派が主張したように、ＩＳＩＳを生み出したのはイランなのか？ はたまたイラン政府やアサド政権が主張したように、ＩＳＩＳはトルコやサウジアラビアに起源を持つのか？ あるいはＩＳとは、以上のすべての要因が制御不能となって混じった結果、誰とも進んで手を組む、あるいは全員と敵対する「殺し屋」になったのか？ もちろん真実はいまだ不明だが、数十年と言わないまでも、数年すれば説得力のある答えが現れるのではないだろうか。

私は最初、本書の執筆に乗り気ではなかった。なぜなら私にとって、人生を危険に晒す試みだったからである。訓練によって私はバアス党誕生以前のシリアの歴史に精通はしたが、バアス党以降の歴史について書くことは難しいと思った。今日ＩＳＩＳが支配するシリア北部では、国家というものが見当たらなくなった。バアス党以前の一九五〇年代、また六三年から二〇一一年のバアス党時代はもう二度と戻ってこないだろう。私が知っているダマスカスは神話の美しさを持っており、世俗的な政治指導者たちは国際連合の設立会議で、それぞれの思惑でもってその土地に自分たちの国の未来を夢見た。

私はイスラーム主義者や権力に飢えた戦士たちに共感を覚えない。今日起こっていることは祖国の歴史において全く新しい展開である。それは醜く、我々の誰もが望んでいる以上に長く続いている。しかしながら、アメリカ同時多発テロ「九・一一」以後の世界情勢、またアラブ政変以前の政治情勢といった、白黒はっきりした眼鏡だけでＩＳＩＳを眺めることは誰もできない。これは西側世界が見ているように単純ではないのだ。必要なのは、すべてが過去に深く根ざした、アブー・バクル・バグダーディーとその野望の思考の内面へと読者をいざない、初期ムスリムの時代に真剣に目を向けることである。

二〇一四年にＩＳＩＳが誕生したのはなぜか、その指導者は今後何を目指そうとしているのかについて、過去の歴史は幾つかの答えを教えてくれるかもしれない。

サーミー・ムバイヤド
ベイルートにて

第一章　カリフ誕生の歩み

「カリフ制を廃止する」。この力強い発言とともに、世俗主義者であるトルコのムスタファ・ケマル・アタテュルク大統領[i]は一九二四年三月三日、最後の公式なカリフ制を廃止した(1)。物議をかもしたこの決定は、第一次世界大戦の決着に向けてオスマン帝国が崩壊した五年後に、トルコの国民議会で発表された。カリフの義務の一部や幾つかの機能、またカリフのために残されていた資金は世俗主義を採るトルコ議会に移管された。アタテュルクは、「ムスリムをカリフ制という幻想に取り憑かれたままにさせることは、彼らにとって危険であるということを、私ははっきりさせなければならない」と説明した(2)。

このちょうど九〇年後、イスタンブールから一四〇〇キロ離れたユーフラテス川沿いの、ほこりが舞い上がる忘れられた町でカリフ制が蘇るとは、彼はつゆほども思わなかった。

「カリフ」(代理人)は文字通り、イスラームの預言者であるムハンマドの後継者を意味する。また規定として、カリフはアラビア語で「ウンマ」と呼ばれる、地上のすべてのムスリム共同体を含めた主権領域を統治する。スンナ派ムスリムにとっての最初のカリフは、六三二年に即位した預言者の隣人、友人で、信頼のおける教友でもあったアブー・バクル・スィッディークである。人々は彼を「ハリーファ・ラスールッラー」(アッラー(神)の使徒の代理人)と呼んだ。カリフは世界のムスリム共同体の合意によって選ばれる必要があった。スンナ派ムスリムは、マッカがイスラーム誕生の地であることを踏まえ、カリフになれるのは、マッカの有力部族であるクライシュ族、ないしはその支族に血統を連ねる人物だと考えており、預言者ムハンマドもクライシュ族のハーシム家の出身であった。

しかしながら、ハナフィー法学派[ii]はクライシュ族以外もカリフになれると主張しており、これが誰一人マッカの名家出身でないオスマン帝国のスルタンがムスリム帝国の支配者となった背景にある。またシーア派ムスリムは、マッカの名士の子孫であることはカリフの十分条件ではなく、「アフル・バイト」（お家の人々）、つまり預言者ムハンマドの末裔であることがカリフ候補者に絶対必要な条件だとする。

こうした諸々の議論を背景に、アブー・バクル・バグダーディーは公式の声明を発表する際や姿を現す際、自身の名前の最後に二つの重要な単語を加える。一つはクライシュ族の出身を意味する「クラシー」、もう一つは預言者ムハンマドの孫、ハサン・イブン・アリーの子孫を意味する「ハサニー」である。西洋のジャーナリストや非ムスリムは便宜的にこの二つの単語を省きがちであるが、ＩＳＩＳがバグダーディーに言及する際はこれらの単語を必ず用いる。バグダーディーは自身をできる限り歴史的、宗教的、また大衆的な正統性に裏打ちされた存在として紹介しようとしているのだ。ただしこれは、敵体するシーア派や、彼に反対するスンナ派の人々をなだめるための策というわけではない。

カリフ制の思想的基礎

イスラーム法学の土台となるのは、預言者ムハンマドの言動を精密に編纂した伝承集「ハディース」[iii]で、これはすべてのムスリムにとって聖典クルアーン[iv]に次ぐ重要性を持つ。ハディースによれば、預言者ムハンマドはカリフ制の再興について以下のように述べる。

アッラーがお望みの限り預言者制は続き、アッラーがお望みの時にそれを取り除くだろう。その後、アッラーがお望みの限り、預言者の方法に則った方法でカリフ制は続き、アッラーがお望みの時にそれを取り除くだろう。その後、アッラーがお望みの限り、争い合う王政は続き、アッラーがお望みの時にそれを取り除くだろう。その後、アッラーがお望みの限り、人民を苦しめる王政は続き、アッラーがお望みの時にそれを取り除くだろう。そして（再び）カリフ制が訪れるだろう。[3]

また、権威あるイマーム・ムスリムが編纂したハディース『サヒーフ・ムスリム』の中で、預言者ムハンマドの教友であるアブー・フライラは、ムハンマドが次のように述べたと語っている。「私の後に預言者は現れない。現れるのは多くのカリフたちである」。さらに別のハディースでは預言者が次のように述べる。

私の後、あなた方の世話を引き受ける指導者らの内、敬虔な者はその敬虔さによってあなた方を導き、敬虔でない者はその不敬虔さによってあなた方を惑わせる。したがって、真実（イスラーム）を裏づけることがらにおいてのみ、彼らに耳を傾け、従いなさい。

クルアーンには、「カリフ」という言葉が三度登場する。第二章「雌牛」第三〇節では、神がアーダム（アダム）を自身の地上における代理人（カリフ）と定める。また第三八章「サード」第二六節では、神がダーウード（ダビデ）王を、自身の地上における代理人（カリフ）として言及しつつ、真実に基づいた統治を彼に義務づけている。そして第二四章「光」第五五節では、以下のように述べられる。

アッラーは、あなた方のうち、信仰し、善行をなした者たちに、必ずや彼らを地上における代理人（カリフ）にすると約束した。ちょうど彼ら以前の（一部の）者を代理人にしたように。また必ずや、彼らに授けた宗教を彼らのために確立させ、かつての恐怖の代わりに、安全を授けると約束した。（そこにおいて）彼らは私（だけ）を信仰し、何ものをも聖なる力として私に並び置かない。しかし、これの（これを理解した）後に真実を拒む者、彼らこそは邪な者である！

イスラームは預言者ムハンマドによって始まったが、クルアーンが言及するすべてのカリフ、地上における神の代理人は、イスラーム以前の「アブラハムの宗教」の伝統を背景とする。クルアーンはムハンマドの後継者には全く触れていない。

誰がカリフになれるのか？

先述の血統の話を除けば、カリフになるための条件は公明正大である。カリフはムスリムの男性でなければならず、女性のカリフ即位は認められない。カリフは礼拝で人々を指導しなければならないが、イスラームの伝統では女性が礼拝の指導は行えず、モスクで男性だけが集まる場所に姿を現すこともできない。また、カリフはイスラームに通暁し、公正で、信頼に足り、道徳面でも優れている他、健康で、霊性を備え、勇敢で、かつウンマを敵から守る能力を備えていることが求められる(4)。スンナ派とシーア派はいずれも、カリフの統治がシャリーアの境界内で「正義」に基づいた統治を行う限りの、一時的なものと考える。カリフ即位はイスラーム法学者が定める法の承認が必要で、人々もその法に従わなければならない。すなわちカリフは、クルアーンの定める聖法を超えた存在では決してない。カリフがクルアーンの教えに背き、例えばムスリムに礼拝を呼びかけないといった場合、国家の問題について議論し、ムスリム国家を代表して決定を下すことを委任された少数の学者からなる諮問評議会（マジュリス・シューラー）によって彼は弾劾される。

六三四年、最初のカリフであるアブー・バクルの死後、次のカリフに選ばれたのはウマルである（在位六三四～六四四年）。ウマルはイスラームの歴史上、賢明、公正、敬虔で、政治センスに秀でた人物として知られた。このため彼の言葉は次世代のムスリムに、従うべき法となって残された。また彼は、預言者ムハンマドの古い友人であり、義父（ムハンマドの妻ハフサの父）でもあった。「ハリーファ・ハリーファ・ラスールッラー」（アッラーの使徒の代理人の代理人）という冗長な表現を避けるため、ウマルは「アミール・ムウミニーン」（信徒の長）と呼ばれた。この肩書きはその後の二人のカリフで、いずれも預言者ムハンマドの娘と結婚したマッカの名士、ウスマーン（在位六四四～六五六年）とアリー（在位六五六～六六一年）に対しても用いられた。スンナ派のハディースによれば、四人のカリフは皆、ムハンマドによって来世を天国で過ごすべく選ばれた。これはムハンマドが愛した最初の妻ハディージャ、その娘ファーティマ、また一〇代の妻アーイシャにも与えられなかった特権的な身分である。

六一歳で天寿を全うしたアブー・バクルを除き、初期のカリフは全員が暗殺された。ウマルはモスクでペルシャ人に刺され、ウスマーンは自宅で襲われ、アリーはハワーリジュの徒（イスラームの離反者）[v]によって、全員が礼拝の際に殺された。彼らの生涯はムスリム世界にとって重要な意味を持っており、ＩＳＩＳのカリフ、バグダーディーの心にも刻まれている。彼はカリフの生涯を記憶し、これを二一世紀の今日、「イスラーム国」とそれに加わる人々がならうべき方向性と位置づけた。そして、これによって初期のカリフたちが長く語り継がれると信じている。初期のカリフはすべての善良なムスリムにとって象徴的な模範であり、バグダーディーも彼らと同じ足跡をたどることを信条としている。

最初の三人のカリフによる統治下、イスラームの首都はマディーナであった。マディーナの預言者モスク（マスジド・ナバウィー）には預言者ムハンマドの墓があり、またクルアーンの最後の啓示がムハンマドに降ったのもマディーナである。ムハンマドの娘婿であるアリーが第四代カリフを務めていた短い期間、イスラームの首都はクーファ（現在のイラク、首都バグダードから南に一七〇キロ）に移ったが、彼の後を継いだムアーウィヤ一世（ムアーウィヤ・イブン・アブー・スフヤーン、在位六六一～六八〇年）はダマスカスに遷都し、アリーの跡継ぎたちがカリフ位を継承するのを妨げた。アリーの息子であるハサン・イブン・アリーとフセイン・イブン・アリーは、預言者ムハンマドの孫という血統を根拠に、自分たちがムハンマドの正しい後継者だと主張した。一方、ムアーウィヤ一世は、「ウマイヤ家」と呼ばれる貴族、バヌー・ウマイヤ族の出身である。そもそも彼は、ムハンマドがイスラームを人々に説いて回り始めた際、これを受け入れず、ムハンマドをペテン師として一笑に付した人物である。そしてムハンマドとマッカ軍との戦争に際して、彼はムハンマドに対して武器を取ったが、ムハンマドの勝利を確信するとイスラームに改宗した。そして姉のラムラをムハンマドに嫁がせ、自身はハディースの暗唱者になった。[vi]

カリフ即位にあたり、ムアーウィヤ一世は、カリフ位を放棄するようにとアリーの長男ハサンを説得した。そしてカリフ位を自身のウマイヤ家による世襲の王位とし、息子であるヤズィードに引き継がせた。この結果、カリフ継承にかかわる遺恨が次の世代に持ち込まれ、ヤズィードはバグダードの南西一〇〇キロにあるカルバラー[vii]で、アリーの次男であるフセインを彼の一家ともども殺したのである。

この行為を正当化するため、ウマイヤ朝は、「二人のカリフに対して忠誠の誓いがなされた場合、後に現れたカリフを殺せ」という、預言者ムハンマドの名高い声明を利用した。人々はフセインの首をはねて、これをダマスカスにあるヤズィードの宮廷への贈り物とした。

この出来事はスンナ派とシーア派の分裂に火をつけ、これが向こう一四〇〇年、現在に至るまで続いている。シーア派の人々は、アリーとその末裔、すなわち預言者ムハンマドの一族をムハンマドの正統な継承者とする考えに基づき、ムアーウィヤとその後のスンナ派のカリフが自分たちからムハンマドの後継者としての地位を簒奪したと考えている。彼らは現在も、フセインが殺されたムハッラム月[viii]に、彼への哀悼として一〇日間の服喪儀礼を行っている。ISISのアブー・バクル・バグダーディーは、ウマイヤ朝がアリーとその一族に対して働いたこれらの悪事を聞きながら育っており、多くのスンナ派ムスリムと同様に、ウマイヤ朝を快く思っていない。一方、アリーに対しては敬意を抱き、自身の子供の一人をアリーと、また別の子供をアリーの息子の名に因んでハサンと名付けている。

スンナ派のウマイヤ朝は、イスラーム史上最初の王朝である。同王朝は早々にコーカサス、シンド（パキスタン南東部）、マグリブ（アフリカ北西部）、イベリア半島（アンダルス）を包み込む帝国を築き、その領土は最盛期に一三四〇万平方キロメートルに及んだ。しかし七五〇年にアッバース朝が興って以降の数世紀、イスラーム世界の内部で対立が生じ、外部からも侵略を招いたところでウマイヤ朝は滅んだ。

アッバース朝は、預言者ムハンマドの叔父であるアッバース・イブン・アブドゥルムッタリブの一族によって建設され、カリフ制はバグダードへと移された。しかしアッバース朝の時代には、ウマイヤ朝もアンダルスで、ファーティマ朝もカイロでそれぞれのカリフを擁立した。そして十字軍がエルサレムと他のムスリム領土を占領し、一二五八年にはモンゴル帝国がバグダードを侵略したことで、アッバース朝はその輝きを失った。

その後間もなくしてカリフ制は、マムルークと呼ばれる、アッバース朝の軍に仕えたトルコ系奴隷の子孫によってカイロで再興され、それは一六世紀の変わり目、同王朝がオスマン帝国のトルコ人に制圧されるまで続いた。その後のオスマン帝国下、イスタンブールに移されたカリフ制は、一九二四年にアタテュルクによって廃止されるまで続いた。

オスマン帝国の統治が磐石となるまでのイスラーム世界の激動の時代、ある一人の学者が生まれた。彼の思想は向こう数世紀にわたって共感を呼び、中世から現在のＩＳＩＳに至るまで、イスラームの過激主義者たちに影響を及ぼした。この人物の名はイブン・タイミーヤという。

歴史における根強さ

現在のトルコ南端、ハッラーンの町に生まれたイブン・タイミーヤは、神学者の父シハーブッディーンによって育てられた。イブン・タイミーヤはマムルーク朝下のダマスカスにいた時、モンゴル軍によるバグダードでの悪事を耳にしていた。ダマスカスとバグダード、ウマイヤ朝とアッバース朝という輝かしいイスラーム帝国の首都であった二つの都市は切っても切れない関係に思われた。バグダードを大変な困難が襲った理由について、イブン・タイミーヤは後に、こうした惨状はムスリムがイスラームの真意から足を踏み外したからだとし、ムスリム世界に到来すべくして到来したものだと述べた。道徳が荒廃し、社会が腐敗したことで、神はバグダードの人々に集団的な罰を与えたというわけだ。

イブン・タイミーヤは、イスラーム世界を再建する唯一の方法として、ムスリムが始祖たちのように聖典クルアーンを正しく解釈する姿勢を取り戻し、サラフと呼ばれる先人たちにならった生活と行動を選ぶことを挙げた。そして、モンゴルによるバグダード破壊を神の正義だと訴えた。ムスリム世界は悪い方向に進んでおり、ここでそのあり方を正しく変えなければ、さらなる厄災が世界中のムスリムに降りかかるというのだ。また彼は次のように、クルアーンの導きにならって、カリフが統治するイスラーム国家を再建するための神聖なるジハード（努力）を呼びかけ、これによってのみムスリム世界が正義に包まれるだろうと訴えた。

人々を統べる存在、すなわちカリフの擁立が最も重要な宗教的義務の一つであることを、我々は知らなくてはならない。実際、これなくして宗教は成り立たない。これはサラフの見解である。(5)

この主張が原因で、イブン・タイミーヤは様々な種類の敵を作ることとなった。王やスルタンは、自分たちの権威を否定し、無力さを批判しているイブン・タイミーヤを忌み嫌った。また神秘主義者「スーフィー」[ix]、キリスト教徒、シーア派、アラウィー派は、自分たちを一括して外国勢力や異教徒の手先と捉え、剣を持って戦う他ない相手と見なすイブン・タイミーヤを拒絶した。彼らすべてに対してイブン・タイミーヤは論争をしかけ、当時の法学者や神学者が行っていた統治にも声高に抗議した。(6)

こうした体制批判によって、彼はダマスカスとカイロの刑務所で一五年間を過ごすことになった。最後の受刑は一三二〇年、ムスリムに対して、マディーナにある預言者ムハンマドの墓への参詣を禁じるファトワー（法裁定）[x]を出したことが原因であった。彼によれば、墓や墓石を設けるのはキリスト教の習慣で、物質主義への関心を反映した、イスラームに背く行いである。彼は聖地を浄めるため、マディーナの管理者に対して預言者モスクにあるムハンマドの墓を破壊するよう求めた。

ジハードに関して、イブン・タイミーヤはこう述べている。「ジハードでは、人は現世と来世の両方で究極の幸福とともに生死を迎える。ジハードを諦めることとは、現世と来世での幸福のすべて、あるいは一部を失うことを意味する」。この教えにならい、一三〇〇年にモンゴル軍がダマスカスの城門に到達した時、彼の弟子たちは武器をとって立ち上がった。しかし彼自身はモンゴル軍による町の破壊を目にすることはなく、二八年に六五歳で死んだ。

ワッハーブ主義の誕生

イブン・タイミーヤの思想はダマスカス、カイロ、そしてアラビア半島の学者たちによって維持・継承され、彼の死後、長い時を経て再び現れた。彼の思想に共鳴し、独自にスンナ派イスラームに大きな変化をもたらした二人の人物がいる。ムハンマド・イブン・アブドゥルワッハーブ（一七〇三〜九二年）とムハンマド・イブン・サウード（一七六五年没）は、後にＩＳＩＳの理論的基礎となった現代のワッハーブ主義の形成者である。

ムハンマド・イブン・アブドゥルワッハーブは、イスラームの正統な解釈に則っていないあらゆる事物や人を嫌った。そんな彼の経歴に強い関心を持ったムハンマド・イブン・サウードは、彼に対して、自身が支配するリヤード北西郊外の小さな村、ディルイーヤに住み着くよう勧めた。いずれもイブン・タイミーヤに傾倒していた二人の男は、イスラームの未来について真剣に話し合い、自分たちの勢力をアラビア半島の内外に広げることに絶妙な連携を見せた。イブン・アブドゥルワッハーブとイブン・サウードは、オスマン帝国はもちろん、預言者ムハンマド以降のイスラーム解釈に反対し、ユダヤ教徒、キリスト教徒、シーア派およびアラウィー派を異端と見なした。この考えはワッハーブ主義と呼ばれ、その最も肝要な点は、信仰し、愛する対象がアッラー、すなわち神だけだということである。彼らにとってイスラームとは、預言者ムハンマドの教友を含め、一切の偶像を認めず、墓、人または動物をかたどったもの、預言者ムハンマドの誕生祭といった宗教儀礼を禁じるものである。

一七九〇年までに二人は、マッカとマディーナを除く、今日のサウジアラビアの領土の大部分を制圧した（第一次サウジアラビア王国の誕生）。[xi] 彼らは手足の切断や斬首といった厳罰を用いることで、アラビアの砂漠に恐怖と服従を広めていった。今日のようなメディアが存在しない中、彼らの残忍な行動は恐ろしい歴史として人から人へと語り継がれた。この勢いが今日のイラク領、シーア派の聖地カルバラーに及んだ一八〇一年、イブン・サウードの軍隊は五〇〇〇人のシーア派を殺したと言われる。イブン・サウードやイブン・アブドゥルワッハーブと同世代で、彼らが築いた第一次サウジアラビア王国の歴史家であったウスマーン・イブン・バシール・ナジュディーは以下のように綴っている。「我々はカルバラーを制圧し、人々を虐殺した。我々は彼らをサバーヤー（戦利品や戦争によって得た奴隷）とした。アッラーのお許しを得て、我々は自らの行為について謝罪する代わりに、すべてのクッファール[xii]（不信仰者たち）に対してこう告げる。「あなたがたも同様の扱いを受けるだろう」と」[7]。

今日のワッハーブ主義

一八一二年、オスマン帝国はカイロ総督のメフメト・アリー・パシャを通じた反撃を開始した。そして一八年の冬までにアラビア半島の失った領土をすべて回復し、その息子イブラーヒーム・パシャがイブン・サウードの孫を拘束した。その孫が帝国の首都イスタンブールに移送・尋問され、首をはねられたことで第一次サウジアラビア王国は終わりを迎えた。

二〇世紀の変わり目になると、イブン・サウードの直系の孫の一人、アブドゥルアズィーズがワッハーブ主義の野望に新たな息吹を吹き込んだ。第一次世界大戦を経てオスマン帝国が崩壊し、アラブ世界から撤退したのに伴って、アラビア半島には権力の空白状態が生まれた。これを機にアブドゥルアズィーズはサウード家の復興を目指し、半島の各部族に攻勢をしかけた。武装した、恐れを知らない戦士を率い、彼は祖先がかつて統治した町や村を奪還するための軍事作戦を開始し、これらを次々と制圧していった。一九三二年、アブドゥルアズィーズは自身の一族の名を冠したサウジアラビア王国を再建した（現在の第三次サウジアラビア王国の誕生）。そして自身が最初の国王に即位し、以降は彼の息子たちが王位を継承している。

一方、「シャイフ家」[xiii]と呼ばれるイブン・アブドゥルワッハーブの末裔は、精神的権威として、また宗教機関の長として、サウジアラビアの礎となったイブン・サウードとイブン・アブドゥルワッハーブの同盟関係を支持してきた。本書を執筆中の二〇一五年時点で、国内における最高の宗教権威である「最高ムフティー」（イスラーム法裁定官の国家における最高位）にはシャイフ家のアブドゥルアズィーズ・イブン・アブドゥッラーが就任、第七代国王にはアブドゥルアズィーズの孫であるサルマーンが即位している。

　サウジアラビアの建国により、ワッハーブ主義はその発案者や実践者よりもはるかに長く存続することとなった。建国以来の八〇年間、同国の教育機関ではイブン・アブドゥルワッハーブとイブン・タイミーヤの著作が広く採用され、特にイブン・アブドゥルワッハーブの主著『一神論の書』は、すべての公立学校において必読図書とされている。彼らの思想や著作は、代々のサウジアラビア人、また一九七〇年代の石油ブーム（「石油危機」）以降、サウジアラビアに住んで働くすべてのアラブ人に根深い影響を与えてきた。サウジアラビア国民でありながら、サウード家を痛烈に批判したウサーマ・ビン・ラーディンもまた、イブン・タイミーヤの教えに影響を受けた人物の一人である。ビン・ラーディンは九六年に、「真の信仰者とは、ちょうどサラフィー学者であったイブン・タイミーヤのように、ウンマをその敵と戦うよう促す人々である」と述べて、ワッハーブ主義の背景にあるイブン・タイミーヤの存在を称えた。(8) 武力を通して信仰が広まったことで、不信仰者を殺害してイスラーム世界を異国の考え方や生活様式から浄化することはワッハーブ主義の核心となった。これは、ジハード主義やその教義の土台を形成し、アル＝カーイダ、ヌスラ戦線、そしてＩＳＩＳといった、近年の世界情勢を席巻するスンナ派のジハード運動にとっての思想的な青写真となっている。

　これらの武装集団に所属する人々は、一様にイブン・タイミーヤの忠実な徒である。例えば、なぜキリスト教徒を殺害すべきなのかという問いに対して、ＩＳＩＳのメンバーはイブン・タイミーヤの古典をその考えの根拠として挙げる。もちろん、一八世紀から一九世紀にかけてのワッハーブ主義と二一世紀のＩＳＩＳが目に見えない形でつながっているからといって、今日のすべてのジハード主義の背景に必ずサウジアラビアが存在するわけではない。しかしながら、イブン・アブドゥルワッハーブとイブン・サウードが手を結んだ一七四四年のアラビア半島の砂漠で起こったワッハーブ主義という学派に、今日のジハード主義者の出自が求められることは確かである。この学派は、サウジアラビアの官僚の精神や理論家の著作の中ですくすくと成長した。ワッハーブ主義の存在なしにサウジアラビアは誕生しなかったであろうし、ISISが今日、シリアの町ラッカを支配することもなかった。また、ISISやアル＝カーイダについて、我々がワッハーブ主義を無視して議論することもできないだろう。

石油資源に富んだサウジアラビアは、長年の間、自国の信奉するイスラームのあり方の普及に取り組んできた。例えば一九八二年から二〇〇五年というファハド国王の長い統治下で、サウジアラビアはナイジェリアからマレーシアまで、世界にある二一〇のイスラーム宣教施設、一五〇〇のモスク、二〇二のイスラーム学部と二〇〇〇の学校に財政援助を行った。そして、これらすべての場所にワッハーブ主義の学者を派遣し、その書籍を並べた。サウジアラビアの教育と影響はボスニア、チェチェン、ロンドン、カナダ、アメリカといった世界各地に広がった。一九八〇年代前半、当時のアルジェリア大統領であったシャーズィリー・ベン・ジャディードが財政援助の獲得を目的にリヤードを訪れた際、サウジアラビアはこれに応じ、さらにイブン・タイミーヤとイブン・アブドゥルワッハーブの著作が詰まった航空機を派遣した。二〇一三年には、世界のムスリム人口一六億人のうち、一〇億人が集まる南アジアの学校に三五〇億ドルの援助を割り当てた[9]。その一方で、一九八〇年代には、その頭や心にワッハーブ主義の考えが深く刷り込まれたおよそ三万五〇〇〇から四万人のサウジアラビア人が、ジハードのために戦争中のアフガニスタンに渡った[10]。

二〇〇七年、テロリストの金銭取引の監視を行うアメリカのテロ・金融インテリジェンス担当財務次官・スチュアート・レヴィーは、同国のＡＢＣ放送でアル＝カーイダについてこう語った。「もし私がパチっと指を鳴らし、一つの国の資金源を断つとすれば、それはサウジアラビアだろう」[11]。彼はまた、テロへの資金援助を行ったとしてアメリカが特定した個人以外に、サウジアラビア国内で多くの人が類似の事案で起訴されたことを付け加えた。匿名で機密情報を公開するウェブサイト・ウィキリークスで明らかにされた電報によれば、二〇〇九年一二月、アメリカのヒラリー・クリントン国務長官が、「サウジアラビアは依然としてアル＝カーイダや、他のテロリスト集団にとって決定的な財政援助の拠点である」と述べた[12]。彼女はさらに、サウジアラビア人の資金提供者が、「世界中のスンナ派テロリスト集団にとっての最も重要な資金源」だと続けている[13]。

一九二四年から二〇一四年までのカリフ制

一九二四年に幕を閉じるまで、オスマン帝国のカリフ制は、イスラームの統合と権威のシンボルであった。しかし第一次世界大戦を通して、それは半ば記号のような軽い宗教権威に転落し、二〇年代には帝国最後のスルタン・メフメト六世（ワヒードゥッディーン）がカリフの荘厳さと権力を所有することとなった。彼の軍は壊滅させられ、帝国は滅び、帝都イスタンブールは一九一四年から一八年まで続いた大戦を経て西洋諸国に占領された。かつてはスペインからインドまで、広く尊崇を得てきたカリフは、戦争に敗北したことでイギリスとフランスに従属し、アナトリアの一部やシリアとイラクのすべての領土を放棄した他、西洋人の捕虜も無条件で解放した。さらにカリフは、名高いオスマン鉄道や通信用の電信網の管理も手放した。そして二二年一〇月一七日、メフメト六世はイスタンブールの王座から退き、イギリスの軍艦でマルタに亡命した。彼は二度と帝都に戻ることを許されず、カリフ制もかつての姿を取り戻すことはなかった。

それから二年後の一九二四年三月、先述したように、アタテュルクは正式にカリフ制を廃止した。彼の側近には、スルタン位と一緒にカリフ位を廃止することに反対した者もおり、この結果、カリフ制は二二年に廃止されたスルタン制よりも二年長く続いた。スルタンの神聖な権威は廃止されたものの、預言者ムハンマドの教友たちに冠されたカリフという称号を廃止することは全く異なる意味を持っていたのだ。側近たちは、カトリックにとってのヴァチカンと同様、カリフ制を維持し、その権威の元で世界中のムスリムを結びつけることが、新たに生まれたトルコ共和国の利益になると考えた(14)。

しかし、共和国主義者で世俗主義者であるアタテュルクは、彼らと異なる国家像を抱いており、カリフ制が共和国主義と矛盾する、断じて相容れないものだと主張した。新しい憲法に基づき、トルコ共和国の民はイスラームでもカリフでもなく、立法によって生まれる存在となった。カリフの臣下であった世界中のムスリムはアタテュルクの決定に不満を抱き、没落するカリフ制を多くの人が救おうとしたが、成功した例はほとんどない。インドでは一九一九年、「カリフ運動」が、オスマン帝国のカリフ制維持のためのロビー活動を宗主国イギリスに対して行い、マハトマ・ガンディーのような著名人もこれに協力したが、他の試み同様に短命に終わり、成果を残すことはなかった。ダマスカスでは、アルジェリアの名士であるアミール・アブドゥルカーディル・ジャザーイリーがカリフ復興に向けた運動を組織したが、これも二〇年代までには廃れた。

他にも、カリフ制の野望を抱いた人物として、エジプトのムハンマド・アリー朝のスルタンであったファード一世と、マッカの太守で、第一次世界大戦の際にイギリスの支援の下でアラブ蜂起を率いてオスマン帝国と戦ったシャリーフ・フサイン・イブン・アリーがいる[15]。イブン・アリーは自身をオスマン帝国最後のカリフ、ワヒードッディーンの正当な後継者と位置づけた。また彼は自身の家系が預言者ムハンマドにつながりを持つことから、自らをカリフにうってつけの人物だと述べた。そして一九二四年三月一一日、空位となったカリフに即位する旨を発表したが、そのちょうど二週間後にトルコでカリフ制が廃止された[16]。さらに一年後、彼が統治するヒジャーズ王国はサウード家のアブドゥルアズィーズによる支配を受け、自身もキプロスに追放された。イブン・アリーのカリフ制への野望は、彼の政治生命の終わりとともに潰えた。

また、一九二二年に独立したエジプト王国の国王は、二四年三月二五日、カリフ制の未来について話し合う全イスラーム諸国による会議の開催を呼びかけた。これは同国の最高宗教機関であるアズハル機構による承認を得て、来たるべき新しいカリフの権威のもと、「すべてのムスリムの団結」を目指す試みであったが、イブン・アリーの野望同様、失敗に終わった[17]。

その後もエジプトのムスリム同胞団[xiv]のような、カリフ制への関心を抱く勢力がしばしば現れた。一九二八年に同胞団を設立し、その理論的指導者を務めたハサン・バンナーは次のように宣言している。

あなた方（同胞団のメンバー）は福祉団体でも政党でも、また目的が制限された地方の組合でもない。国家の中心に突き進む新たな魂である。今、新たな光が生まれているのだ[18]。

この光が輝くのは、アラブ・ムスリム世界を覆う単一のイスラーム国家が完成した時だけだろう。バンナーは詳細を語らなかったが、彼が手本とする思想や指針の核にはカリフ制という最終目標があった。彼のイジュティハード（学問的判断による見解）によれば、ムスリム世界は個々人の堕落と社会の腐敗という根本的な問題を抱えている。これらは西洋諸国の支配によってアラブ世界に新しい生活様式や思考が持ち込まれたことで生じた直接的な影響とされた。ムスリムは、身体的な支配に加え、イスラームの道徳や行動にもとった西洋の影響から自らを解放しなければならない。バンナーは、「様式なくして国家再建はない」と述べ、まず解放、次いで改革が起こって初めて、イスラームに則った政府の樹立に向けた準備が整うと訴えた。そして、ムスリム世界が植民地支配から解放された後にイスラーム国家が興るとした。また彼は、イスラーム国家の建設は「すべての人間に」課された使命であり、「イスラーム国家の建設を果たさない場合、すべてのムスリムは罪とともに生きることになり、アッラーの御前でその罪を問われるだろう」と付け加えた。[19] この考えに基づき、シリアのムスリム同胞団は一九五〇年代、同国の国会選挙に立候補することを決定して、議会の壇上からイスラーム国家の建設を呼びかけると訴えたのである。[20]

カリフ制への希求は、オスマン帝国でカリフ制が崩壊して以降も、イスラームの政治理論や保守的なムスリム社会の中に深く根を下ろしていた。二〇〇七年に行われた世論調査では、年齢も背景もばらばらなエジプト、モロッコ、パキスタン、インドネシアの回答者の七一パーセントが、すべてのイスラーム諸国にシャリーアに基づいた法制度が適用されることを望んでいるとの結果が示された。さらに世論調査は、六五パーセントがカリフ制に基づいたムスリムの統合を、七四パーセントがイスラーム諸国から西洋の価値観を排除することを望んでいるという結果を示した[21]。また同年の夏、ジャカルタでは大きなスタジアムに一〇万人が集まり、「ムスリム世界に単一の国家を設立することを強く求めた」[22]。〇六年半ば、ウサーマ・ビン・ラーディンはバグダードを「カリフ制の故郷」と呼んだ[23]。彼がかつてのアッバース朝に言及したかどうか、彼がバグダードに新しいカリフ制の再興を望んでいたかどうかは判然としないが、どのみち彼のようなワッハーブ主義者は、初期の四人のカリフのみを正しい存在と認め、ウマイヤ朝下のダマスカスやアッバース朝下のバグダードのカリフを決して受け入れることはない。

アル＝カーイダの指導者たちは、カリフ制の正当性を認める一方、その実現は困難と見て、パフォーマンスや動機づけのためにカリフ制を用いるにとどまった。イギリス人のジャーナリスト、ロバート・フィスクに理想の統治システムについて尋ねられた際、ウサーマ・ビン・ラーディンがカリフ制に言及せず、「すべてのムスリムはシャリーアに基づいた法に則って生きることを望んでいる」と答えたのは有名である。ビン・ラーディンは二〇〇一年、「神の法に従った単一の国家」を作ることはすべてのムスリムに課された義務だと述べたが[24]、ここでもカリフ制には言及していない。彼が言葉の上でカリフ制をより頻繁に掲げるようになったのは、〇三年のアメリカによるイラク侵攻の後である。ビン・ラーディンの師であり、一九七九年から八九年の間、アフガニスタンでアラブ人ムスリムの義勇兵を率いたアブドゥッラー・アッザームは、今日のジハードが「すべてのムスリム個々人に課された義務」だと説明した。彼によれば、「イスラームの大地が、最後の一片に至るまで不信仰者から解放されるまで」ジハードは義務であり[25]、これを経て初めて、イスラームの国を統治するためにカリフが現れるという。八二年には、ビン・ラーディンの右腕で、彼からアル＝カーイダの指導者の地位を引き継いだアイマン・ザワーヒリーが、アフガニスタンとチェチェンに二つのイスラーム国家が誕生したと述べたが、やはりカリフ制には一切触れていない。

こうした状況にもかかわらず、西洋の言説ではカリフ制の理論がたびたび登場した。二〇〇六年、アメリカではジョージ・W・ブッシュ大統領が一五回もカリフ制に言及しており、そのうち四回は単独でのスピーチの中である(26)。また、ディック・チェイニー副大統領が、アル＝カーイダは「カリフ制の再興」を求めていると警告すれば、ドナルド・ラムズフェルド国防長官も、アル＝カーイダが他のムスリム諸国の体制に取って代わる「カリフ制の樹立」を目指していると付け加えた(27)。同じ頃、イギリスではリチャード・ダナット陸軍参謀総長が、「歴史的なイスラーム政体であるカリフ制」の再興はイスラーム主義者の積年の目標で、イギリス軍はアフガニスタンでプレゼンスを示さねばならないと説明した(28)。最近では二〇一一年八月に、アメリカのアレン・ウェスト共和党議員が、「「アラブの春」と呼ばれている現象は、民主化運動というよりも、カリフ制の再建に向けた初期の段階である」と述べた(29)。彼ら西側の要人の妄想には根拠がないわけではなく、こうした発想はすべて〇一年の九・一一以降、ビン・ラーディン率いるアル＝カーイダによるテロの脅威を背景に、イスラームへの恐怖心が高まったためである。

「アラブの春」から間もない二〇一一年一〇月、チュニジアの国会選挙ではイスラーム主義政党「ナフダ」[XV]が勝利を収めた。同党のハンマーディー・ジバーリー幹事長は、「神の思し召しであれば、我々は今、六代目のカリフ制へと進む」と述べた。六代目というのは、アブー・バクル、ウマル、ウスマーン、アリーという四人の初期のカリフ、そしてウマイヤ朝のカリフ、ウマル・イブン・アブドゥルアズィーズに続くという意味である。またラーシド・ガンヌーシー党首は、カリフ制がすべてのムスリムにとっての希望であり、願望であると加えた(30)。老練のシリア人作家であるサーティウ・フスリーはかつて、一九四八年の戦争で七ヵ国のアラブ連合軍はなぜイスラエルに敗北したのかと尋ねられた際、それは七ヵ国の連合軍だったからだと述べた(31)。必要なのは、イスラーム国家を統治する一人のカリフのもとで戦う、単一の軍隊だったという。さらにエジプトのムスリム同胞団の指導者、ムハンマド・バディーウも、シャリーアによって統治され、カリフが指導するイスラーム国家が、自身と同胞団の究極の目標だと述べた(32)。

実際、アタテュルクによるカリフ制の廃止以降、カリフが現れるまでには実に九〇年を要した。イラクにおけるアル＝カーイダの古参の指導者で、ブーカー刑務所[xvi]に収監されていたアブー・バクル・バグダーディー、本名イブラーヒーム・アワード・イブラーヒーム・バドリーは暗闇の中から現れ、ISISによって新しいイスラームのカリフと宣言された。神聖なるラマダーン月の初日という、ムスリムにとって宗教的な重要性を持った二〇一四年六月二九日に配信された宣伝動画の中で、ISISの報道官であるアブー・ムハンマド・アドナーニー、本名ターハー・スブヒー・ファラーハはカリフ制の再興を発表し、このメッセージは英語、フランス語、ドイツ語、ロシア語に翻訳された。彼はまた、ISISがこれよりIS、つまり「イスラーム国」（'Islamic State'）と名を改め、バグダーディーがカリフ・イブラーヒームとして即位したことを宣言した。この発表の後、それはイラク第二の都市モースル[xvii]がISISによって陥落したわずか数週間後であるが、同市のモスクにバグダーディーが姿を現した。およそ二〇分間、四三歳になるバグダーディーは黒いターバンを巻き、強い命令口調で語りかけた。その声はアラブ・ムスリム世界の多くの人々の脳裏に焼きついた。

ＩＳＩＳが支配する町では、カリフ制の再興とバグダーディーのカリフ即位が祝われ、シリアにおけるＩＳＩＳの拠点であるラッカでは大規模なパレードが行われた。黒い制服を身にまとったＩＳＩＳの戦闘員は、シリア軍から奪ったロシア製の戦車や、イラク軍から奪ったアメリカ製の車両やトラックにまたがって通りを行進した。パレードには、ＩＳＩＳがかつてシリアの軍事施設から押収した旧式のスカッド・ミサイルも登場し、その側面には、曲線が美しい装飾書法のアラビア語で「イラクとシャームのイスラーム国」と書かれていた。祝祭は夜まで続き、アサルト・ライフルを肩に担いだ戦闘員が通りの角に立って、喜ぶ群衆にお菓子を振る舞っていた。

カリフ制が宣告する無効性

バグダーディーが自身をカリフと宣言した時、ＩＳＩＳのアドナーニー報道官はこれを「すべての敬虔なムスリムの心の底に沈んでいた夢」と言い表し[33]、さらにこう付け加えた。「カリフの権威がおよぶことで、あらゆる首長国、集団、国家、組織の正統性は無効となる」[34]。つまり、バグダーディーのカリフ即位宣言によって、現存する他のすべてのイスラーム共同体は正統性を失ったのだ。世界のイスラーム学者はこの宣言を鋭く批判したが、多くの場合、その矛先はカリフ制という着想自体ではなく、バグダーディー個人に向けられた。ＩＳＩＳが設立される前、バグダーディーは前身組織である「イラクのイスラーム国」（ＩＳＩ）で地位を築き、ブーカー刑務所での短い受刑を経て、二〇一〇年に同組織の指導者に上り詰めた。しかし当時の彼はほとんど存在感がなく、ニュースかアメリカの最重要指名手配リストに名前がわずかに上る程度だった。「アラブの春」によってアラブ諸国の体制が次々と倒れる中、Ｉ

ＳＩＳが「サフワ」（覚醒）の名で知られるイラクのスンナ派部族勢力との戦闘に敗れたことで、バグダーディーと彼の一味は舞台の後方へと下がった。

国外追放となったシリア人のあるムスリム同胞団メンバーによれば、カリフ位とは、「取るに足らない」政治家や宗教家が就ける代物ではない。宗教職に就くサラフィー主義者でさえ、ＩＳＩＳについてはっきりと肯定的な物言いはせず、サウジアラビアで活動するシリア人説教師アドナーン・アルウールは、ＩＳＩＳをイスラームの本流から外れたムスリムを意味する一派にたとえ、「現代のハワーリジュ派」と呼んだ。またサウジアラビアの公的宗教機関に所属するイスラーム学者、サーリフ・ファウザーンは、ＩＳＩＳを「シオニストと十字軍の産物」だと述べた[35]。イスラエルや西洋諸国がＩＳＩＳの誕生に手を貸した、というのは突飛な発想に思えよう。しかしながら、サウジアラビアの公的機関所属の人物が選んだこのレッテルは、イスラームを掲げる国の最も伝統的な顔役たちがＩＳＩＳの勃興に対して抱いた敵意の程をうかがわせる。実際のところ、イラクにおけるアル＝カーイダの指導者を二〇〇四年から〇六年まで務めたヨルダン人、アブー・ムハンマド・マクディスィーを含めた多くのイスラーム主義者が、これと同様の考えを持っていた[36]。

恐らくこの内、ＩＳＩＳを最も厳しく批判したのはアブー・ムハンマド・ジャウラーニーである。バグダーディーのかつての友で、庇護も受けていたジャウラーニーは、ザワーヒリーの協力のもと、シリアにおけるアル＝カーイダの支部「ヌスラ戦線」の司令官を務めた。シリア戦争の開始直後、バグダーディーはＩＳＩＳのシリア支部を設立するべくジャウラーニーを派遣したが、ジャウラーニーはバグダーディーの組織と袂を分かち、アル＝カーイダの指導者であるザワーヒリーの後押しによってヌスラ戦線を結成した。旧友であるバグダーディーの勇猛な行動におののきつつ、ジャウラーニーは次のように述べた。「バグダーディーは強奪者だ。たとえ彼がカリフ制を一〇〇〇回宣言しても、騙されてはいけない」。

ジャウラーニーはまた、ＩＳＩＳの行動は「人々が一四〇〇年以上にわたって夢見てきたジハード計画を破壊するものだ」と付け加えた。(37) 彼はアル＝ジャズィーラ衛星放送で放送された公式声明の中で、バグダーディーが「我々に許可や助言を求めず、あまつさえ一切知らせることもないまま「イラクとシャームのイスラーム国」を宣言したことは不適切だ」と述べた。(38) 一方のザワーヒリーも、バグダーディーのカリフ僭称に異議を唱え、ＩＳＩＳから攻撃的な言葉が述べられた。バグダーディーを拒んだザワーヒリーに対して、ＩＳＩＳの報道官は次のように訴えている。

神があなたに「イスラーム国」の地を踏むことを宿命づけたのであれば、あなたは首長であるアブー・バクル・バグダーディーの旗のもとで彼にバイア（忠誠の誓い）[xviii]を施し、彼の兵士の一人になるべきである。（……）ザワーヒリーよ、これらはあなたに課せられた行いである。ムッラー・ウマルよ、あなたにもだ。(39)

二〇一四年九月二〇日、一二〇人以上のスンナ派のスーフィー指導者が、バグダーディー宛ての公開書簡に署名した。彼らは書簡の中で、「あなたはイスラームを野蛮で残虐な、拷問と殺戮の宗教へと捻じ曲げている」と綴り、バグダーディーによるクルアーンとハディースの解釈を批判した。続けて彼らは、「これは大きな過ちであり、イスラーム、ムスリム、そして世界全体への背徳である」と訴えた。(40) 彼らはISISを、フィトナ（混乱）[xiv] をもたらす存在だと批判した。

また、ドーハを活動拠点に世界的な影響力を持つエジプト人学者、ユースィフ・カラダーウィーは、「「イスラーム国」による宣言はシャリーアの前では無効であり、イラクのスンナ派とシリアでの暴動に危険な結果をもたらす」と述べた。(41) 彼は、カリフの称号はすべてのムスリムの合意によって与えられるもので、特定のグループや個人によって得られるものではないと説明した。

他にも、ISISをイスラーム、またスンナ派から切り離す試みが見られた。フランスでは数千人のムスリムがモスクに集まり、ISISに「我々の名を語るな」と呼びかけた。またエジプトでは、ファトワー発布を担当する宗教機関であるダール・イフターが、ISISを「イスラーム国」と呼ぶのを止め、代わりに「イラクとシリアにおけるアル＝カーイダの分派」（QSIS）と呼ぶよう指示を出した。二〇一四年一〇月には、イギリスの英国イスラーム協会、英国ムスリム協会、ムスリム弁護士協会が、「非イスラーム国」（USIS）との造語を用いることを提案した。さらにインターネット・サイト『ミドル・イースト・アイ』で広く閲覧されたある論文は、世界はISISを空爆する前に、同組織がムスリムでもスンナ派でもなく、そのテロ行為を世界中の無辜なムスリムと結びつけるのを止めるよう訴えた。

本書を執筆中の二〇一五年半ば、西側諸国のメディアは依然として、突如興ったカリフ制という現象を説明することに追われ、しばしばバグダーディーを最初のカリフであるアブー・バクル・スィッディークの後継者と理解した。確かにモースルでのバグダーディーの説教は、総じてアブー・バクル・スィッディークのカリフ即位の演説をなぞったものだった。何も知らない人々にこの話を伝えた西側のジャーナリストは、イスラーム初期の歴史の概要で記事を埋め、六三二年の預言者ムハンマドの死後、第一次世界大戦後の一九二四年にアタテュルクが廃止するまで続いたカリフ制が蘇ったと主張した。意図的かどうかはともかく、こうしたずさんな議論は、バグダーディーがアブー・バクル・スィッディークの正当な後継者で、またウマル、ウスマーン、アリーといったその後のカリフ、さらにスレイマン一世、アブデュルメジト一世、ムラト一世、アブドュルハミト二世といったオスマン帝国のスルタンといった偉人たちの系譜に連なる人物であるかのようなニュアンスを世に伝えてしまった。

二〇一四年半ばにアブー・バクル・バグダーディーが一躍有名になった背景には、そもそもアラブ世界のスンナ派共同体に傑出した指導者がいないことがある。シーア派には、一九七九年のイラン革命の中心人物であるルーホッラー・ホメイニーという偉大なリーダーが存在する。彼はイランとアラブ世界で抑圧、迫害されているという感情を持っていたシーア派共同体を奮い立たせ、強大な国家を築いた。彼は国境を越えた影響力を持ち、シーア派世界の「ヴァリーイェ・ファギーフ」（イスラーム法学者の守護者）となった。イランではアリー・ハーメネイーが彼の後を継いだが、周辺国のシーア派地域においても、例えばレバノンでは「ヒズブッラー」（神の党）のハサン・ナスルッラー、イエメンではフースィー派のアブドゥルマーリク・フースィーといったリーダーたちが現れた。

対照的に、シリアでは突出したスンナ派のリーダーが不在のまま戦争が続いている。レバノンでも、二〇〇五年のラーフィク・ハリーリーの暗殺以降、スンナ派の指導者は不在のままであり、イラクでも〇六年に処刑されたサッダーム・フセインを最後にスンナ派の指導者はいない。これ以降に現れたスンナ派の顔役、例えばイラクのターリク・ハーシミー副大統領やレバノンのサアド・ハリーリー首相は、控えめに言ってもカリスマ性に欠ける。

より深刻なのは、スンナ派世界に、スンナ派としてのメッセージを発する指導者がいないことである。世俗の指導者でこの条件にかなう人物はいない。イラン革命から四〇年も経っていないシーア派世界に対して、スンナ派世界には、自分たちが弱体化し、リーダーもおらず、犠牲となり、見放されたのだという雰囲気が漂っている。このため、彼らの中でもとりわけ信仰心の厚い人々が、スンナ派にとっての新たな解決を求めても不思議ではない。彼らは、自分たちに必要なのはカリフだと感じるようになった。トルコのレジェップ・タイイップ・エルドアン大統領はスンナ派を指揮する役割を担おうとしたが、その政治的野望は頓挫した。なぜなら彼はアラブ人ではなく、アラブ人ムスリムとは常に言語的、文化的な壁で隔たれていたからである。同様に、サウジアラビアのサウード家がアラブ・ムスリム世界でスンナ派のリーダーとしての役割を演じようとしているが、彼らの奉じるワッハーブ主義はその障害であり続けた。さらに有力王族らは高齢で、クライシュ族の出身でもない。預言者ムハンマドに縁を持たない彼らがカリフの称号を得るのは無理がある。

こうした背景が、アブー・バクル・バグダーディーやＩＳＩＳの登場に重要な意味を持たせている。バグダーディーとＩＳＩＳは、かつてカリフのもとで大西洋の沿岸から中国の国境におよんだ一つの「ウンマ」を統率する指導者の不在を埋めている。スンナ派世界を率いるにあたり、バグダーディーが宗教家の血筋の出身である必要はない。スンナ派の人々が指導者を失い、被害者意識を持つ限り、彼の行動と思想は恐らく彼自身の寿命以上に生き永らえるだろう。この点については本書の第五章で検討したい。

第二章　ジハード主義者に穏健な人々

今日シリアで活動しているジハード主義のグループは、決して新興の勢力などではない。確かにその多くは二〇一一年以降、同国での反体制暴動を受けて誕生したが、彼らの思想的ルーツは総じて、一九四〇年代半ばに設立されたムスリム同胞団のシリア支部に遡ることができる。

一九四〇年代半ば、シリア北部の一部でカリフ制が再び日の目を見た今から約七〇年前に、「カリフ率いるイスラーム国家」という考えが人々の心に現れ始めた。第一章で述べたように、その夢想はスンナ派イスラームの言説の中に何世紀にもわたって存在した。しかしながら、現代シリアの歴史に初めてこれを持ち込んだのはISISではなくムスリム同胞団である。

アタテュルクがオスマン朝のカリフ制を廃止した一九二〇年代、シリアの知識人の間で「イスラーム国家」や「カリフ制」という単語が広く議論に上り、現地紙の一面がこれに関する論説で埋まった。しかしこの話題は徐々に公共の場での議論から姿を消し、語られる場所はもっぱらイスラームの専門誌などとなった。「カリフ率いるイスラーム国家」は、現実のものというより、かつてあった伝説のごとき、時代遅れのものとして世間に見限られたのである。四〇年代から六〇年代のシリアの新聞を見ると、同胞団が発行していた日刊紙『マナール』を除けば、「カリフ制」への言及はほぼ皆無である。八〇年代には、太ってターバンを巻いたカリフが側室を追い回すという芝居が、著名な劇作家であるムハンマド・マーグートによって書かれた。カリフ制に夢中になることをからかったこの作品は、ダマスカスの劇場で上映された。

植民地支配、バアス党の統治、アラブ民族主義、[i] 世俗主義といった、二〇世紀のシリアで起こったあらゆる潮流は、サラフィー主義者をカリフ制という夢の構想から遠ざけた。ムスリム同胞団の最初の世代は、一九四〇年代と五〇年代に選挙という民主主義的な方法を通して権力を得ようとした。この方法が失敗したため、続く世代は六四年と七六年から八二年の流血を伴う軍事的蜂起によって、ことを成し遂げようとした。これに対してバアス党はかつてない武力による対応を見せ、以降およそ三〇年間にわたり、シリアの公共圏からイスラーム運動は排除されてきた。同胞団が出入りしていたモスクは撤去され、出版物は差し止められ、地下活動の拠点は更地となった。

同世代の同胞団メンバーは殺害されるか、亡命するか、あるいは刑務所に送り込まれ、まだ収監中の人々もいる。二〇〇〇年代には大統領による恩赦もあったが、釈放された人々は概ね高齢で、精神面でも人々をイスラーム運動に向かわせる程の資質を持っていない。続く世代はヨーロッパの遠方の町々で生まれた。彼らは三〇歳代半ばに差しかかるが、その多くはシリアを訪れたことがない。続く世代は九・一一の後、カーブル、ペシャワール、そしてバグダードで武器をとって姿を現した。彼らの多くは、もはや同胞団ではなく、アル＝カーイダのようなさらに過激な集団に身を寄せている。そしてこれに続く、最も若い世代は現在、ヌスラ戦線やＩＳＩＳのメンバーとなり、イラクやヨーロッパの仲間の助けもあって、カリフ制という古の夢に向かって劇的な一歩を踏み出している。彼らがどこから来たのかを知るためには、二〇世紀のシリアにおけるイスラーム政治とジハード運動の歴史を紐解く必要がある。

穏健な政治と初期の熱狂

現代シリアにおけるイスラーム政治の生みの親と言えるのは、同国中部のホムス出身[ii]で色白の説教師、ムスタファー・スィバーイーである。彼はエジプトのカイロにある名門アズハル大学[iii]でシャリーアを学び、そこで同世代の多くの人々と同様、ムスリム同胞団の創設者ハサン・バンナーの魅力にとりつかれた。

一九三〇年代、スィバーイーは正式に同胞団に加わったが、その直後、当時エジプトを統治していたイギリスに対する秘密活動に加わったとして、エジプト当局よりシリアへの強制送還を命じられた。一年後、彼はエジプトの同胞団をモデルとして、一〇代の宗教熱心な若者らによる民兵組織「ムハンマド青年団」をシリアで結成した。青年団はダマスカスとホムスの宗教シーンを席巻し、二〇年代より続いていたフランスによるシリアの委任統治を終わらせるべく、シリアの若者たちからの支持を取り付けた。彼が募集した中産階級の若者は、数は多くないものの、後にシリアにおけるムスリム同胞団の中核を担った。

一九四四年から四五年、スィバーイーはエジプトのムスリム同胞団のシリア支部を設立するため、ハサン・バンナーと密接な連携をとった。そして二〇世紀のシリアにおいて最も強大なイスラーム勢力になりつつあったその組織の指導者を、当時三〇歳であったスィバーイーが務めた。彼は同胞団のシリア支部を統率し、選挙活動に最も力を注いだ。四八年にはパレスチナでのジハードに志願し、そこで同胞団の戦闘員からなる小さな部隊を統率した。さらに四九年、彼は祖国の新しい憲法草案を作成する憲法制定議会への参加を果たし、五一年まで国会議員を務めた。その在職中、彼が公共の場で女性が身につける薄いローブ（ミラーヤ）に黒服を重ね着するよう義務づける法案について審議し、さらにカイロで活動するシリア人のポップ・シンガーで、シリアの一〇代少女に人気を博したファリード・アトラシュの名曲アルバムを発禁にするよう求めたのは有名な話である。

またスィバーイーは、ダマスカスの中心にユースィフ・アズマ将軍の銅像が建立されるのを防ごうと、支持者とともに精力的なロビー活動を展開した。アズマ将軍は一九二〇年代にフランスの占領軍と対峙する中で命を落とした祖国の烈士だが、スィバーイーは像の建立がジャーヒリーヤ、すなわちイスラーム以前の「無明時代」を連想させる、排除すべき異教徒の習慣だとして反対した。これは、かつて預言者ムハンマドがマッカに凱旋した時にとった措置と同様である。偶像崇拝を禁じるイスラームの教えは、二〇〇一年三月、アフガニスタン中部のハザラジャート高原地帯にあるバーミヤン渓谷の崖の斜面に彫刻された古代の仏像を破壊するという、旧ターリバーン政権の悪名高い行為にもつながった。

最近では、ISISとその指示を受けた勢力がシリア北部で同様の行為を奨励した。二〇一三年には、シリア北西部の町、マアッラト・ナウマーンで、ヌスラ戦線のメンバーがアッバース朝時代の詩人であり哲学者であるアブー・アラー・マアッリーの銅像の首を切り取った。彼はイスラームを含むあらゆる宗教を批判したことで知られた人物である。さらに一五年二月、ISISは戦闘員らがモースルの博物館で古代の石像を粉々に砕いている五分間の動画を配信した。彼らが破壊したのは、数千年前のアッシリア人やアッカド人の帝国時代の彫刻である。動画の中では、別の男性がアッシリアの有名な人頭有翼牡牛像をドリルで破壊する姿も映された。翌三月、アブー・バクル・バグダーディーは、エジプトのスフィンクスとピラミッドをイスラームにもとったものだとして、破壊するよう呼びかけている。[1] 一五年前半にヌスラ戦線がイドリブ[iv]を制圧した際も同様に、一九二〇年代にフランス委任統治への抵抗運動を指導した一人、イブラーヒーム・ハナーヌーの像が破壊された。先述した五〇年代のユースィフ・アズマの銅像建立への対応を考えれば、ISISやヌスラ戦線のこうした行為は真新しいものではない。

一九五五年、スィバーイーはダマスカス大学シャリーア学部の共同設立者となり、その初代学部長に就任した。当時はシリアにおける民主的統治の全盛期で、文民政治家が国家を運営する中、イスラーム政治を含めた様々な政治勢力の存在が許された。政治家たちはこの時、シャリーア学部が持ちうる権威や影響力の程を予測することができなかった。シャリーア学部は独自に多くの宗教指導者を育て、彼らの多くはサラフィー主義の信奉者や理論家となった。その最も有名な卒業生として挙げられるのは、アル＝カーイダの理論的基礎を築いたアブドゥッラー・アッザームである。また、ジャーナリズム活動にも取り組んだスィバーイーは、同胞団の日刊紙である先述の『マナール』紙を創設し、四七年以降その主幹編集者を務めた。彼はすべての執筆物の中でイスラームの基本原則を説明し、サラフの遺産に基づくイスラーム国家について説いた。

彼はイスラーム国家設立のために武力に訴えることは決してなかった。しかし、軍事政権による統治が続いた短い期間に、役人たちはサラフィー主義の説教師やジハード主義の思想家、また一般のモスクの指導者の行動を制限すべく動き出した。例えば一九四九年、将校のフスニー・ザイームは、宗教指導者が公共の場で白いターバンや黒のガウン（ジュッバ）を着用することを禁じた。また五〇年には、私財で建てられたものを含め、国内のすべてのモスクが政府によって管理された。一方、五三年に権力を握ったアディーブ・シーシャクリー将軍は、政府による身元証明を済ませた場合に限り、宗教指導者が伝統的な衣装を身にまとうことを許可した。シーシャクリー将軍はこの措置について、「神の名を不正に用いるペテン師から宗教家を区別するため」だと説明した。ただし、これに従わずに白いターバンを巻いて市中を歩いた者は即座に身柄を取り押さえられた(2)。

地下組織への転換

スィバーイーはザイームとシーシャクリー、いずれの軍事政権にも異議を唱えた。このため、二人の将校は彼を逮捕し、ムスリム同胞団を非合法とした。バアス党が軍事クーデターによって政権を掌握した一九六三年三月、同胞団の拠点は一〇年間で四回目となる閉鎖に追い込まれた。スィバーイーの著作は、エジプトのムスリム同胞団のイデオローグであるサイイド・クトゥブの考えに則ったもので、シリア国内では発禁処分となった。スィバーイーが編集を務めた『マナール』紙も廃刊となり、彼自身はバアス党に「危険人物」と見なされ、自宅監禁となった。情報機関の人間が監視目的で彼の自宅の玄関先に立ち、電話も盗聴され、年金支給は停止となった。そうこうする内、彼はまひの発作に悩まされ始め、六四年一〇月に死亡した。

彼の死は、シリアのイスラーム主義者に対する「穏健な」政治が終わりを迎えたことを意味した。彼のもとに集ったイスラーム主義者の最初の世代は、銃ではなく選挙によってイスラーム国家を作ろうとしたが頓挫した。この戦略は明らかに失敗であった。スィバーイーの後継者たちはすでに武器をとって、政府が四〇年代以降、自分たちに取った対応を悪と判断し、これを正そうと試みた。

サラフィー主義者からなる武装イスラーム勢力の最初のメンバーは、一九六三年半ば以降、スィバーイーが死ぬ数ヶ月前にシリアで姿を現した。北部の産業都市アレッポでは地下活動を行う細胞が組織され始め、古代都市ハマー[v]ではオロンテス川に根城を築いた。マルワーン・ハディードという名の若いサラフィー主義者は、「ムハンマド大隊」と呼ばれる組織に若者たちをリクルートした。その後、同組織は「戦闘前線」と名を改めた。集まったメンバーは、バアス党に対して聖なる戦い、すなわちジハードを起こす準備を進めていた。バアス党は主にアラウィー派、イスマーイール派[vi]、ドゥルーズ派[vii]、そして地方の世俗的なスンナ派からなり、これらはすべて、ジハード主義者にとって異端な存在である。ジハード主義者は、これらの異端者を排除すれば、預言者の教友であるイスラームの創設者たちの基本的価値観に根づいた、真のイスラーム社会が到来すると考えた。一方、バアス党は権力を掌握した最初の数週間、党内の利害対立に気を取られており、地下でイスラーム主義の運動が蠢いていることに注意を払う余裕がなかった。

一九六三年三月から七月にかけて、バアス党は軍内部のナースィル主義者による激しい攻勢を受けた。ダマスカスでは流血を伴ったものの、クーデター自体は未遂に終わった。バアス党が「謀反人」を裁きにかけるため、地方の裁判所を設立していた間、イスラーム主義者は武器を集め、若いメンバーの訓練に励んだ。少し後のパレスチナ抵抗勢力、また九〇年代のアル゠カーイダ同様、彼らも常に「アブー」(……の父)で始まる偽名を用い、諜報機関による身元追跡を逃れようとした。彼らが選ぶのは、アブー・バクル、アブー・ウマル、アブー・タルハ、アブー・ウバイダといった、預言者ムハンマドの生涯にしばしば登場する人物の名である。また名前の最後には、シリア国内の地名にちなんでハムウィー(ハマーの……)、ホムスィー(ホムスの……)、ヤブルーディー(ヤブルード(ダマスカス郊外)の……。)、ジスリー(ジスルッシュグール(北西部)の……。)といったとおり名が加えられた。

バアス党は、シリア各地で大量の党員を確保し、教師や村の官吏らに都市の政府機関に勤めるよう呼びかけた。これによってムスリム同胞団は、農村地帯でバアス党と競合する機会が減り、そこを自分たちの活動拠点とすることができた。なお、これと同様のことが二〇一一年にも起きている。地方におけるバアス党の権力基盤がモスクの指導者やイスラーム主義の政治家によって奪われたのだ。地方では、彼らの主張がバアス党の廃れたアラブ民族主義よりもはるかに魅力を持った。

　同胞団は主たる活動拠点を地方のモスクとした。モスクの礼拝指導者（イマーム）は、大抵が同胞団メンバーであるか、その隠れシンパであった。少年たちは学校が終わった後、クルアーン暗唱のために夕方モスクへと向かい、そこで同胞団の教師が見込みのある子供を選んで銃の隠し方、運び方、処理の仕方を教えた。続いて、少年たちは地元のバアス党員を二四時間監視し、その動きを同胞団の細胞に報告する訓練を受けた。これを経て、子供たちはついに火器の使い方を学んだ。同胞団は子供にとって簡単な標的として、役所に雇われた街路清掃人に目をつけた。彼らは夜明け前に仕事を終える際、大抵一人でいるからである。子供らは注意深く屋根の上に隠れ、そこから射撃の練習をしていたのだ。こうした冷酷な訓練によって、大勢の無辜な一般市民が殺された[3]。

名付け親、マルワーン・ハディード

　ムスタファー・スィバーイーがシリアにおけるイスラーム政治の生みの親であれば、マルワーン・ハディード（一九三四〜七六年）は今日のシリアの戦場に立つ数千人に影響を与えた、武装ジハード主義の名付け親であり設立者である。長身で赤毛のハディードは一九三四年、アルバニア系の裕福な家庭に生まれた。兄弟にはキナーンというバアス党員とアドナーンという共産主義者がおり、いずれも二〇世紀のシリアの政治シーンでマルワーンと決別した存在であった。マルワーンは二人の兄弟と袂を分かち、大学時代にムスリム同胞団に加わった。

彼はスィバーイーと異なり、カイロの名門アイン・シャムス大学でイスラームではなく農業を専攻した。(4) 彼はイスラームについて教える素養を持っていなかったが、シリアに戻って間もなく、故郷であるハマーのバルディヤー・モスクで説教を開始した。マルワーンを支持する人々は、モスクで教育活動を始めた彼を敬って「シャイフ」と呼んだ。正式にはシャリーアを学んでおらず、ダマスカスのウマイヤ・モスク[viii]やカイロのアズハル大学といったイスラームの権威から何の修学免状も授与されていない彼には、「アーリム」（学者）[ix]としての要素が全くない。しかし彼には強いカリスマ性と支持者の心を掴む演説家としての才能があった。マルワーンは体制寄りの宗教指導者にこう警告している。「神を信仰する者が神の敵と格闘する時、あなたは戦わずにその傍観者として振舞う。それゆえあなたは自宅で神の敵に踏み潰され、地獄に行く」(5)。そして彼は、シーア派の分派であり、陸軍参謀総長のサラーフ・ジャディードや、空軍司令官で後に大統領を務めたハーフィズ・アサドといった、バアス党の軍幹部を多く輩出したアラウィー派に対して、明確な敵意を示した。

アラウィー派

アラウィー派はシーア派と密接なつながりを持った秘教で、その原型は一〇世紀に形成された。同派の人々は、シーア派の第一〇代イマーム（指導者）と同世代のムハンマド・イブン・ヌサイリー・ナミーリーの教えに従っているため、「ヌサイリー派」とも呼ばれる。

シーア派の主流な考えでは、一二人の定められたイマームが存在し、その最後を務める第一二代イマームはマフディー、すなわち現在は姿を隠しているが終末に再臨する救世主とされる。一方、アラウィー派が定めるイマームは第一〇代までで、この点はシーア派の主流とは異なる信仰を持つ。彼らは地中海東岸に位置するシリア西部の町、ラタキアの周辺にある険しい山々を拠点とし、他にも中部のホムスやハマー、地中海東岸最上部、オロンテス川下流に沿った北西部の狭い海岸平野にあるイスケンデルン（旧名アレクサンドレッタ）に居住していた。

先述のイブン・タイミーヤは一三〇三年、アラウィー派を「ユダヤ教徒やキリスト教徒よりも不信心な人々」と批判するファトワーを発布し、イスラームの預言者を否定するアラウィー派に対する戦いは全能の神を「喜ばせる」と解説した。物議をかもしたこの声明は、強硬なスンナ派ムスリムのアラウィー派に対する態度を基礎づけ、オスマン帝国が統治した約四〇〇年の間、アラウィー派の存在は意図的に無視された。オスマン帝国以前、一三世紀半ばから一六世紀半ばまでシリアを統治したマムルーク（軍人奴隷）たちは、アラウィー派をシーア派の異端分派とする宗教的観点からの排他主義ではなく、武力を用いることで彼らを遠ざけてきたが、武力行使が失敗すれば彼らを完全に排除した。アラウィー派の人々が拘束され、むちで打たれ、公共の場で吊るされ、さらに刑務所で拷問を受けるのは日常の風景となり、こうした残忍で不正義な歴史は彼らのコミュニティの中で受け継がれていった。

第一次世界大戦までにアラウィー派の人口は一〇万人を数え、ほぼすべてが小作人として農業で生計を立てていた。(6) 彼らの多くはオスマン帝国軍に徴兵されたものの、歩兵の階級を与えられることは決してなく、旧式の武器で前線に送り込まれて死を待つだけの消耗品として利用された。このおかげでオスマン帝国は壊滅を免れたのである。そうでなくとも、主としてハマー周辺に住んでいたスンナ派の不在地主はアラウィー派を労働力として酷使していた。もっとも、彼らが人々の視界から姿を消したより決定的な要因は、隠遁生活を好むというその一風変わった生活スタイルにある。アラウィー派はシリアの中でも後進的で中世の雰囲気が残る、一種の飛び領土のような場所に住み、役人・教師・警察官は皆、そこへの赴任を嫌がった。ダマスカスに電気が通ったのは一九〇七年だが、アラウィー派の村々に電気が通ったのは四〇年代後半である。

一九二〇年、シリアの委任統治を開始したフランスはアラウィー派のために独立国家を設立し、彼らを四一年まで保護した。その国境は同じくフランス委任統治領であった大レバノン国の北部及び北東部と接していた。これを契機に、スンナ派ムスリムを指す語として西側の東洋学者が用いていた「ムハンマド教」と並び、歴史上初めて「アラウィー」の名が登場したのである。アラウィー派の人々は「ムハンマド教」からも、アリー派、すなわちシーア派からも区別される存在となった。預言者ムハンマドの義理の息子であるアリーは、スンナ派にとっては第四代カリフだが、シーア派にとっては預言者の初代後継者である。

アラウィー派は、新たに確立された自治と主権を享受した。彼らにとって、限定的であっても自らの政府を持ったのは歴史上初めてのことで、これによってダマスカス、ホムス、ハマーのスンナ派為政者から解放された。フランス政府が与えた職によって彼らは十分な収入を得ることができ、シリア人地主の大農場で作物を収穫するという労働義務からも解放された。二五年までにアラウィー派は警察、中央省庁、さらに地方議会の役割を持った地元の役所などのあらゆる公職を経験し、身分証明書や、白地に黄色の太陽が描かれた国旗、また独自の郵便切手も持つようになった。

さらにフランスは、一九二一年に新しく創設したシャーム軍にアラウィー派を入隊させ、彼らに高額な給料、上等な軍服、自分たちの土地を守る武器を与えた。そして軍隊で教育・訓練を受けたことで、彼らはシリアが四六年に独立した後、国内で権勢を振るうために必要な軍人家系の伝統を培うことができた。六〇年代前半、ムスリム同胞団が目の当たりにしたのはまさにこの伝統である。ハーフィズ・アサドやその弟リファートを含むアラウィー派が将校として軍の隅々に進出していたのだ。

穏健な政治の遺産：一九六四年のハマー

イブン・タイミーヤに強く影響されたマルワーン・ハディードに促され、ハマーに住むイスラーム主義者は最初の聖なるジハードとして、アラウィー派とバアス党員との対決に向けて準備を始めた。一九六四年四月、ハマーのスルターン・モスクの顔役であるマルワーン・ハディードはバリケードを築き、バアス党が推し進める奔放で世俗的な生活スタイルや、国軍でアラウィー派の影響力が増している事態について、辛辣な説教を通して批判した。[7]彼らはアルコール飲料を販売している店を捜し回り、ワインの瓶を市中で叩き割り、排水溝に流した。またハディードの手下は、国家警備隊に所属するまだ若いアラウィー派の兵士、イスマーイール・ムンズィル・シャンマリーを拘束し、公共の場所で処刑した。その報復としてバアス党の兵士は、かつての有力家系であるアズム家出身のハマーの名士を殺害した。

アレッポの中流家庭の出身で、世俗的なスンナ派ムスリムである当時のアミーン・ハーフィズ大統領は、こうしたハマーでの出来事を、「バアス党体制に対する深刻な軍事的革命だ」と述べた。[8]軍部隊が配置され、ハディードが手下たちとスルターン・モスクに逃げ込む中、アミーン・ハーフィズは彼らを全員殺害するよう部隊に指示した。これにより、モスクは破壊されて尖塔（ミナレット）は地面に倒れた。

ハディードは逮捕され、他七〇人が死亡した[9]。

二〇〇一年、当時を回顧したアミーン・ハーフィズはこの数字が事実と異なるとし、死亡者数は民間人四〇人だと述べた[10]。またマルワーン・ハディードについて、「彼の存在は考えていたほどに重要ではなく、我々は彼の役割を過剰に見積もっていた」と加えた[11]。恐らくこれは、当時のアミーン・ハーフィズの真意であり、それゆえハディードは数ヶ月後に釈放されたのであろう。さらに大統領は、一九六九年にハディードがヨルダンに渡航することも許可している。ハディードの支持者がダマスカスのウマイヤ・モスクで同様の事態を引き起こしそうになった時、兵士らはムスリム世界で最も神聖な場所の一つである同モスクに突入し、彼らを射殺した。この時点で「穏健な政治」は、体制派の中にも反体制派の中にもその姿が失われ、両陣営は権力の獲得とその維持のために殺害をいとわなくなった。

シリアのジハード主義者たちは、ハマーでのあっけない敗北に心底驚いた。彼らは、バアス党と対決するには自分たちがあまりに未熟なことを思い知った。また、たった一日で七〇人が殺されたことから、バアス党が敵対勢力の殲滅に躊躇しないことを強く認識した。これは一九四五年にフランス占領軍がダマスカスを攻撃して以来、シリアで起こった最大規模の虐殺である。こうして計画に失敗した彼らは、七六年に再び体制転換を企てる。この時、国家のトップにはハディードが忌み嫌ったアラウィー派の将校、ハーフィズ・アサドが君臨していた。

ハーフィズ・アサドとの結託

ハーフィズ・アサドは歴史に精通し、同胞団についてもよく知っていた。彼は一九四〇年代後半から五〇年代前半、ラタキアでの教え子である若い党員らと交流を深め、学生デモなどを通じて同胞団メンバーと路上での衝突を繰り返した。彼は同胞団メンバーを、目的のためなら手段を選ばない、洗脳された人々と理解していた。そして権力掌握後、まずハーフィズ・アサドは武装した同胞団との戦いに備えてスンナ派ウラマーの囲い込みに取り組んだ。同胞団が人々を反アサドに向かわせるために掲げていた「イスラーム」という錦の御旗を、宗教権威の協力によって剥ぎ取ろうと考えたのだ。

一九七一年、ハーフィズ・アサドは議会を設立し、大統領に就任した。議員には、著名な医者であるムハンマド・シャーミーや女性労働組合の代表を務めたアーディラ・バイフム・ジャザーイリーといった国内の上流階級層が含まれていた。さらにハーフィズ・アサドは、ダマスカスの古参のムフティーであるアフマド・クフターロー、アレッポの熟練ムフティーであるムハンマド・ハーキム、ウマイヤ・モスクの人気説教師アブー・ファラジュ・ハティーブという、三人のスンナ派の顔役を評議員に加えた。(12)

ハティーブはかつて、ウマイヤ・モスクを閉鎖して博物館に改装しようとしていたサラーフ・ジャディードによって説教師の職を解雇されていた。しかしハーフィズ・アサドはこの決定を覆し、彼を同モスクの説教壇に歓待するとともに再び登らせた。ハティーブは、一九世紀後半以来、同モスクで教育活動に携わってきた名家の出身で、ダマスカスに深い縁を持つことから豪商や地域の古い顔役らとの強いパイプを有していた。

加えて三人の宗教指導者は、いずれもムスタファー・スィバーイー率いるムスリム同胞団の初期の穏健な世代と近しい関係にあった。スィバーイーの後の若い同胞団メンバーが起こす軍事蜂起に冷ややかな視線を向けていた三人は、大統領への協力を約束した。

注意深く計算された動きの中で、ハーフィズ・アサドは国内のモスクのイマーム一一三八人、宗教教師二五二人、説教師六一〇人、ムアッズィン（モスクの礼拝呼びかけ人）一〇三八人、クルアーン暗誦者二八〇人の賃金を引き上げた。[13] さらに一九七四年、七六年、八〇年と、三度の賃金引き上げを行い、七六年には国内のモスク建設に五四〇万シリア・ポンドを費やした。この時から二〇〇〇年に死亡するまで、ハーフィズ・アサドは毎年のラマダーン月に、スンナ派、シーア派、アラウィー派を含む国内の宗教指導者たちと日々の断食明け（日没時）の食事をとることを習わしとした。スンナ派の有力者は大統領のこの振る舞いに感激し、そのため彼が七三年、シリアの憲法に二〇年から明記されていた「シリアの国教をイスラームとする」との文言を省いた憲法案を議会で通過させた時も、これに反対しなかった。一方でハーフィズ・アサドは、「イスラーム法はシリア・アラブ共和国の司法における主要な典拠である」との文言は残した。

議会に籍を置く二人のムフティー、クフタ－ローとハーキムをはじめ、イスラーム学者たちもこの憲法案に異を唱えなかった。唯一明確な反対姿勢を示したのが、ダマスカス市内でも保守的なミーダーン地区出身のウラマーで、かねてよりバアス党を批判していたハサン・ハバンナカである。彼は貧困層に広く人気を博した人物で、いわゆるエリート学者たちとの付き合いは少なかったが、サラフィー主義者やジハード主義者とは一定の交流を持っていた。彼は一九七三年二月二〇日、ダマスカスのスンナ派ムスリムの学者を喜ばせるために、「シリアの国教をイスラームとする」との文言を憲法に再び挿入した。

一九七六年、ムスリム同胞団の「戦闘前線」メンバーであるハディードの部下が、ハマーでアラウィー派の諜報機関の幹部ムハンマド・ガッラーフを暗殺した。これはハーフィズ・アサドへの宣戦布告であった。大統領は直ちにハディードを拉致して刑務所に送り込んだ。ハディードがそこでハンガー・ストライキを決行したため、ハーフィズ・アサドは、当時在イラン・シリア大使館に勤めていたハディードの兄弟キナーンを召還し、面会に行くよう依頼した。(14) そこでハディードは、武装活動を放棄すれば恩赦が与えられるとの申し出を受けたが、これを拒んだ。

一九七六年六月、ダマスカス東部にあるハラスター軍事病院でハディードは死亡した。享年四二歳であった。彼の殉教はアサド体制に反対するイスラーム主義者に強い感銘を与え、この三七年後には彼の名に因んだ「マルワーン・ハディード旅団」という小さな武装組織がシリアに誕生した。(15) 二〇一三年にハマーで誕生したこの組織は、ヌスラ戦線に所属し、レバノン東部のベカー高原にある町、ヘルメルでのロケット攻撃について犯行声明を出した。

ハディードの死は、ハーフィズ・アサドにとって避けたかった事態である。政府にとって、彼は殉教するよりも、鍵のかかった場所で保管しておく方がはるかに好都合であった。ハディードの後を継いで戦闘前線の指揮を執ったのは、ゴラン高原のクネイトラ出身の熱心な技師である。町のパン屋の息子、アドナーン・ウクラは、一九七九年の夏にアレッポで起こった、現代シリアの歴史上最も有名な、恐ろしいテロ活動の一つに関して、裏で糸を引いた。(16)

一九七九年六月一六日、二九歳のバアス党将校イブラーヒーム・ユースフは、アレッポの砲兵訓練所の食堂に部下三〇〇人を集めた。ユースフはアレッポ北東部にある小村、ターディフの小作農の家に生まれ、戦闘前線と内通していた。訓練所には一一人の戦闘前線メンバーが潜り込んでおり、彼らは制服、銃、弾を支給されていた。ユースフが食堂に部下を集め、「あなたがたに死を!」と叫ぶと、武装したジハード主義者が突入して発砲し、すべてを破壊した。報告書には死者三二人、負傷者五四人とするものから、死者八三人とするものまで、様々な数字が並ぶが、殺害されたのは全員アラウィー派であった。政府はシリア全土の町や村をまわって容疑者の捜索を開始した。容疑者の多くは特別軍事法廷の前に引きずり出され、その場で処刑された。七九年から八〇年の激動期、政府は二〇〇〇人を処刑したが、その大半はムスリム同胞団のメンバーか、それに少しでも関わりのある人々であった[17]。人々はユースィフのアレッポでの蛮行に恐怖し、政府は同胞団を真っ向から批判した。ドイツのアーヘンで活動していた同胞団の幹部、イサーム・アッタールはこの批判に対して、「いかなる事実も証拠もない厚かましい嘘」だと反論した[18]。

この時から、同胞団の指導者たちはアラウィー派とキリスト教徒のエリートを暗殺するようになり、その活動が凶暴化した。バアス党幹部のアブドゥルアズィーズ・アディーは妻と子供の前で銃殺され、その遺体は故郷ハマーの通りに放り捨てられた。一九七六年一〇月には、アラウィー派のハマー駐屯地司令官、アリー・ハイダル大佐が戦闘前線によって殺害された。その四ヶ月後、すぐれて柔軟な思考の持ち主として知られたバアス党の共同創設者の一人、ダマスカス大学のムハンマド・ファーディル学長が暗殺された。さらに七七年六月には、国軍のミサイル兵団の司令官であるハーミド・ラッズーク准将が射殺された。五ヶ月後にはアレッポ大学のアリー・アリー教授が、七八年三月にはシリアにおける歯科医の第一人者であるイブラーヒーム・ナアーマが殺害されている。同年八月には内務省警務部長のアフマド・ハリール大佐、七九年四月には最高治安裁判所のアーディル・ミーニー検察官が暗殺された。ハーフィズ・アサドの周囲でも、一九七九年八月に専属の神経科医ムハンマド・シハーダ・ハリール、友人の心臓医ユースィフ・サーイグ・ハリール、またバアス党を中核とする社会主義政党連合「国民進歩前線」所属のダルウィーシュ・ズーニーが暗殺された。バアス党と共闘する人物は誰でも標的にするという行動原理は、三五年後のISISとヌスラ戦線にも引き継がれている。また戦闘前線は八〇年一月、ダマスカスでソ連人技術顧問一〇人を殺害した。[19] 治安部隊に捕まった時、戦闘前線のメンバーは腰に巻いた爆発物を使って自爆した。ハーフィズ・アサドにとって、シリアの国政を主導するアラウィー派のメンバーがムスリム同胞団の銃弾に倒れることは、この上ない苦痛となった。

同胞団はその後、ダマスカス、アレッポ、ハマーの郊外で商人たちに店を閉めるよう強制し、各都市で市民にストライキを決行させた。これを断った商人の店には火が放たれた。[20] 一九七六年から七九年にかけて、これら三都市に加え北西部のイドリブでは、政府機関に勤める三〇〇人以上の市民が殺害され、スンナ派の指導者でさえも同胞団の行動を批判すれば標的とされた。

こうした状況下、人生が暗転した人物の代表として挙げられるのが、アレッポのスライマーニーヤ・モスクの説教師、ムハンマド・シャーミーであろう。ストライキの数日前、老練な宗教指導者であるシャーミーは、アレッポの有力なウラマーたちを引き連れて、ハーフィズ・アサドに面会するためダマスカスを訪れた。シャーミーは大統領から、「彼ら（同胞団）を訪ねて要求を聞いてきてほしい。彼らは政府に参加したいのだろうか?」と質問を受けた。[21] ハーフィズ・アサドは教育、国防、内務、財務を除くあらゆる閣僚ポストを与えると提案したが、シャーミーたちの去り際にこう警告した。「イスラエルとの激戦によって鍛えられた我々の軍は強大である。市街戦になればその被害は計り知れないだろう。同胞団のメンバーにただそう伝えて欲しい」。

大統領宮殿を後にした随行のウラマーの一人はこう一蹴した。「我々の友人（ハーフィズ・アサド）は今にも倒れ落ちるでしょう。二週間のプレッシャーで、彼は我々に政府の半分を与えると約束しました。同胞団に活動を継続するように言いましょう。大統領は今にも倒壊すると」[22]。しかしシャーミーはこの発言に激昂し、今回の大統領訪問は災いへの招待状になると述べた。数日後の一九八〇年二月二日、シャーミーはスライマニーヤ・モスクで殺された[23]。同胞団の手によるものであることは明らかだった。

その一ヶ月後、イスラーム主義者たちはアレッポの商店街を二週間にわたって閉めさせ、同市の通りでジハードの戦いを決行した。イドリブ、ホムス、ハマー、ダイルッザウルといった各都市では、公の場で彼らの行動が支持される光景が見られた。ダマスカスでは、夜のハーミディーヤ・スークで同胞団への強い連帯を呼びかけるチラシが配られた。

これに対して、一九六四年のハマーでの蜂起の顛末を覚えているダマスカスの人々の気持ちは冷めていた。政府機関に所属する有力商人らは、ダマスカスがハマーと同様の運命を辿る事態を避けたかったのである。しかしながら、一部の同胞団シンパは店を閉めてストライキに参加した。ハーフィズ・アサドは、スンナ派の商人が信頼を置く、七七歳のダマスカス商業会議所連合会長・バドルッディーン・シャッラーフに協力を呼びかけた。この結果、オスマン帝国時代の真っ赤なトルコ帽と真っ白な上着に身を包んだシャッラーフは、ハーミディーヤとハリーカという二つのスークで各店舗のシャッターをノックし、店主にストライキを止めるよう頼んで回ることとなった。

一九八〇年一月、ハーフィズ・アサドは一人の人物を首相に任命した。古参のスンナ派バアス党員で、オスマン帝国解体直後にムフティーを務めたアターッラー・カスムを父に持つ、アブドゥッラウーフ・

カスムである。カスムはダマスカスの由緒ある家系の出身で、彼の内閣も四分の一はダマスカスの古い中産階級の出であり、首相同様にスンナ派である。ハーフィズ・アサドは、同月の第七回バアス党地方大会の開催に先立ち、地方支部におけるスンナ派の割合を五七パーセントから六六・七パーセントへと引き上げ、一方でアラウィー派の割合を三三・三パーセントから一九パーセントに引き下げた。[24]

その傍ら、大統領の弟リファアートは、アラウィー派の精鋭からなる防衛隊の司令官を務める立場から、イスラーム主義者に対する全面戦争を呼びかけた。彼は、「なぜ彼らばかりが殺すのか？　我々も彼らを殺さねばならない！」[25]、「スターリンはボリシェヴィキの革命を維持するため一〇〇〇万人を犠牲にした。シリアも同様の備えをすべきだ」と怒号を飛ばした。リファアートは、ムスリム同胞団を殲滅するためなら、喜んで「一〇〇年戦い、一〇〇万の拠点を破壊し、一〇〇万を犠牲に」したいと述べた。[26]彼は人民委員会と呼ばれる地方軍隊や、国内の親政府の学徒らに武器を支給した。その時以降、中立的な立場にいた一般市民は、政府の側につくか、あるいは政府が「テロリスト」と呼ぶ勢力の側につくかを選ばなければならなくなった。防衛隊の目玉であった女性兵士はダマスカスの街頭に出て、ムスリム女性の頭からヴェールを剥ぎ取るという行動に出た。リファアートの思想を表したこの侮辱的な行動はハーフィズ・アサドの怒りを買い、数時間後には大統領がテレビに出演して公に謝罪する事態につながった。

一九八〇年三月、ヘリコプターから降下した部隊がジスルッシュグール（ラタキアの北東一〇五キロ）にある同胞団の拠点に送り込まれ、兵士九七人が殺された。数日後には、シリア軍第三師団が、リファアートの防衛隊も加わった兵士一万人、武装車両二五〇台という規模で、同胞団討伐のためアレッポ北部に侵攻した。[27]ハーフィズ・アサドは演説家としての技を磨き、テレビで毎晩、同胞団への敵対感情を鼓舞した。彼はシリア国旗を背にしてカメラの前に座り、快活な調子で語りかけた。バアス党による権力掌握の一六周年にあたり、彼はイスラームの大義に訴える発言を次のとおり行った。「そうとも！　私は神とイスラームのメッセージを信じており、かつても今も、そしてこれからも私はムスリムである。ちょうど、シリアがイスラームの旗を高く掲げる輝かしい城であり続けるように！　しかし、宗教を不当に道具として扱うイスラームの敵たちは（その城から）追放されるだろう！」(28)。彼はこれと全く同じスピーチを三月一〇日から一一日、一七日、そして二二日から二四日にかけて、農民や教師、学生や作家、またスポーツ選手といったあらゆる層の人々に発信した。

これに対して一九八〇年六月二六日、同胞団とその軍事組織である戦闘前線は、ハーフィズ・アサドの暗殺を試みるも失敗した。大統領宮殿の門で大統領がアフリカからのゲストを出迎えた際、彼の足元に手榴弾が放られ、武装した男たちが発砲した。しかし大統領は手榴弾の一つを安全な場所に蹴り返し、もう一つは護衛が引き取った後で爆発した。この一〇日後、ハーフィズ・アサドは同胞団への参加を死罪とする法律（第四九号）を可決させた(29)。

一九八一年八月、首相官邸の外で自動車爆弾が爆発した。同胞団は同年九月にもウマイヤ広場の国軍本部に、さらにその一ヶ月後にはダマスカスにあるソ連の軍事訓練事務所に爆弾をしかけた。同年一一月二九日、ダマスカスのバグダード通りにあるアズバキーヤ地区で多数の轟音が鳴り響いた。昼の一一時二〇分、TNT（トリニトロトルエン）を積んだホンダ社製の自動車が国軍採用事務所の門で爆発し、市民一七五人が殺されたのだ(30)。

一般市民も極力巻き込むやり方は、同胞団の戦術における一つのターニング・ポイントであった。政府はダマスカスに検問所を設け、武装した兵士が街角で市民の全身を検査するなど、首都は軍事要塞へと変わった。一方、同胞団は町の食料品店を放火し、町中でバアス党員を射殺するなど、暴力行為を継続した。

一九八二年のハマー

最も混乱した状況は、シリア中部の保守的な町ハマーで起こった。一九八二年二月三日の午前二時、旧市街で待ち伏せをしていた陸軍部隊が、屋根から狙撃手による攻撃を受けた。部隊の兵士はその中に、アブー・バクルという名で知られる戦闘前線の地方支部司令官、ウマル・ジャワードの姿を見つけた。ラジオを通じてハマー中の細胞とつながっていたジャワードは、イスラーム主義者全員に決起の指示を出した。すべてのモスクで明かりが灯され、説教師はミナレットに登り、拡声器を持ってジハードを呼びかけた。これこそ、戦闘前線が一九六四年以来、待ち望んでいたものだった。合図とともに数百人が姿を現して政府機関の建物を襲撃し、軍の郵便局や警察署を制圧した。屋根の上に身を潜めていた戦闘員は寝室に侵入し、アラウィー派の女性兵士二人を殺害した。[31] 夜が明ける頃、殺害されたバアス党員の数は七〇人に上り、同胞団はハマーが「アラウィー派の支配から解放された」と宣言した。[32]

ハーフィズ・アサドはハマー奪還に向けて、リファアート率いる防衛隊から一万二〇〇〇人の兵士を同市に送った。[33] これはシリア軍とイスラーム主義者の双方に対して、国家に忠誠を誓うかどうかの試験となった。反乱軍は長期戦に備えるため、カイラーニーヤやバルーディーヤといった旧市街地区に撤退した。軍は着々と地上を制圧し、反乱軍には二メートルの水運に身を隠す者もいた。軍はフランスが建設した運河にダイナマイトを投げ込んで彼らの動きを封じ、潜んでいたジハード主義者らを爆死させた。モスクに隠れた者に対しては、建物を破壊して彼らを剥き出しにした。[34]

三週間後の二月二八日、政府はハマーが「同胞団から解放された」と宣言した。[35] 一九八二年のこの混乱によって旧市街のほぼ三分の一が破壊され、[36] 政府は三〇〇〇人が犠牲になったと述べた。一方、反体制勢力は犠牲者のおおよその数を三万五〇〇〇から五万人と見積もった。そのすべてが一般市民である。ハーフィズ・アサドの伝記を執筆したイギリス人ジャーナリスト、パトリック・シールは、犠牲者数を五〇〇〇から一万人と述べている。[37] 実際どれくらいの犠牲者が出たのかは定かでないが、いずれにしてもその数は甚大であった。この一連の戦いにより、政府側には死者一四三六人、負傷者二一五〇人が発生した。[38]

ハーフィズ・アサドはこうした一連の苦難に関して、仲間である周辺アラブ諸国やアメリカの中央情報局（ＣＩＡ）に不満を募らせた。当初、ハマーでの虐殺は報道されず、同胞団側も政権側もこれについて一週間、沈黙を続けた。一九八二年二月の時点で、テレビやラジオ、また海外のジャーナリストはハマーに入ることを許されなかった。三月初旬、これについて最初に報じたのはワシントン・Ｄ・Ｃにあるアメリカ国務省である。これによって同胞団は反射的に敗北のショックを呼び覚まされ、ハーフィズ・アサドを虐殺者として非難する力強い声明を出した。大統領は相次ぐ声明を目の当たりにし、アメリカが同胞団および戦闘前線に同調していると確信した。そして彼は同年三月七日、数ヶ月ぶりに公共の場に姿を見せて勝利宣言を行った。大衆は彼を、アブー・ルンマーナ地区の大統領宮殿からアービド通りの古い議会の建物まで担いだ。宮殿と議会の建物は至近の距離にあったが、この日のために政府が動員した市民の人波に揉まれて、辿り着くには数時間を要した。ハーフィズ・アサドはこう叫んだ。「兄弟たちよ、息子たちよ（……）ムスリム同胞団に死を！　雇われて祖国に混乱をもたらそうとしたムスリムの同胞たちに死を！　ムスリム同胞団に死を！」(39)。

ハマーの亡霊

ＩＳＩＳについてであろうとヌスラ戦線についてであろうと、今日のシリアのジハード主義について議論する際、その軸となるのはハマーでの事件、そしてバアス党政権とムスリム同胞団との闘争である。伸張、拡大を続ける新たなジハード運動が、こうした歴史背景を踏まえて二〇一一年に始まり、シリア政権の打倒を目指していることを我々は忘れてはならない。

二〇一一年に戦争が始まった時、反体制運動を起こした若者の多くは、一九八二年に犠牲となった人々の子供や孫で、彼らはハマーでデモを行い、各都市に陣取った。政府は直ちにこの運動を止めるべく動き、二〇一一年半ば以降に都市部での取り締まりを強化した。ハマーでの反乱は武力を伴わないものだったが、その周辺地帯はヌスラ戦線や他のイスラーム主義グループの温床となった。

二〇一四年の夏、政府とヌスラ戦線はハマー郊外で血みどろの戦闘に突入した。政府はハマーに加え、アラウィー派、キリスト教徒、イスマーイール派が集住する村々をヌスラ戦線による襲撃から守るため、ハマーに続く道路上に精鋭部隊を配置した。軍はヌスラ戦線の侵攻を食い止めることに成功したが、現在もハマーは反乱勢力による侵略の危機に晒されている。

ヌスラ戦線ほどではないにせよ、ＩＳＩＳもまた、現代シリアにおける闘争の歴史に端を発した存在である。シリア砂漠の中心にある町、パルミラの歴史地区を制圧した際、ＩＳＩＳのメディア部門は悪名高いタドムル軍事刑務所を破壊したことを誇らしげに伝えた。同刑務所は一九七〇年代以降、ムスリム同胞団のメンバー数百名が収監され、組織的な拷問が行われていた場所である。

第三章　シリアにおけるイスラームの反動

：一九八二年から二〇一一年

一九八二年のハマーで起こった「流血」はムスリム同胞団に深刻な打撃を与えた。同時にこれは、シリアのジハード主義者たちの活動にとってのターニング・ポイントとなった。同胞団のメンバー数百人が軍事法廷に引きずり出され、処刑されるか刑務所に送られるかした。生き残った少数のメンバーは、サウジアラビアやヨルダン、あるいはイラクに避難した。これらの国の君主は、彼らがメディアに接触することを禁じた。為政者たちは、シリアでの同胞団敗北が自国に存在する同胞団シンパの怒りや野心を掻き立てる事態を恐れたのである。実際のところ、同胞団の指導者たちはアラビア語のラジオやテレビの放送で、正義が踏みにじられたと怒りの声をあげた。そしてシリア人のジハード主義者に対して、再起し、何が失敗の原因だったかを見極め、ハマーで受けた仕打ちの報復をするよう呼びかけた。

しかしこれはすでに遅かった。シリアのジハード組織は内部崩壊に向かっていたのだ。組織では堂々巡りの批判が飛び交った。戦闘前線が、戦場で同胞団の指揮官は自分たちを見捨てたと怒れば、アーヘンで活動するイサーム・アッタールのような同胞団幹部は、戦闘前線が同胞団、ひいてはシリア全土を、イスラーム国家の設立を台無しにする無計画な争いに巻き込んだと反論した。こうした紛糾は一九八〇年代後半まで続いた。

以降、同胞団も戦闘前線も、ハーフィズ・アサドによって完全に叩きのめされ、出し抜かれたため、公式にはシリアから姿を消した。生き残った勢力も離散して弱体化し、政府と和解に至った人々も少ないながらいた。中にはジハードについて語ることを拒み、不気味な沈黙を続ける人々もいた。ごく一握りの人はアフガニスタンやパキスタンに渡り、一九八二年三月に、現地からハマーでの「世紀の大虐殺」を訴え、復讐を果たす意向であることを宣言した。そのためには資金、武器、新しい指導者といった、多くの失われたものを取り戻す必要があったが、年老いた同胞団の司令官や理論家たちにもうその役割は担えなかった。

一九八四年から八五年の間、シリアにおける同胞団の指揮系統は崩壊していた。にもかかわらず、生き残った戦闘前線の一部は、探し求めていた資金、武器、新たな指導者を見つけることに成功した。二八歳の有望なサウジアラビア人がアフガニスタンの岩の砦で彼らを歓迎したのだ。同胞団とは対照的に、若く精力のみなぎったこの人物は、名をウサーマ・ビン・ラーディンといった。

シリア人部隊とアブドゥッラー・アッザーム

アル＝カーイダの台頭と伸張、またそのあらましについて多くの紙幅を割くことは本書の意に沿わない。しかしながら、ＩＳＩＳの思想と組織のルーツを掘り下げるため、幾つかの鍵となる出来事や人物については語らねばならない。

アル＝カーイダは、一九七九年に起こったソ連によるアフガニスタン侵攻を受けて、サウジアラビアとアメリカが非公式に創設したテロリスト集団である。彼らは一九八九年、ソ連がアフガニスタンから撤退した後に姿を現した。ビン・ラーディンが気前よく受け入れたシリア人のジハード戦士たちは、都会でよく教育された、十分な戦闘経験を持った人々である。彼らの九割は大学を卒業しており、ほぼ全員が英語ないしはフランス語を話した。このため、必要とあればヨーロッパで密命を遂行することも可能であった。彼らの多くはシリアの中産階級の出身で、金ではなく、聖なるジハードに参加することを目的としていた。彼らはあたかも神がアフガニスタンに遣わしたジハードの徒であった。

シリア人ジハード戦士たちを世話したのは、パレスチナ人の神学者でアル＝カーイダの精神的な「名付け親」、アブドゥッラー・アッザームである。一部の人々は彼を「ジハードのイマーム」と呼び、古参の元メンバーには彼を「父」と慕う人もいる。二〇〇一年の九・一一によって世界中にその名を知らしめたジハード組織の創設者である彼は、戦略家にして理論家であり、同時に資金調達者で思想的リーダーであった。ジハード戦士は、出納と広報の担当者であったビン・ラーディンではなく、アッザームを頼ってシリアからはるばるアフガニスタンに渡ったのである。

アッザームは一九四一年、パレスチナのヨルダン川西岸地区にある小村に生まれた。そして五〇年代半ば、若くしてエジプトのムスリム同胞団に参加した。彼はその後、六三年にシリアに居を構え、ダマスカス大学のシャリーア学部に入学した。聡明でカリスマ性に満ちていた彼は自然とイサーム・アッタールやサイード・ハウワー、またマルワーン・ハディードといったシリア人サラフィー主義者の関心を引いた。

一九六四年、アッザームはハマーでの同胞団の大敗を目撃した。彼はその際、ムハーバラート（諜報員）から逃れた若いイスラーム主義者を、ダマスカス近郊のパレスチナ人が集まるヤルムーク難民キャンプのアパートに匿った。シリアに滞在した四年間、彼はバアス党政権への憎悪を強め、ダマスカスの地下組織に多くの友人を作った。彼は、なぜシリアにおけるイスラーム主義の企てはかくも無残な結果を迎えたのかに強い関心を抱いていた。

一九六六年に優秀な成績でダマスカスを卒業した後、アッザームは博士課程に進むためにエジプト、さらにサウジアラビアに渡り、ジェッダにあるアブドゥルアズィーズ国王大学[i]で講師として教鞭を執った。彼は西洋寄りの君主制に批判的な政治観を持っており、そのためアメリカと強い結びつきを持つサウジアラビア政府は七九年、アッザームを国外追放に処した。その後、彼はパキスタンとアフガニスタンの国境付近にあるペシャワールを訪れた。ここで彼が目の当たりにしたソ連による侵略は、故郷パレスチナで見たイスラエルの侵略に酷似していた。すべてのムスリムは外国勢力と戦わなければならない、これはクルアーンの命じるファルド・アイン[ii]（宗教的義務）である。彼はそう述べた。

ペシャワールでアッザームは、ムスリム世界の各地からジハード戦士を募るための事務所を立ち上げた。自ら進んで来た人もいれば、アッザームに「勧められて」来た人もいた。彼がダマスカスの古い友人たちに宛てたメッセージはほとんど口頭によるもので、シリアの諜報機関の罠にはまるな、というものであった。彼は何かをメモする際、サンダルの底に掘り込むか、煙草の箱の内側に用心深く書き込んでいた。そこにはこう書かれていた。「パキスタンに来て、ともに行動しよう。新しい世界があなたを待っている。アッラーもお喜びになるだろう」。さらにこうも書いてあった。「いつか我々はここから手を携えて祖国に帰還するだろう。まずダマスカスを解放し、その後エルサレムを解放するのだ」。七九年から八五年の間、ウサーマ・ビン・ラーディンの自宅に設けられたアッザームの事務所に登録されたジハード主義者の数は三万五〇〇〇人に上った。

ビン・ラーディンもアッザームからの招待を受け入れた人物の一人である。二人が初めて会ったのは一九七〇年代半ば、場所はジェッダである。アッザームの要請により、ビン・ラーディンは一部の親族からジハード活動のための財政支援を取り付け、資金面でアッザームに貢献した。シリア人研究者のハサン・ハサンとアメリカ人ジャーナリストのマイケル・ワイスは、二人のジハード主義者を次のとおり、稀代の革命家にたとえている。

アッザームが（カール・）マルクス、つまり新しい革命闘争の明確な概念を打ち出し、そのために必要な方法を描き出した偉大な哲学者だとすれば、ビン・ラーディンは資金を出して、師匠が体に鞭打って世界を変える教科書を作成している間、一晩中明かりを点ける金持ちのぼんぼん、つまり（フリードリヒ・）エンゲルスである(1)。

アッザームはビン・ラーディン、また一九八四年から八六年に自分のもとに集まったシリア人のジハード主義者を巧みに操った。当時、ビン・ラーディンは共産主義を、シリア人ジハード主義者はアラウィー派を敵視していた。彼らにはグローバル・ジハードの思想的基礎はなく、目の前の国境を飛び越えて他の土地を解放することに関心がなかった。一方でアッザームは、かつて世界に広大な支配領域を築いたウマイヤ朝のようなイスラーム国家を建設するという野望を当初から抱いていた。彼はシリアから来たイスラーム主義者をその野望の手段とし、彼らもこれに進んで参加した。双方の利害と信頼が一致していたのである。

「手段となるのはジハードと銃のみだ！　交渉・協議・対話ではない！」。アッザームはビン・ラーディンとシリア人戦士たちをこう諭していた。シリア人を手なずけていたのはアッザームだが、ビン・ラーディンも彼らのことを良く知っていた。彼の母親、また一九七四年にシリアの海岸都市ラタキアで結婚した最初の妻ナジュワ・ガーニムはシリア人であった(2)。ビン・ラーディンはシリア人とサウジアラビア人のハーフということになる。かつて会計係や同志としてビン・ラーディンとアッザームの二人と交流していたタージュッディーン・マワーズィニーは次のように回想している。

アッザーム師はよく、「マルワーンはこうした、ああした……」と、唐突にマルワーン・ハディードについての長話を始めた。彼にとってダマスカスの日々は極めて重要な意味を持っており、我々の前には多くの傑物が現れた。同師がシリアから来たムジャーヒディーン[iii]と馬が合ったのはそのためである。彼は料理や旧市街での夜の散歩といったような、シリアでの思い出について何度も話していた。師の心の中で、ダマスカスは特別な場所だったようである。しかしウサーマ（・ビン・ラーディン）はマルワーン・ハディードと面識がなく、誰かについて話すのはいつも自分のことだった。(3)

ビン・ラーディンとアッザームは、シリア人ジハード戦士のための軍事訓練キャンプをヨルダンに設けた。そのキャンプは「シャイフのキャンプ」と呼ばれ、ヨルダンではパレスチナ解放機構（ＰＬＯ）によるものではない、数少ないキャンプの一つであったが、間もなくしてペシャワールとカンダハールでもキャンプが作られた。

一九八六年の猛暑にペシャワールに渡った人々の中に、ビラール・ディマシュキーの名で知られる、ファールーク・アブドゥッラフマーンという人物がいた。ダマスカス旧市街の下流中産階級地区、バーブ・サリージャに近いカブル・アーティカ地区の住民であるファールークは、七二年に父親を亡くして以降、六人の姉妹と寡婦となった母親を養うため、学校を中退してパン屋で働いていた。貧困に苦しむ中、イスラームに強い慰めを見出していたファールークはサラフィー主義者にとって格好の的となり、彼は弱冠一六歳でムスリム同胞団のダマスカス支部に参加した。ラマダーン月の間、ナスル通りにあるダンキーズ・モスクに通い詰めた彼は、その後間もなくして戦闘前線とともに武器を手に取った。

熱烈なサラフィー主義者となったファールークは、自身の新しい名として、伝説の礼拝呼びかけ人、「ビラール」を選んだ。預言者ムハンマドによって解放された元奴隷として、初期のムスリムたちとともに戦い、最後はダマスカスで没し、埋葬されたビラールの足跡をなぞるように、ファールークは貧しく塞いだ生活から自身を解き放ち、一九七九年から八〇年、アドナーン・ウクラとともに戦った。彼は当局の手から逃れるため、シリア南部国境から二〇キロ離れたヨルダンのイルビドに逃げた後、アリー・ムンズィル・ラスラーンという偽名のシリア旅券でアフガニスタンに渡った。

ハマーでの事件から三〇年以上が経った今、ファールーク、すなわちビラール・ディマシュキーには、最早かつてのゲリラ戦士の面影も、シリア政府から「指名手配」された面影もない。黒縁メガネをかけ、痩せこけて小柄な彼は、数日間放置された無精髭を蓄えていた。その姿はウサーマ・ビン・ラーディンというより、アメリカの俳優で映画監督のウディ・アレンを思い起こさせる。彼は当時についてこう振り返った。

アフガニスタンのジハード戦士たちは、故郷マッカでの迫害から逃れてきた預言者ムハンマドを受け入れたマディーナの人々の温かさそのままに、我々を快く受け入れた。我々は最初の二日間をアフガニスタン国境近くの民家で過ごした。そこでリビア人の医者とスーダン人の看護師による詳細な健康診断を受け、我々全員が何の問題も抱えていないことが分かった。私がダマスカスから来たと話すと、彼らは非常に真摯な態度で接してくれた。ウサーマ師（ビン・ラーディン）およびアブドゥッラー師（アッザーム）との謁見に先立ち、我々はアブー・カイス・ナーブルスィーと名乗るパレスチナ人の同志に様々な話をした。彼は我々にあらゆることについて尋ね、それを詳しく書き取っていた。彼らは私の両親や祖父母の代の出来事について尋ねたため、私は自分の家系が関わったモスクやイスラームの状況について話した。家族にお酒を飲んでいた人物はいるのか、ヴェールを着けていなかった姉妹やいとこはいるのか、彼らはそんなことも尋ねた。彼らは私に関するすべてを知りたがり、私がハマーでの事件の数週間前にジハード戦士とともに武器を手に取ったと話すと、満面の笑みを見せた。戦闘前線とのつながりが私をアブドゥッラー・アッザーム師のもとへ導いたのだ。数時間後、私は砂漠の駐車場が見渡せる簡素な事務所でアブドゥッラー師に会った。資料ファイルがいっぱいでとても暑い部屋だというのがその時の感想だ。自分の目の前に今、卑劣なソ連への抵抗運動を導いてきた偉大な指導者がいることが信じられなかった。(4)

五四歳になったビラールにとって、当時の日々は最良の思い出となっており、アブドゥッラー・アッザームについて話す時は郷愁の念が溢れているようだった。一方、ウサーマ・ビン・ラーディンについては明らかに異なる感情を持っていた。

アブドゥッラー師は正真正銘のイマーム、指導者であった。ウサーマ師は人々がテレビで見たままの人物である。彼は常に誠実だったが、金持ちの少年であるため、考え方よりも外見で胸を張る人物だった。アブドゥッラー師はより謙虚で、地に足が着いていた。彼は父親として我々の面倒を見て、我々もまた彼に従う子供であった。アブドゥッラー師はイスラームの歴史上の偉人や、同時代のイマームであるハサン・バンナー、サイイド・クトゥブ、ムスタファー・スィバーイーから強い影響を受けていた。一方、ウサーマはこうしたお偉方を恐れていたようで、彼らについて語ることを好まなかった。彼は、自分自身に人々の注目を集めようとする、非常に自己本位的な人物だったのだ。神が彼の魂に御慈悲を与え給いますように(5)。

ある日、シリア人戦士たちを一堂に集めたアブドゥッラー・アッザームは、彼らにとってアフガニスタンが新しい家と、ムジャーヒディーンが新しい家族となることを告げた。また、ダマスカスやアンマンに戻った家族宛てに、当局に気づかれないよう月々の俸給が支払われることを付け加えた。俸給の額は家族の規模に応じて月額最大で一万シリア・ポンド、これは当時のレートで大体二〇〇米ドルに相当し、一九八〇年代後半のシリアの民間企業に勤める上級管理職の月給と同額であった。そしてアッザームは、こう述べて集めたシリア人の戦士を安堵させたという。

あなた方は物質的な生活を捨て去らなければならない。あなた方の扶養者はこの俸給によってあなた方がいなくても生きていけるだろう。子供たちは良い学校に行き、娘たちは最良の家庭に嫁ぐことになろう。彼らが健全なイスラームの教育を受けることを我々は保証する。高齢の両親も丁寧な介護を受け、最良の病院に通うことができるだろう。アッラーにすべての信仰を捧げるのであれば、あなた方が信頼すべきは我々である。家族は全員、安全な場所にたどり着くだろう。(6)

当初、シリア人のムジャーヒディーンはパキスタンやアフガニスタンに配偶者を連れてくることが許されなかった。同様に彼らは、家族に自分の所在について話すこともできなかった。「女性には気をつけろ」。パレスチナから来たアブー・ウマル・アッカーウィーという名の教師はそう言った。彼は、「女性がいればその周囲に悪魔がいる」と述べ、「女性は秘密を守ることができない、だからあなた方は妻に居場所を教えてはならない」と警告した。

軍事訓練キャンプで二、三年を過ごし、その働きや忠誠が認められたジハード戦士に限っては、妻を呼び寄せることが認められた。それまでの間、彼らは地元の若い、時には二〇歳年下のアフガニスタン人女性を一時的に娶っていた。しかし、一九八〇年代半ばから九・一一、つまり二〇〇一年までの間、アフガニスタンに住んでいたジハード戦士の中で、地元の女性を生涯の伴侶とした人はいなかった。彼女たちは戦士を満足させ、余計なことを考えさせないために一時的に当てがわれただけの存在である。「女性は一人ならば秘密を守れるが、四人いたら無理である」。そう言ってジハード戦士たちは、イスラームで認められる一夫多妻を禁じていた。彼らは望む限り何度も結婚できたが、そのためには前妻と離婚している必要があった。内通者や密告者を警戒するアッザームとビン・ラーディンは、シリアをはじめとするアラブ諸国の当局が、ムジャーヒディーンの親族のふりをした女性をキャンプに潜入させることを懸念していたのだ。

アッザームが採った秘密主義は、家族だけでなく、ムジャーヒディーン全員を対象とした。彼らは今や新しい家、名前、身分証、そして生涯の使命を持っている。海外からの新たな参加者は、誰かに尋ねられてもかつての名前を答えることを許されず、昔の写真や書類もすべて破棄された。彼らはまた、アンマンやラーマッラー、ダマスカスといった故郷での思い出を振り返らないようにとの指示も受けた。かつての生活は単なる経歴に過ぎず、それを思い出すことはただ苦悩をもたらすだけである。ジハード戦士は外見だけでなく内面も強くある必要があり、心の痛みや感情の弱さを引き起こしてはならない。情に厚くては駄目なのだ。彼らはクルアーンだけを人生における指針としなければならない。

彼らを過去に結びつけるものは、機械工学、化学、数学、幾何学といった、大学での専攻分野だけであった。機械工学はミサイルの製造に、化学は毒物の生成に、幾何学や地形学は地図の作成に役立った。かつて学んだ知識は、戦士たちが過去から引き継ぐべき唯一のものとして、キャンプでの訓練を通じて発展させることが期待された。

アブー・ムスアブ・スーリー：シリア人ジハード戦士の新たな指導者

一九八九年後半、アル＝カーイダのシリア人部隊がアブー・ムスアブ司令官とアブー・ハーリド副司令官の下、新たな体制を築いた。アブー・ムスアブとアブー・ハーリドという名前はアラブ世界にしばしば見られるが、二人の名前の最後には「スーリー」、つまり「シリア人」という一言が加えられており、これによって彼らは他のムジャーヒディーンと区別されていた。彼らは八六年後半から八七年半ばの間、アフガニスタンに度々渡航しており、八九年に部隊を立ち上げる以前はアブドゥッラー・アッザームの直属の部下であった。

一九八九年一一月にアッザームが暗殺されて以降、アブー・ムスアブとアブー・ハーリドはビン・ラーディンと、その片腕で現在のアル゠カーイダ指導者、アイマン・ザワーヒリーに仕えた。アブー・ムスアブとアブー・ハーリドはともにアレッポ生まれの元戦闘前線メンバーである。世間でよく知られているのはアブー・ムスアブだが、現在のシリア紛争に関して言えば、二〇一一年以降、シリア北部での暴動に加わり、ヌスラ戦線とＩＳＩＳの仲介人を務めるようになったアブー・ハーリドの方が重要人物だと言えるだろう。

アッザームの義理の息子であり、アフガニスタンの戦場で司令官を務めたアブドゥッラー・アナスによれば、アル゠カーイダにおけるシリア人細胞の第一世代は二〇人から三〇人のサラフィー主義者によって構成された(7)。彼らの大半は一九六〇年から六六年に生まれ、二〇歳代半ばにアフガニスタンを活動の拠点とし、最年長でも三〇歳という若さであった。また、ほぼ全員がダマスカス大学かアレッポ大学で、ごく一部がレバノン、エジプト、スーダンの大学で学んだ。六割ほどはアレッポとその郊外、残りはダマスカスとその郊外、またホムスやハマーの出身であった。港湾都市のタルトゥース出身者も一人だけいた。彼らはいずれも元戦闘前線メンバーで、二割ほどが同胞団の正規メンバーであった。そして例外なく、アラウィー派やキリスト教徒を敵視し、彼らをシリアから追放しようと決意していた。

アブー・ムスアブ・スーリー、本名ムスタファー・スィット・マルヤム・ナサールは、この期間に現れたシリア人ジハード戦士の中では最も有名な人物で、一九八七年六月に初めて会ったアブドゥッラー・アッザームに深く傾倒していた。しかし彼の名が知られたのは比較的最近である。二〇〇六年三月の時点で、アメリカのCNN放送局は彼を、「突如として現れた最も危険なテロリスト」と紹介している。[8] 彼は五八年一〇月にアレッポに生まれた。両親はエジプト家系であったが、預言者ムハンマドの孫であるハサンの流れを汲む血筋だという。彼は自分より一歳若いビン・ラーディンと八九年から九二年まで親交を持ち、ビン・ラーディンも彼を手下とは見ず、友人、また側近として扱った。[9] 二人の関係は、アブー・ムスアブが息子をビン・ラーディンに因んでウサーマと名付けるほど深く、[10] 九八年一〇月にはアブー・ムスアブが司会を務めるアフガニスタンのカーブル・ラジオの生放送にビン・ラーディンがゲストとして登場するなど、砕けた付き合いを見せていた。[11]

赤毛と紺碧の瞳から、アブー・ムスアブはシリア人というよりドイツ人に見えた。アレッポ大学で機械工学を専攻した彼は一九八〇年六月一一日、二三歳の時に戦闘前線に加わった。[12] 彼はこれを、自身の哲学と経歴に大きな転換をもたらした日と述懐している。彼はマルワーン・ハディードと面識はないものの、その演説や考え方、行動を意識して真似ていた。また格闘技の愛好家でもあり、空手の黒帯を所持していた他、サッカーの大ファンであった。彼は八七年に、地中海沿いのラタキアで行われた地中海大会の試合をテレビにかぶりついて観ており、シリアが二対一でフランスに勝利した時は大喜びした。友人達は彼について、「百科事典のような記憶力を持った本の虫」で、イギリスの音楽グループ、ビートルズのファンだと話していた。これはよくあるジハード主義者の姿からはかけ離れている。

アル＝カーイダに加わる以前、シリアでジハード活動を始めた頃、アブー・ムスアブは最初のコード・ネームであるウマル・アブドゥルハキームの名で呼ばれていた。彼は一九八二年以降、シリア国内でのジハード運動復興に貢献したが、ほとんど成果を残すことができないままヨルダンに渡った。ヨルダンで彼はムスリム同胞団に参加したが、程なくして指導部と対立し、彼らを「賢そうなおしゃべりをするだけで何の役にも立たない連中」だと貶していた。

その後、彼はパキスタンで少し働いてから、一九九五年にヨーロッパに拠点を移し、ロンドンの自宅に「イスラーム紛争研究所」を設立した。九七年三月、CNNの著名なジャーナリスト、ピーター・ベルゲンが行ったビン・ラーディンへのインタビューはこの研究所の企画を通して行われた。ベルゲンはアル＝カーイダについて綴った著作の中で、当時のことを次のように回想している。「アブー・ムスアブは非常に手強い、聡明な人物であり、私は彼の方がウサーマ・ビン・ラーディンよりも印象に残っている」(13)。アブー・ムスアブは「アリー」という名で、アフガニスタンでCNNのガイド役として姿を現した。ロンドンを本部とする一般向けのアラビア語日刊紙『クドゥス・アラビー』の編集長を務める著名なパレスチナ人ジャーナリスト、アブドゥルバリー・アトワーンがビン・ラーディンへのインタビューを行った時もアブー・ムスアブは隣席していた。アトワーンはビン・ラーディンに会うためにアフガニスタン東部、トラボラ渓谷の洞窟地帯を訪れた。ビン・ラーディンがインタビューで間違えないよう、アブー・ムスアブは気前よく彼のアラビア語文法、また預言者のハディースやクルアーンの聖句について細かい訂正を施した。ビン・ラーディンはこれに頷き、メモをとって自分の誤りを直した。アブー・ムスアブのアドバイスを信頼しきっていたのだ(14)。

一九九四年、アブー・ムスアブは世界のムスリムに向けた雑誌『アンサール』の定期刊行のためにペンを執り始めた。当初、彼が書く記事のほとんどは、アラブ諸国の独裁者を打倒して神権政治を打ち立てる手段に焦点を当てたものだった。雑誌記事はコピーされてムジャーヒディーンに配布され、彼らのムスリムとしての意識を高めた。またアブー・ムスアブは、戦士以外にも、才能あふれる弁士、老練な政治家としての顔を持ち、部下に政治、歴史、軍事戦略、ゲリラ戦といった様々な内容の講義をしていた。一九九〇年代、彼は自身のため、また部下を洗脳するために膨大な執筆を行い、しばしば軍事訓練よりも知的活動に没頭した。彼は夜遅くまで椅子に座って読書をし、長いエッセイを書き溜めていたが、その大部分は公表されなかった。側近の一人が彼を「アーリム」や学者と呼んだ時、アブー・ムスアブは次のように訂正している。「私はイスラーム法学について専門的に学んでおらず、学者でも導師でもない。私は神聖なる使命を負った一人の敬虔なムスリムであり、それ以上の存在ではない」。

アブー・ムスアブはよく弟子たちに、「教訓とすべき出来事」として、一九八二年のハマーでの惨敗について話していた。イスラーム国家の建設というサラフィー主義者の目標をくじくために、不信仰者がいかに残酷な行動をとるかを示したその出来事は、ジハード戦士がぜひ学ぶべきものとされた[15]。また彼は、八二年の決起失敗の背景に、武器の不足、不適切な啓蒙、脆弱な伝達手段、国際メディアや主要アラブ紙の誤った利用といった要因があるとした。そして九一年五月、彼はジハード運動にかかわる活動綱領を発表した。それは以降一〇年間、アル＝カーイダの活動における青写真として採用された。またその一三年後の二〇〇四年一二月には、『世界におけるイスラーム復興に向けた呼びかけ』と題した一六〇〇ページに及ぶ大著をものにし、アル＝カーイダが運営するウェブサイト上で配信した。同書はジハードをマクロな視点から述べるもので、アル＝カーイダ自体への言及はほとんど見られない。

こうして、彼のジハードについての考え方はインターネットを通じて広く知られることとなった。現代において読まれ、ダウンロードされたジハードに関連するオンライン文献の中で、彼の著作は人気の点で群を抜いているだろう。別の著作『抵抗運動の戦略的目標はイスラーム国家の設立』では、サラフィー主義が正しく具現化した唯一の例として、一九九六年九月から二〇〇一年一〇月まで続いたアフガニスタンにおけるターリバーンの統治が高く評価されている。アブー・ムスアブがイスラーム運動として評価したのはターリバーンの統治だけで、彼自身、二〇〇〇年にターリバーンの指導者であるムッラー・ウマルに忠誠を誓っている。

二〇〇〇年、アブー・ムスアブはムッラー・ウマルの誘いを受けて、ターリバーンが発行するニューズレター『シャリーア』の編集に携わった。彼はアフガニスタンの首都カーブルから、「あらゆる形でのグローバル・ジハードを」と、ラジオの電波を通してジハードを呼びかけた。彼によれば、どういう社会階級か、どの党あるいは組織に所属しているかにかかわらず、すべてのムスリムは武器を手に取らねばならず、「その標的はアラウィー派やキリスト教徒といった不信仰者であり、世界のあらゆる場所が戦場となる」。ムジャーヒディーンが「組織ではなく手段で」動いた時、グローバル・ジハードは成り立つ。彼は、人からの指示を待つのではなく、自らの意思で行動することが人間に課された宗教的義務だと訴えた。言い換えれば、「一つの思想のもと、分散した行動を」ということになる。これが正統なカリフによってイスラーム国家を設立するための唯一の方法であり、その後初めて、真のムスリムは天国に至る正しいレールを歩むことができるというのだ。

今でこそ、イスラーム世界全域を股にかける人となったアブー・ムスアブだが、彼は常にシリアへの思い入れを抱いていた。ハーフィズ・アサドの息子、バッシャール・アサドを擁するシリア政権の転覆は未だ「保留中」だが、アブー・ムスアブはかねてより、ジハード戦士たちが再びバアス党やアラウィー派と戦えるほど強くなることを目指していた。わずかな望みが生まれたのが二〇〇〇年六月、権力の座についてから三〇年経ってようやくハーフィズ・アサドが死に、眼科医であった息子のバッシャールが大統領の座を継いだ時である。就任早々、バッシャールは慈悲を示し、ムスリム同胞団と戦闘前線のメンバーを中心とする四人三〇〇人を釈放した。しかしこの措置は、シリア人のジハード戦士たちにとってあまりに狭量で、また遅すぎた。同年夏、アブー・ムスアブは力強い言葉に満ちたある小冊子を発行した。それは支持者に対し、シリアのジハードが一九八二年以来、グローバル・ジハードの中心であると訴えるものであった。彼はバッシャール・アサドの打倒に向けて立ち上がり、「一九八二年から続く戦いに決着をつける」よう祖国の人々を鼓舞した。彼はこうも付け加えている。「我々は留まるか立ち去るかしてきた。この大シリア(シャームの国々)において、我々すべてのスンナ派がアッラーの教えの守護者となるか、はたまたユダヤ教徒、十字軍、アラウィー派、他の(シーア派の)異端者たちがそこに居座り続けるか」[16]。

戦略家としてのアブー・ムスアブは、目的を達成するならゲリラ戦に訴えることを厭わない人物であった。一九九二年にビン・ラーディンのもとを離れる前、彼は仲間内でアル=カーイダの組織としてのあり方を何度も批判していた。批判の背景には、ビン・ラーディンの芝居じみた振る舞いがあったようである。アブー・ムスアブは、「我々の兄弟はテレビ画面に登場し、フラッシュを浴び、ファンを集め、拍手喝采を得ることに取り憑かれた」と述べ、「ウサーマ師」がジハードという理念を実行することよりも、世界のメディアの一面を飾ることに関心を持っていると不満を漏らした[17]。そして九・一一における世界貿易センタービルへの攻撃については、同年秋のターリバーン政権崩壊を導いたとして激しく批判した。アブー・ムスアブは側近に、九・一一はグローバル・ジハードを頓挫させた、八二年のハマーでの蜂起以来の歴史的失態だと述べている。実際、九・一一後にアメリカ軍はアフガニスタンのターリバーン兵士とその施設の八割を破壊した。彼はこのことについて、「人々は空っぽの頭で我々のもとに集まり、空っぽの頭で去っていた」と述懐している[18]。

二人が別れる前、ビン・ラーディンは、カーブル郊外の町カンダハールでのグラバー軍事キャンプ建設をアブー・ムスアブに依頼した。キャンプの隣にはターリバーンの第八師団によって厳重に守られた兵舎があった。「グラバー」とはアラビア語で「外国人」を意味する。このキャンプはターリバーン政権の国防省によって設立、管理され、アブー・ムスアブはそこで長きにわたり戦士たちの教化と毒物や化学兵器の扱い方、またゲリラ戦についての個人指導を行っていた。また、キャンプにはモスクや設備の整った教室、広報センターがあり、これらもアブー・ムスアブの提案によって個人的に運営されていた。訓練場ではバッシャール・アサド、サウジアラビアのファハド国王、エジプトのフスニー・ムバーラク大統領といった周辺アラブ諸国の指導者の写真を的に、若い戦闘員による火器の射撃訓練が行われていた。

こうした精力的な活動によって、ついにアブー・ムスアブはアメリカ国務省が「指名手配」するテロリストの一覧に名を連ね、グローバル・ジハードにおける高いプレゼンスを得た。アメリカは彼の居所に関する確かな情報に対して五〇〇万ドルの賞金を用意した。そして彼は二〇〇五年一〇月三一日、パキスタン北部の都市クエッタに近いキャンプで身柄を抑えられた。なおこれに先立ち、彼の妻はカタールに居を移し、そこからアメリカとパキスタンの諜報機関が彼の潜伏場所に迫っていることを電話で伝えようとした。

拘束後、アブー・ムスアブはアメリカに引き渡され、二〇〇八年に故郷であるシリアに送還された。二〇一一年には彼が釈放されたとの噂も流れたが、シリア当局はこれを否定し、彼が未だ収監中だと主張した。しかしながら、彼は収監されていながらも、アレッポ、イドリブ、またダイルッザウルといったシリア国内各地で戦うジハード戦士の心に影響を及ぼし続けている。

新しいジハード

二〇〇一年の九・一一と二〇〇三年三月のアメリカによるイラク侵攻を通し、世界は二度の変革を経験した。九・一一以後、シリアの国営メディアはシリアとアメリカの両国政府が運命共同体だとして、同じジハード主義者と戦うことを発表した。過激な勢力と適切に対峙するため、シリア政府は自分たちの手先となる穏健な宗教指導者が必要だと考えた。また国営メディアはアル＝カーイダがムスリム同胞団の末裔からなる存在だとアピールした。シリアの治安当局は、アメリカ連邦捜査局（ＦＢＩ）に情報を提供し、一九八二年以降アフガニスタンに逃げた同胞団メンバーの監視を続けた。

こうしたシリアとアメリカの協力関係は、アメリカのイラク侵攻によって終わりを迎えた。シリア政府はイラク戦争が不正義に基づいたものだと訴えて、アメリカ主導の有志連合への参加を拒否した。アメリカ国内でも次第にシリアの体制転換に向けた働きかけが起こり、両国の諜報協力は中断された。しかしその後、国内のジハード主義者がアメリカ軍と戦うためにイラクへと渡り始めるのをシリア政府が放置したため、アメリカ側にもシリアでの現体制存続を願う気持ちが芽生えたように見られた。シリアは最終的に、戦火の勢いが増してきたイラクでの対テロ諜報活動にあたり、アメリカが自分たちの力を求めるようになることを期待した。

アメリカによるイラク侵攻の際、シリア政府は非常事態として、イスラーム主義勢力と協力する事態も想定した。こうした例は過去にも見られ、例えば一九九〇年代半ばにも政府はイスラーム主義者の勧誘に取り組んでいた。この一環として九五年、国外追放となっていたムスリム同胞団の元指導者、アブドゥルファッターフ・アブー・グッダは故郷アレッポに戻ることが許可された。九七年二月に彼が死んだ際には、ハーフィズ・アサドが彼の遺族に哀悼の意を伝え、国営テレビ放送でもゴールデン・タイムの夜八時半に、彼の訃報が臨時ニュースとして報じられた。

二〇〇〇年代になってもこの動きは続き、〇一年九月にはバッシャール・アサドによってアレッポ出身の同胞団の大幹部の一人、アブー・ファーティフ・バヤーヌーニーの帰国が認められた。彼は同胞団の新しい指導者、アリー・サドルッディーンの兄弟で、数十年間の亡命生活を余儀なくされていた。バッシャール・アサドはさらに、大半が同胞団及び戦闘前線の元メンバーからなる三〇〇人の政治犯に恩赦を与えた他、同年一一月、一九七九年のアレッポ軍事訓練学校での虐殺に加担した罪で収監されていた一一三人を釈放し、〇四年一二月と〇五年二月にも同様の措置をとった。

さらにシリア内務省は二〇〇三年、国内の書店に一九六三年以来課せられていたムスリム同胞団の創設者、ムスタファー・スィバーイーの著作に対する発禁処分を解除した。この時以降、シリアの図書館のショーウィンドウにイスラーム国家、サラフィー主義、クルアーン解釈やジハードについての書籍が突然に溢れ始めた。こうした書籍はアサド国立図書館で毎年行われる文化省主催のブックフェアで人気を博し、バアス党やアラブ民族主義は最早時代遅れとなってしまった。人々を動かして、アメリカのイラク侵攻に抵抗する方法は、イスラームだけとなった。

アメリカのイラク侵攻が激化し、これに対抗する手段としてイスラームを通じた団結が必要となる中、シリア政府はイスラームを掲げる指導者たちとより近しい関係を築かなければならなかった。エジプトのムスリム同胞団のパレスチナ支部「イスラーム抵抗運動」(通称ハマース)はその一つである。一九九七年にヨルダンから逃れて以降、ハマースの指導部はシリア政府の便宜により政治活動の拠点をダマスカスに移していた。政治局長を務めるハーリド・マシュアルは、シリア政府のゲストとしてダマスカスのモスクに自由に出入りし、アメリカのイラク侵攻以降の数ヶ月間は、毎週金曜日になると彼の話を聞くために人々がモスクに集まった。彼はそこでイスラーム、またジハードの現状や主な方法について語った。

モスクで説教を行うにあたり、他の説教師は予め政府による検閲を受けた原稿のコピーを用意している。しかしマシュアルは諜報員から干渉を受けることなく、自由に喋ることが許されていた。彼が模範とするジハードは、一九七〇年代にマルワーン・ハディードが説いていたものとは異なり、パレスチナのイスラエル人やイラクのアメリカ人と戦うという明確な目標を掲げていた。このため、シリア政府はマシュアルを自分たちにとって「良い」イスラーム主義者と捉えていたが、間もなくしてイスラーム主義者に良いも悪いもないことがわかる。すべてのイスラーム主義者は、最終的にはシャリーアによって統治されるイスラーム国家の建設を目標とするからである。実際にマシュアルも、二〇一一年のシリア戦争の開始直後にバッシャール・アサドと決別した。彼は、かつて身を寄せていたダマスカス郊外のヤルムーク難民キャンプの随所に支持者を増やし、何年も自分を守ってきたシリア政府に対する聖戦を彼らに堂々と呼びかけた。彼の熱狂的な信奉者たちも、今回に限ってはシリア国内でのジハードを呼びかけ、武器を密輸してヤルムークの反体制派勢力に手渡した。この背景には、エジプトでムスリム同胞団が権力の座に就いたこと、またチュニジア、モロッコ、リビアで同胞団所属の政党が選挙に圧勝したことがあった。

しかしながら、これらが起こる前からシリア政府の高官たちは、全く同じではないものの、イスラーム主義者と同様の考えについて議論し始めていた。彼らはハマースをテロ組織に指定することやダマスカスから追放することに反対していた。これらを背景に、イスラエルからゴラン高原とエルサレムを解放することの必要性が強調され、またこのことが二〇〇三年のサッダーム・フセイン政権陥落後のイラクで広まったスンナ派の反体制派を後押しした。事実、イラク戦争直後、九〇歳代前半であったシリアの最高ムフティー、アフマド・クフターローは、イラクを侵略するアメリカ人と戦うべく決起するよう呼びかけるファトワーを世界のムスリムに対して発布した。

クフターローと同胞団の間に信頼関係はなく、互いに冷ややかな視線を向けていたものの、最高ムフティーによる呼びかけは同胞団のそれと全く同じものであった。二〇〇五年一〇月にデンマークで預言者ムハンマドを滑稽に描いた風刺画事件が議論を巻き起こした時も、シリア政府は公式に怒りを表明した。そして人々がダマスカスでデモを行い、デンマーク大使館と、〇六年に同様の風刺画が流通したノルウェーの大使館に放火する事態を放置した。高位の宗教指導者たちは西洋に対する敵意を人々に呼びかけ、鼓舞するよう後押しを受けた。

二〇〇六年四月に行われた預言者ムハンマドの誕生祭では、久しぶりにダマスカスの旧市街が色とりどりのイスラームの旗によって飾られた。一九八二年のハマーでの出来事以来、預言者の誕生祭は国家公認のもとで行われているが、参加、運営するのは公的機関だけではない。ダマスカスの著名なクルアーン暗誦者、クライヤム・ラージフは同月、力強い声で、神の敵たちは、「ダマスカスとシリアが彼らを払いのけるジハードの前線になるであろうこと、シリア人が不信仰者と断固として戦うこと」を知るべきだと訴えた。(19) 彼はモスクでの活動を通して知られる有名人だが、二〇一一年に率先して国外逃亡したイスラーム学者の一人でもある。また彼は二〇〇三年以降、イラクにアラブの戦士たちを送ることに賛成していた。

誰にもらってもお金はお金

アメリカがイラクを支配した数週間後、スンナ派の反体制派勢力を助けるべく、多くのシリア人ジハード戦士が国境を越えてイラクにたどり着いた。その中にクタイバ・ウマリーという人物がいた。彼の故郷であるダイルッザウルは石油資源が豊富なことで知られるが、彼自身は裕福と言うにはほど遠かった。彼がイラクで戦闘に従事した期間は短く、その後は武器を捨てて建築請負の仕事に就いたが、それも長続きせず、結局は早々に仕事を辞めて二〇〇九年半ばにシリアに戻った。

偽造旅券を使って国境を越えていたウマリーはすんなりと帰国することができた。二〇一一年にシリアで暴動が起きた時、彼はダマスカス南部のヤルムーク難民キャンプでタクシー運転手として働いていた。彼は、〇三年の自身のイラク渡航を仲介したのが、ダマスカスのジャウバル地区出身のアフマド・

ラワーヤという人物だったと回想している。ウマリーは当時、ダマスカスのバラダ川の向かい、ちょうどフォー・シーズンズ・ホテルの反対側に位置する国際展示場のイラク領事館でラワーヤに会った。同年四月にサッダーム・フセイン政権は崩壊したが、当時の領事館ではまだ同政権に任命されたスタッフが働いていた。ウマリーは、「イラク外務省は、我々のような（イラク渡航を企てる）人間がダマスカスにいることを知っていたが、まるで透明人間であるかのようにその存在を無視していた」と述懐する。[20]

そんな彼らに対して、ラワーヤはイラクの地図や電話番号、偽名のパスポート、そして支度金二〇〇ドルを渡した。ウマリーが言うには、「当時イラクに渡ったのは自分を含めて一五人」で、「イラクに到着してだいぶ経ってから武器も与えられた」。彼らをイラクに運んだのは様々な種類の古びたバスで、すべてイラクのナンバープレートを付けていた。国境ではシリアの税関職員が何の疑いもなく出国スタンプを押し、道中で袖の下を送る必要もなかった。書類上、彼らは全員、帰国の途に着くイラク国民であった。ウマリーは数年後、イラクへの入国ゲートに関して、「イラク国内は完全に混乱しており、我々は難なく通り抜けることができた」と振り返った。

彼らをイラクに向かわせたものは何か。この質問にウマリーは明確な答えを持っていなかった。彼らに漠然と共通するのは、「占領軍と戦いたい」という思いである。このスローガンは当時、人々の心を捉え、家庭や友人の間でも広まっていた。イラクから帰国して中年になったウマリーは、かつての仲間がイラクに残って「大金を稼いでいる」間、せっせとタクシーのハンドルを握っている自分はなんと不幸なのだと、突然に自虐的な思いにかられ、かつての仲間たちを羨ましく思い始めた。自分もきっと大金を手にできたはずなのに、手ぶらでシリアに帰ってきてしまったのだと。ジハードに従事したからといって、当初約束された満足感が得られるとは限らない。当時のシリア人ジハード主義者にとって、イラクで戦う目的は必ずしも一様でなく、一部の人々はイラクを金のなる木と見ていた。ウマリーは仲間たちがどうやって金を稼いだのかについて、こう話している。

名前は言わないが、少なくとも二人の仲間がシリアに戻り、ヤルムークとイドリブ郊外で土地を購入した。彼らは現在、高級別荘の商取引に携わっている。その資金がどこからきたのかを彼らに尋ねる人はシリアに誰もいない。(21)

「アル゠カーイダからもらったお金なのか？」。ウマリーは最初、こう尋ねられても肩をすくめるだけで問いかけを無視していたが、その後何気なくこう語った。「そうだとしたら何だというのか。誰がそれを気にするのか？　ビン・ラーディン、サッダーム・フセイン、バッシャール・アサド、誰にもらってもお金はお金だ」。シリアに戻ってきた人物で再びＩＳＩＳに加わるためイラクに行った人はいるだろうか？　この問いに彼は笑ってこう答えた。「行かない人がいるのか？」(22)。

二〇〇三年から〇六年、シリア・イラク間の国境を越えたジハード主義者の数やその氏名、国籍を誰も正確には把握していない。シリアとイラクの高官たちは、アメリカのイラク占領直後、ジハード主義者の越境を許したことを否定している。ウマリーによれば、彼らは必ずしもシリア人ではないという。

むしろ彼らの大半は、アレッポ近郊のナイラブ難民キャンプにいたハマース所属のパレスチナ人だった。彼らはハマースの首領、ハーリド・マシュアルの後押しによってイラクに向かった。私がイラクに向かった時、バスには二四人が乗っていたが、その内九人は前日のバスに間に合わなかった人たちだった。同乗者にシリア人は八人しかおらず、ムスリム同胞団やアル＝カーイダのメンバーもいなかった。我々はイラクの侵略と戦うという宗教的義務を遂行する一介のムスリムであった。イラクに行く前、私は建築請負の仕事をしていた。ダマスカス郊外のグータ地区にあるアパートの改装に携わり、レンガやペンキ、ビルの建材の横流しで小銭を稼いでいた。友人には、ダマスカス郊外で衛星放送やケーブルテレビのアンテナ設置を仕事にしている人や、配管工をしている人がいた。リビア出身の人が一人、サウジアラビア出身の人が二人いた。アルバニアから来た人はほとんどアラビア語が話せなかった[23]。

さらにウマリーは、当時についてこう付け加えた。「イラク国内に着いてから我々はバスを降り、月の光を頼りに三時間ほど砂漠を歩いた」。その後、どこからともなく黒いジープが現れ、彼らをモースルまで連れて行ったという。ジープを運転していたのは地元のアラブ人遊牧民であった。モースルでウマリーたちは古びたアパートに案内され、そこで地元民になりすますために与えられたアラブの民族衣装に着替えた。

数ヶ月後、彼らに武器が支給された。武器を配った人の中には、顎ひげを蓄えたジハード戦士もいれば、イラク人の元バアス党員もいた。武器はイラク軍の武器庫から回収されたものだったのだ。ウマリーはこう振り返る。

元バアス党員の中に見覚えのある人物がいた。彼はイラクがアメリカと戦争中、ダマスカスでサッダーム・フセインのピンバッチを着けていた人である。現在、彼はピンバッチを剥ぎ取り、立派な顎ひげを蓄えて遊牧民の伝統衣装であるガラビーヤをまとっていた。フセイン大統領はどうなったのかと尋ねると、彼は「間もなくアブー・ウダイ（フセインのこと）について朗報が届くだろう」と答えた(24)。

ジハード戦士の帰還

それから一〇年余りが経ち、多くのシリア人ジハード戦士たちは、武力衝突やISIS・ヌスラ戦線の台頭を受けて、祖国への帰還を開始した。これによって、かつてイスラーム主義勢力とシリア政府との間に築かれた協力関係は終わった。

イラクの生活は様変わりし、シリア社会もまた大々的な変革を迫られた。二〇〇四年四月二七日の白昼、ダマスカス西部のマッザ通りにある旧国連ビルで、素顔を晒した四人のイスラーム主義者がテロ攻撃を実行した。マッザ通りの両側はバアス党の高官でひしめき合っていた。第一報では四人のテロリストの国籍はバラバラとされたが、五月半ば、政府は四人がいずれもシリア人で、ダマスカスの南西一五キロにあるアルトゥーズの出身であると発表した(25)。彼らはかつてイラクにおり、アル＝カーイダと関連したスンナ派武装組織で訓練を受けていた。〇五年五月、シリア当局はダマスカス南部郊外のダッフ・シュ一ク付近でテロリスト細胞を発見したと発表したが、そのメンバーもやはり、イラクで元バアス党員と訓練を受けていたシリア人であった。

さらに同年、ダマスカスの最高裁判所へのテロ攻撃が企てられたが、これは当局によって阻止された。報道によれば、この攻撃はアブー・ムスアブ・スーリーの仲間によるもので、最も人が混雑する時間を狙って計画されていた[26]。その数週間後には、ダマスカス市内を見下ろすカースィユーン山で治安部隊とイスラーム主義組織の細胞による銃撃戦が起こった[27]。また二〇〇六年九月一二日、爆弾を積んだ二台のトラックが、大統領宮殿から目と鼻の先にある高級住宅地、ラウダ地区にあるアメリカ大使館の建物に突撃を試みた。実行犯の内三人は殺され、残り一人は拘束された。大使館への突撃は防がれたものの、治安高官二人と大使館の現地スタッフ一人を含む一四人が負傷し、中国大使館員が流れ弾を浴びた。アメリカのコンドリーザ・ライス国務長官は、大使館への攻撃を阻止したシリア当局に対して「深謝」した[28]。

二〇〇六年六月二日、イスラーム武装勢力がダマスカス中心部にあるウマイヤ・モスクの制圧を試みた。周囲にはアサド国立図書館、ダマスカス劇場、国営テレビ・ラジオ放送局、また軍本部といった重要政府機関の建物があるため、彼らの正確な標的は不明だが、テレビ局の建物にいた治安高官と警備員それぞれ一人が発砲により負傷した。武装勢力側は四人が殺害、四人が拘束された。翌朝には、彼らの顔写真が使用された武器とともにテレビで放映された。彼らの所持品の中には、アレッポを拠点に活動する説教師、アブー・カウカーウの扇動的な演説動画を収めたCDがあった。演説の中で、アブー・カウカーウは逆上する群衆を前に語りかけている。その光景はアレッポというより、アフガニスタンのカーブルやトラボラのようであった。「我々が敵に思いしらせてやろうではないか、準備は良いか?」。アブー・カウカーウのこの呼びかけに、髭を蓄えた人々が一同に「はい、もちろん!」と叫んでいる。人々を熱狂の渦に巻き込みながら、「ジョージ・W・ブッシュに聞こえるようにもっと強く叫ぼう！」と彼が怒鳴れば、人々は「来るなら来い、外国人よ！　彼らを畜牛のように殺そう！　彼らを焼こう！」と繰り返す。[29]二〇一一年以前のシリアの白昼ですでにこのような光景が見られたのだ。シリア当局が知ってか知らずか、ジハード主義者の受け皿はシリア国内で急速に増えていった。

悪名高い説教師アブー・カウカーウは、一九七三年にアレッポ北部の小村、フーズのクルド人家庭に生まれ、本名をサフワト・アガースィーという。二〇〇三年から一一年をイラク戦争とシリア戦争の間の戦間期とすれば、彼はその時代を代表するシリア人ジハード主義者である。彼はこの間、人々を勧誘し、武器の使い方を覚えさせ、また反米思想と過激なイスラーム思想に教化した。他のシリア人ジハード運動に携わった人物同様、彼もダマスカス大学のシャリーア学部を卒業しており、その後パキスタンのカラチ大学で博士号を取得した。そして彼はアレッポのアラーウッディーン・ハドラミー・モスクで教育活動を開始し、〇三年以降は人々にイラクでのジハードを促してその名を馳せた。[30]

彼に続く優れた説教師たちは、二〇〇三年以降、モスクの説教壇に立つためにシリア当局の許可を必要とした。これを背景にアブー・カウカーウは、忌み嫌われていたムハーバラート、すなわち秘密警察を褒めちぎるようになったが、これによって彼を諜報機関の手先と疑う人々も現れた。アブー・カウカーウは治安機関と宗教勢力が一致団結することを呼びかけ、こう述べた。「すべての信徒は治安維持を肯定的に見る必要がある。我々の目的は害悪を防ぐことであり、治安当局はこれに貢献する存在なのだ」。[31]こうして彼は、アレッポで一種の名士のような立場を得て、通常バアス党の高官が使用するメルセデス・ベンツ600を乗り回すようになった。しかし、かつての教え子たちがウマイヤ広場で武装行動を企てたことで、アブー・カウカーウの支持者は過激化の前兆を示し始めた。アブー・カウカーウは、彼らは確かに自分のもとで学んでいたが、その攻撃は自らの意志によって行われたもので、自分ではなく、イラクのアル＝カーイダに影響を受けたのだと釈明した。

シリア政府としては、アメリカ軍を標的とする限りにおいて、ジハード主義者がイラクに渡航することに吝かではなく、むしろこれを奨励した。この時シリア政府は、フセイン政権の崩壊一〇年後に、ジハード戦士たちが自国を戦場にして戻ってくるとは想像していなかった。政府は国中でイスラーム主義勢力の取り締まりを開始したが空振りに終わった。過激な勢力は社会に溶け込んで、蜂起にふさわしい時期を待ちながら、二〇〇六年から一〇年までをやり過ごしていた。政府はすべての宗教指導者に対して、イラクあるいは国内のイスラーム組織に資金援助をしている疑いのあるNGO慈善団体に関わらないよう指示を出した。説教師たちは国外渡航やラジオ番組への出演の禁止を言い渡された。ショッピングモールの礼拝所は閉鎖され、個人利用目的であっても車に宗教的なシンボルを付けることが禁止された。車内にクルアーンやアリーの剣、イクトゥス（初期キリスト教徒が用いた魚の絵）をアクセサリーとしてぶら下げるのはシリア人の習慣であった。

さらに政府は、女性教師が学校でニカーブを被ることを禁じ、二〇〇六年一二月には、一九七〇年以来閉鎖されていたダマスカスのカジノを再開させ、イスラーム主義者の目をくらませた。政府は世俗主義国家としての姿勢をこれでもかと打ち出し、イスラーム主義者との決別を表明するための措置をとった。また七〇年代前半以来、大統領がダマスカスのウラマーと断食明けを祝うことは慣例となっていたが、二〇一〇年にバッシャール・アサドはこれを行わなかった。

二〇〇七年九月二八日の金曜日、アレッポのモスクでアブー・カウカーウが礼拝を済ませると、モスクの隣に停まっていた車から銃を持った男が現れた。反アル＝カーイダで反米の宗教指導者、アブー・カウカーウはイスラーム主義者にとって用済みとされ、突如現れた男によって射殺された。政府はかつて放置していたイスラーム主義の反動を防ごうとしたが、この努力はあまりに少なく、また遅すぎた。イスラームを巡る国内の火種は育ち続け、間もなくしてそれはヌスラ戦線やＩＳＩＳとして実を結んだ。シリア当局が長年払いのけてきた「狼」は、今ダマスカスの門に爪を立てている。

第四章　ヌスラ戦線の誕生

シリアのサラフィー主義者は皆、預言者ムハンマドとそのすべての教友（サハーバ）に強い影響を受けており、現代のジハード主義者はしばしば自らをサハーバの後継者のごとく位置づける。

初期のムスリムは自分たちの歴史を四つの段階に分けている。第一段階はジャーヒリーヤ、すなわちイスラーム以前の無明の時代である。初期ムスリムによれば、この時代、人々はアルコールを嗜み、みだらな詩に興じており、神や神が遣わした預言者の代わりに偶像を崇拝していた。当時のマッカでは性の氾濫も日常的に見られたという。女性は肌をあらわにして顔も隠さず、踊り、酒を飲んで見知らぬ人々と交わっていた。サラフィー主義者によれば、当時のこうした「道徳の退廃」は現代のアラブ諸国にも見られ、すべての真のムスリムは今日の社会におけるジャーヒリーヤと戦わなければならない。

第二段階はイスラームの啓示が降りた時代である。啓示によって「覚醒」した敬虔なムスリムは、自己とのジハードを経て信仰を持った後、アラビア半島に新たな教えを広め、これに基づいた統治を確立すべく行動した。この中には社会的地位のある人物もいたが、よく知られているように彼らはマッカの顔役らによる迫害に遭った。そしてこれを逃れるため、預言者ムハンマドとともにマディーナへの「聖遷」（ヒジュラ）[i]を果たし、そこでイスラームを広めるためのジハードに参加した。

ここから、第三段階のサラフィー主義の時代が始まる。ジャーヒリーヤからジハード、そしてヒジュラの時代へと移った彼らは、アッラーと預言者ムハンマドの御旗のもと、安定した生活を捨ててイスラームのために戦う道を選んだ。そして最後の第四段階が、イスラーム世界統一のための国家の設立とカリフ制による統治である。

ＩＳＩＳ、ヌスラ戦線、また他の多くのイスラーム主義勢力の目的は、この初期イスラームの歴史を繰り返すことであり、これが彼らに不朽の名声を与えることにつながる。一方、彼らは高尚な妄想にも取り憑かれた。なぜならこれは彼らの目を眩まし、今住んでいる現実とは懸け離れた幻想の世界へと誘うからだ。イスラームの理論家たちは彼らに対し、たとえこの目まぐるしく変化する二一世紀の時代にそぐわなくても、預言者ムハンマドとその教友の生き様をあらゆる面で模倣することこそ、正しく生きるための唯一の方法だと教えてきた。しかしイスラーム主義者は、ムハンマドの知性や情熱、また先見の明を称えるという一般のムスリムが採る方法ではなく、初期ムスリムの詳細な部分を自らに取り込んで、現実に必要な政治的手腕や国家建設に取り組むことを放棄している。かつてシリアのジハード主義を率いたアブー・ムスアブのもとで学んだある人物は、アブー・ムスアブが自身を預言者ムハンマド時代の初期ムスリムのような存在だと夢想していたことを覚えている。アブー・ムスアブはしばしば、その白昼夢に何時間も浸っていたという。

ムスリムは、預言者ムハンマドが六一〇年、つまり四〇歳の時、マッカにあるヒラー山で瞑想をしていた際に、天使ガブリエルを通じて初めて神から啓示を受けたと教えられる。それは彼と、彼に続く何十億という人々の人生を変えた、魂を揺さぶる出来事であった。アブー・ムスアブがアフガニスタンに渡って人生を変えたのも四〇歳の時である。彼はそこでムハンマド同様に瞑想を行い、天使のごとき光に出会った。彼は都市での快適な生活を捨てた初期ムスリムのように、イスラームを広めるためのジハードに参加した。そしてマッカの統治者たちによる迫害から逃れた初期ムスリムのように、祖国シリアを捨てた。抑圧された「真理」のために戦ったという点に違いはない。彼は自らの人生をこのように見つめていた。

アブー・ムスアブによれば、アフガニスタンで彼を受け入れたターリバーンは、六二二年にマッカから逃れてきた預言者ムハンマドとその教友たちを歓迎した「マディーナの高貴な人々」そのものである。マディーナの人々はイスラームに改宗する以前、「イスラームの支援者」を意味する「アンサール」と呼ばれた。一九九〇年代にアフガニスタンで活動したアブー・ムスアブとその他のアラブ人ジハード戦士たち、また二〇一一年以降、シリアに集まった反体制派の外国人戦士の中にも、アンサールとの呼び名を用いる人々がいる。アブー・ムスアブはしばしば、道徳の退廃と戦って不信仰者を倒すこと、またシャリーアによる統治を敷いて、この数世紀の間ムスリム世界に蔓延する悪を正すことが、自身に課せられた神聖な使命だと述べた。彼の人生にこれ以外の選択肢や目的はなかった。

こうした彼の主義主張は、ヌスラ戦線やISISの思想的基礎となっている。これら二つの組織が誕生した時、アブー・ムスアブは長い囚人生活の最中だったが、彼の思想は多くの支持者の精神や行動の中で生き続けていた。ヌスラ戦線に加わった人、また二〇一四年にヌスラ戦線からISISに鞍替えした人の多くは、かつて一度はアブー・ムスアブのもとで学んでいた。ヌスラ戦線、正式名称「シャームの人々を支援（ヌスラ）する戦線」は、ISISを除けば、二〇一一年以降シリアに誕生したジハード組織の中で最も強大で強硬な存在であった。

ヌスラ戦線は二〇一一年一二月に四人のサラフィー主義者によって興り、翌一二年一月、シリアで暴動が開始してちょうど一〇ヶ月後に設立が発表された。四人のサラフィー主義者とは、アブー・ムハンマド・ジャウラーニー、アブドゥルムフスィン・アブドゥッラー・イブラーヒーム・サリーフ、ハーミド・ハマド・ハーミド・アリー、そしてアブー・ユースィフ・トゥルキーである。二番目のサリーフは、サナーフィー・ナスルの名で知られ、一三年からシリア北部に居住するサウジアラビア人である。彼は一二年、ヌスラ戦線の設立が発表された数週間後に同組織の支配地に渡った。一九七八年生まれのサリーフは、かつてパキスタンに住んでいた時にアル＝カーイダに加わり、短い間ではあるがイランでの地下活動も指揮した。彼はウサーマ・ビン・ラーディンの三番目のいとこで、六人の兄弟はいずれもアル＝カーイダのメンバーである。その内二人は九・一一の後、サウジアラビアのスルターン国王空軍基地にいたアメリカ軍への攻撃を企てたとしてグアンタナモ湾刑務所に収監された(1)。

三番目のハーミド・アリーはクウェートの出身で、ヌスラ戦線の「秘密管理者」、一種の影の秘書官という立場にある他、資金集めを担当する公認会計士としての役割を負っている。彼の専門はハディース学で、サウジアラビアで修士号を取得している。その後はスコットランドのエディンバラ大学で博士号を取得し、クウェートで宗教管財省に勤める傍ら、モスクの礼拝指導者として働いた。最近では二〇一五年六月、アブー・ムハンマド・ジャウラーニーのアル＝ジャズィーラ放送局でのインタビューについて、「バランスのとれた対応」とのコメントをツイッター上で残した。

四番目のトゥルキーは熟練の狙撃手で、過去二〇年間で四〇〇人以上に狙撃訓練を行ったことが知られている。彼は二〇一三年、シリアの反体制派勢力とともに戦うため、拠点としていたトルコのブルサからシリアに移った。そして四七歳となった一四年九月、シリア北部のジハード勢力の拠点を標的としたアメリカ主導の空爆によって死亡した。

本来であれば、アブー・ムスアブもここに加わり、ヌスラ戦線を率いるはずであった。同様にアブドゥッラー・アッザームも、シリアのジハード戦士の第二世代としてアル＝カーイダを率いるはずであった。

しかしアッザームは一九八九年に殺害、アブー・ムスアブは二〇〇五年に逮捕、投獄され、これら組織の誕生前に舞台を去った。
ラッカ郊外を拠点とする三二歳のヌスラ戦線メンバー、ハーリド・ファフル（通称アブー・アイユーブ）は次のように述べた。

同胞のムジャーヒディーンは皆、アブー・ムスアブ・スーリーの薫陶を受けている。我々は彼の著作を読み、多くはパキスタンかアフガニスタンで彼の講義を受けた。一方、ウサーマ・ビン・ラーディンについては全く知らない。我々の恩師、司令官、精神的指導者はアブー・ムスアブである。今日、かつて幼年期を過ごしたシリア北部の町々で自分の夢が体現されようとしている光景を彼が見られないことは残念でならない。彼は今の状況を誇りに思ったはずだ。

グラフィック・デザイナーとしての技術を武器に広報活動に携わるアブー・アイユーブによれば、アブー・ムスアブは独房に入れられ、外の世界と関わることを一切認められていない。面会も許されなければラジオもテレビもなく、インターネットなどはもってのほかであろう。本書執筆の二〇一五年時点で、彼を訪れたのは国選によるバアス党員の弁護人だけである。この状況下、アブー・ムスアブはヌスラ戦線の存在を知っているのだろうか。かつて同僚であったアブー・アイユーブはこう答えた。

まだ彼が生きていれば、詳細までは知らないだろうが、間違いなく組織の存在を感じ取っているだろう。同胞アブー・ムスアブはアッラーの庇護を受けており、通常の人々が理解できないことを理解することができる。しかし悲しいかな、我々が彼に接触する方法はない。

これについて、アブー・ムスアブの弁護人はこう述べている。「アブー・ムスアブ・スーリーはシリアの現状を正確に理解している。シリアに送還された直後、彼は私に対して、「この国で血の川が流れ出す。ただ見守る他にない」という、予言めいた忠告をした」。

アブー・アイユーブは、「シリアでの反乱は、アブー・ムスアブが一九八二年以来待ち望んでいた瞬間だった」と指摘する。ヌスラ戦線のメンバーは彼から、武力を用いた戦術だけでなく、学校の設立や福祉活動、広報の仕方、ひいては国家の建設とシャリーアによる統治の方法を学んだ。ヌスラ戦線のシャリーア評議会メンバー、サーミー・ウライディーは、アブー・ムスアブがイスラーム国家運営に関する一九の指南書を残したと述べ、二〇一四年五月に「その一部はすでに実行してきた」とツイッター上で指摘した。さらに彼はこう続けている。「指南書だけでは判断が難しい場合、アブー・ムスアブとは連絡が取れないので、我々は聖クルアーンを典拠にする」。

「ヌスラ戦線」という名称は、アブー・ムスアブの主著の一つ、『イスラームの抵抗に向けた世界への呼びかけ』を参考にしたものである。同書の最後の節で、アブー・ムスアブはこう綴っている。「一九六〇年代前半は、神聖なるシリアにおけるジハード運動の黎明期であった。そして一九八〇年代、(シリアで)ジハードが起こり、神の思し召しによって今日舞い戻ってきた。兄弟たちよ、支援《ヌスラ》を! 支援《ヌスラ》を!」。

二〇一二年六月二〇日、ヌスラ戦線はオンライン上で基本綱領を発表し、ジハード主義者とそうでない人々、すべてに対して組織の思想を拡散した。この内容は一九四〇年代にムスリム同胞団によって整備され、九〇年代にアル＝カーイダによって再び提起されたもので、改めて明確に述べる必要はほとんどなかった。年齢、国籍、学歴にかかわらず、すべてのムスリム男性はこれに加わることができた。あるいは、イスラームの家庭に育っていない人も参加が可能であった。後々学ぶことができるからと、戦闘経験についても必要とされなかった。肝要なのは、信仰深く、「神を畏れる」こと、そしてそれに基づいてサラフの教えと遺産を守るべく身を捧げることである。

ヌスラ戦線は綱領の中で、自らを「世界各地の最も優れたムジャーヒディーンからなる」、「祝福された戦線」と紹介している。彼らの究極的な目標は「シャームにおいてアッラーによる支配を確立する」ことである。そのための根本的な変革として彼らが望むのは、「イエメン、エジプト、チュニジア、リビアで起こったような紛い物の変化」ではなく、「統治システムを完全に変えて、国内にアッラーが命じた正義、自由、平等をもたらす」ことである。ユーチューブで流れたある動画の中で、ヌスラ戦線の報道官は次のように述べた。「我々は、神の支配を地上に再びもたらすために世界各地から集まったシリア人のムジャーヒディーンである。ヌスラ戦線はこの土地でムスリム国家の剣となる役割を引き受けた」(2)。アブー・アイユーブはさらに以下のように続ける。ヌスラ戦線の戦士は「自分たちの敵が誰かを把握している。我々の最たる敵はアメリカで、アメリカに加担するムスリム諸国、そしてアラウィー派やシーア派、またキリスト教徒といった不信仰者がこれに続く。アッラーの助けによって、我々はこれらをすべて抹殺するであろう」。

アブー・ムハンマド・ジャウラーニー

アブー・ムスアブの構想に新たな息吹を吹き込んだのは、アブー・ムハンマド・ジャウラーニーである。彼はヌスラ戦線の公式設立者として、現在その指導者を務めている。ジャウラーニーという偽名は、彼が一九六七年の六日間戦争でイスラエルに占領されたゴラン（ジャウラーン）高原にある小村の出身であることをうかがわせる。

二〇一二年初頭、彼がインターネットに音声メッセージでヌスラ戦線の設立を発表した時、シリアの反体制派の長老格の人々はこれに懐疑的であった。彼らは当時、シリアの反体制派勢力を構成するのは国軍から脱隊した世俗主義の兵士で、イスラーム主義者は存在しないことを必死に証明しようとしていた。ヌスラ戦線というものが本当に存在すれば、彼らが一一年三月以来取り組んできたすべてが無に帰す恐れがあったからである。反体制派の中には、ヌスラ戦線の兵士はシリア政府が反体制派を瓦解させるために釈放した元受刑者たちだと考える人々もいた。確かに、一一年の恩赦によって世に放たれた人々の中には、イスラーム武装勢力「イスラーム戦線」の司令官を務めるアブー・ハーリド・スーリーや、同じくグータの「イスラーム軍」の司令官を務めるザフラーン・アッルーシュがおり、この考えには一理あった(3)。また一部の人々は、ヌスラ戦線とは、国家安全保障会議のアリー・マムルーク議長が想像し、提案し、世に売り出した産物だと主張した。この内、ドバイを拠点とする反体制派の人物の一人は、アブー・ムハンマド・ジャウラーニーがアリー・マムルーク自身に他ならないとさえ述べた。しかしこうした考えは、程なくして間違いだと明らかになった。西側の諜報機関は、ジャウラーニーなる人物が、その名の示唆するようなゴラン高原の出身ではないものの、確かに存在することを断言した。

ジャウラーニーは、母親がゴラン高原地方の出身であるが、彼自身は一九七九年、石油が豊富な東部ダイルッザウルのシュハイルという農村で生まれた。アブー・ムスアブ・スーリーの庇護を受けていたジャウラーニーを、友人たちは「シャイフ・ファーティフ」と呼んだ。このアラビア語を大雑把に訳せば、「征服者の導師」、「勝利者の導師」という具合になろう。西側メディアは彼の経歴について何も語らず、ただその本名がウサーマ・ハダウィーと報じたが、ドーハのアル＝ジャズィーラ放送局は彼の本名をウサーマ・ワーヒディーと伝えている。

彼の父親は公務員の運転手で、小さな一画の土地を所有する慎ましい農場主でもあった。ウサーマ、すなわちジャウラーニーはダイルッザウルの公立学校で学び、一二歳の時にサマーキャンプでバアス党の士官候補生から初めて火器の扱い方を教わった。友人たちによれば彼は読書好きで、地元の喫茶店で友人たちとコーヒーを飲むよりも、インターネットに興じて夜を過ごすことを好んでいた。彼が学校の談話室に顔を出すのはテレビでサッカーを観る時だけだった。彼にとって娯楽と言えばサッカーだけで、地元チームの試合から、バルセロナやレアル・マドリードといった海外の有名クラブチームの試合までを網羅していた。しかし、二〇〇三年のアメリカによるイラク侵攻が、彼と、アブー・ヤアルーブの名で知られる兄アンマル・ハダウィーの宗教熱に火を注いだ。彼の兄はサウジアラビアで宗教指導にかかわる仕事に従事しており、伝えられるところでは、ハマー出身の説教師、アドナーン・アルウールと親交があった。

ジャウラーニーはダマスカス大学で医学を学んでいたが、二〇〇五年に退学している。当時の彼は大学の寮に住んでおり、「宗教的には穏健」だが、「反体制的」と見なされていた。二〇歳の時、ジャウラーニーはダイルッザウルの高校でアラビア語文法と詩を教えていたことがある。強硬派のジハード主義者が詩を、悪魔が書かせた邪悪なものだとして嫌っていることを考えれば、彼が詩を教えていたのは奇妙である。ジャウラーニーの生徒は彼のイスラームについての考え方や政府に対する批判について全く知らなかった。彼は職業意識に基づいて、すました顔で生徒たちにムタナッビーやアブー・ヌワースといった古い詩人の妖艶な作品を教えていたのである。

ジャウラーニーにとって、こうした著名な詩人について教えていたという経歴は、シリアの諜報員に目をつけられないための隠れ蓑となった。情欲や性欲、また女性の肉体について吟じる詩をイスラーム主義者が教えることなどあり得ないからである。その一方で、ジャウラーニーは会ったことのないアブー・ムスアブの著作に心を奪われており、二〇〇五年までには彼のジハードに関する著作の大部分を暗記していた。そんなジャウラーニーがいつ、どのようにアル＝カーイダに加わったかについては定かでない。明らかなのは、彼が二〇〇五年にシリアを去った裏に、イラク在住のシリア人で、当時五〇歳のアブー・ハムザというアル＝カーイダのメンバーの手引があったということである。ジャウラーニーは正規の書類によってシリアを出国したが、イラク入国にあたっては、アブー・ハムザが用意した偽造のイエメン国籍のパスポートを使っていた。

彼はイラクのモースルで、後にＩＳＩＳのカリフとなるアブー・バクル・バグダーディーに初めて出会った。二人の男はほぼ反射的に意気投合し、バグダーディーはジャウラーニーを「洞察力のある」「教養の優れた」人物と賞賛した。歳も近い両者はいずれもイスラームの歴史に精通しており、詩の朗読を楽しみ、またアブー・ムスアブ同様、サッカーの熱心なファンであった。

ジャウラーニーは二〇〇六年の秋、レバノン北部で短期間を過ごした後、シリアに戻った。レバノンで、彼は「ムハンマド・ファトフッラー」という偽名のパスポートを携えてトリポリに住んでいた。シリア帰国後、ジャウラーニーはダマスカス郊外のグータの果樹園地帯にあるムライハという町の印刷工場で、生計を立てるためにパートタイムの仕事を始めた。そして時々アレッポに行き、政府寄りのサラフィー主義者、アブー・カウカーウの説教を聞いて彼の最初の支持者の一人になった。二〇〇七年初頭に再びイラクに渡ったが、ジャウラーニーはそこでアメリカ兵に拘束され、イラク・クウェート国境のブーカー刑務所で短期間を過ごすことになった。刑務所を管理するアメリカ当局は、ジャウラーニーをモースルから来たイラクのクルド人だと勘違いした。彼は刑務所の中で、他の囚人に対してアラブ詩を教えていたが、イラクでアメリカ兵との戦いに参加することはなかった。彼の唯一の「犯罪」は、イラクの地下組織メンバーと疑われた胡散臭いイスラーム主義者たちと公に付き合いを持った、というものである。

ジャウラーニーは二〇〇八年にアメリカ当局によって釈放され、そのままの身分でイラクに留まり、バグダーディーに密接な協力を行った。この頃バグダーディーはすでに、非公式な相談役として、「イラクにおけるイスラーム国」のトップの座に就き、サッダーム・フセイン政権崩壊後のイラク統治者たちも彼を放置していた。この期間、ジャウラーニーはゲリラ戦の訓練を受けていたが、やはり実戦には参加しなかった。そんな彼をバグダーディーはモースルにおけるアル＝カーイダ部隊の指導者に任命した。このポストは輝かしい武功よりも管理経営能力が求められる、文民向けのものであった。

二〇一一年末、ヌスラ戦線の原型と言える組織が活動を始めた直後、ジャウラーニーはアル＝カーイダの新しい指導者、アイマン・ザワーヒリーに忠誠の誓いを立てた。これは同年五月にビン・ラーディンが死亡した数ヶ月後のことである。これを受けて、ヌスラ戦線はシリアにおけるアル＝カーイダの公式な支部となった。最近では一五年五月、ジャウラーニーがアル＝ジャズィーラのインタビューで、今もザワーヒリーから指南や助言を受けていることを明らかにした。[4] 一二年の時点で、ジャウラーニーは兵士を集めて強力な軍隊を組織していた。また彼は、イラクでアル＝カーイダが用いていたのと同様の黒い旗をヌスラ戦線向けにデザインした。

バグダーディーは、ジャウラーニーの動きを牽制する様子は見せず、彼と手を組むこともなかった。バグダーディーとしては、かつて自分が庇護した人物に仕えるのはプライドが許さず、一方でイラクでの戦いという主たる目的を疎かにすることもできなかった。二〇一二年二月から五月の時点で、ヌスラ戦線は人員規模の面でシリアにおける反体制派の一パーセント程度を占める勢力に過ぎなかったが、同年八月には三パーセント、一一月には七パーセントから九・五パーセント（兵士の数およそ六〇〇〇人から一万人）を占める勢力へと急成長を遂げた。[5] 兵士の分布については、アレッポ北東部のバーブ市に二〇〇〇人、イドリブに三〇〇〇人、ダイルッザウルに二〇〇〇人、ダマスカス周辺に七五〇から一〇〇〇人とされた。ヌスラ戦線による発表では現在の兵士の数は六万人とされる。もっとも、この数は確かめる術がなく、かなり誇張されたものと思われる。アメリカの政策シンクタンク「ランド研究所」（RAND Corporation）は、一四年におけるヌスラ戦線の兵士の数を五〇〇〇人から六〇〇〇人の範囲とし、『エコノミスト』紙もヌスラ戦線の兵士の数を一三年の七〇〇〇人がピークだと報じた。[6]

正確な数は不明であるが、ジャウラーニーにとって新たな人員の確保は比較的容易であった。多くの若者が彼のドアを叩いてヌスラ戦線への参加を望み、実際に兵士となった。さらに、西側のメディアがジャウラーニーに注目したことは彼にとって最大の、しかも費用のかからない宣伝となった。ジャウラーニーのもとを訪れた人々の理由は様々である。彼のジハード構想への貢献を誓って来た人もいれば、家族や故郷を守る武器を求めて来た人もいる。行政が機能不全に陥ったシリア北部では、地元民兵に頼る機会が増えていた。警察や正規軍が不在な中、人々は自分たちで物事を解決し、生活や財産を守らなければならない。彼らに必要なのは武器であり、ジャウラーニーはそれを多く提供することができる。彼の部下の一人は次のように述べた。

ジャウラーニーが所有する武器の六〇パーセントはイラク政府の武器庫にあったものである。イラク軍の基地に対する散発的な攻撃によって奪ったものもあれば、仲介者、時にはイラク政府関係者によって売り払われたものもある。残りは戦場やシリア軍の武器庫から盗まれたものだ。兵士たちは自動小銃やライフル、拳銃や手榴弾を手に入れ、程なくしてミサイルやロケットも確保した。しかし戦車や飛行機は所持していない。

ジャウラーニーが新たに集めたメンバーの多くは、宗教に対してそれほど熱心ではないか、穏健な思想の持ち主であった。このためジャウラーニーは、正規採用に先立って彼らに一〇日間の教化訓練期間を課した。その後、ヌスラ戦線のメンバーによる一ヶ月の軍事訓練を経て、正規採用となった。採用課程の修了にあたって角帽やガウンなどは用意されないが、大学のものを真似た卒業式は行われる。これによって初めて、彼らは自分用の武器、手榴弾、弾薬を与えられた。

彼らは、ダマスカス郊外に集団で展開することはなかったが、間もなくアレッポ周辺とジャウラーニーの故郷ダイルッザウルを支配した。ジャウラーニーの部隊は、半ば軍事境界線に沿って組織され、旅団、連隊、小隊に分けられた。しかし実際の戦場においてこれらの部隊は独自に行動していた。小隊長は上位部隊の指示なしに現場での決定権を有し、自らの意思で戦い、村々を侵略し、組織の勝利の妨げになると判断すればシリア国軍の兵士を捕まえて射殺することが許された。指示を待つまでもなく、シリアの人、町、土地のすべてがジハードの対象とされた。これはまさに、アブー・ムスアブが提唱した「組織ではなく手段」という軍事戦略に倣ったものである。

「国家」の運営

二〇一三年一二月半ば、ジャウラーニーは公共サービスを担当する機関をアレッポに設けた。これは支配地域の住民の日常的な問題に対処するためである。この機関の業務には、規則の調整や、警察、食品品質管理を行う供給省、農業省、地方自治省との連携も含まれる。さらにはパン屋への小麦の配給やパンの価格管理も担当し、白パン一袋を一五シリア・ポンド（米国価にして七セント）と定め、これ以上の価格で販売すればヌスラ戦線の警察によって逮捕されるか、むち打ちの刑罰が科された。皮肉なことに、これは政府が決定した国内での補助金支給によるパンの価格設定と同じ方法であった。

本書執筆時点の二〇一五年春、ヌスラ戦線が支配していたわずかな土地は、紛争の最中、めまぐるしい変化に見舞われた。同年前半、ＩＳＩＳがシリア北西部やダイルッザウル、ハサカ、ラッカといった東部からヌスラ戦線を追放したが、イドリブ、アレッポ、ホムス、南部のダルアーといった各県の町の多くは、依然としてヌスラ戦線の管理下にあった。また、ヌスラ戦線はアレッポ周辺、シリア・レバノン間の国境に点在する山々、さらにグータやヤルムークといった、ダマスカス郊外の反体制派支配地域においてもプレゼンスを維持することができた。

ヌスラ戦線の公共サービス機関は、電気、水、地方自治にかかわる様々な問題を扱った。そこには街路樹の伐採や芝刈り、ゴミ収集、学校、モスク、裁判所の管理も含まれる。家庭向けの暖房用燃料の販売については、ダマスカスと同じく一リットル当たり一二五シリア・ポンド（米国価にして三二セント）と定められた。住民たちはシリア政府が発行する貨幣でこれを売買することができた。唯一、緑と黄色の一〇〇〇ポンド札は、ハーフィズ・アサドの顔が印刷されていることから、ヌスラ戦線によって流通が禁止された。また同機関は、フェイスブック上に色とりどりのロゴで飾られたアラビア語の公式ページを設けた。住民たちはそのページ上で日々の物価や通貨の変動、またヌスラ戦線が行う公共サービスを確認することができる。(7) ヌスラ戦線によれば、地元でのこうした「良い振る舞い」によって、同組織は他のイスラーム主義グループよりも住民たちに支持された。(8)

「ヌスラ国」の経営者であるジャウラーニーは、自身が議長を務める小さな「諮問評議会」を設立した。議会では、どの町にいつ、どう攻撃を仕掛けるか、誰を前線に投入するか、どのタイミングで戦地から撤退するかといった、組織の戦略についての大筋が決定された。同じ要領で、ＩＳＩＳなどの他のジハード主義グループとどのような関係を築くか、アイマン・ザワーヒリーのようなアル＝カーイダの古参とどう連携するかといった重要課題も決定された。また、ヌスラ戦線への参加を希望する外国人ジハード戦士の身元照会も担当した。

さらにジャウラーニーは、自身が宗教的素養に欠けていることを知っているため、自分よりも年配で、イスラーム法や神学に通暁している宗教指導者を選定した。彼は宗教指導者たちの言うことに耳を傾け、イスラームの伝統に適ったシューラー（諮問）の様式に倣うことを心がけた。自分の過ちを認める勇敢さと、自らの学識が及ばない思想的事案について他者に決定を委ねる自信を持っていた彼は、年上の将校に権力や権限を与え、彼らのやり方に追従した。同様に、議会は宗教指導者の下の階級として、ヌスラ戦線の内部で啓発活動を行う宗教委員を選定した。

ジャウラーニーはまた、アブー・ムスアブがアフガニスタンのグラバー軍事キャンプで取り組んだ経験に倣って、「マナーラ・バイダー」（白いミナレット）という名のメディア機関を設立した。同機関は、インタビューの依頼やネット上の広報活動といったヌスラ戦線の公式なやり取りを、ジハード主義者の掲示板サイトとして有名な「シュムーフ・イスラーム」を通して一手に引き受けた。彼は二〇一三年一二月、メディア機関を通してアル＝ジャズィーラ放送局のキャスター、タイスィール・アッルーニーとの自身初となるテレビのインタビューに応じた。アッルーニーは、〇一年にアル＝カーイダへの協力を働いた容疑で、スペインの裁判所で有罪判決を下された人物である。アッルーニーはアル＝ジャズィーラのアフガニスタン支局設立を支援したアブー・ムスアブと友好的な関係を築き、アブー・ムスアブは彼の取材や記事が事実に基づいたものであることをターリバーン政権が保証すると約束した。アッルーニーはジャウラーニーとの謁見に先立ち、全身をくまなく調べられたという。曰く、「ビン・ラーディンの部下が行ったよりもはるかに厳しいボディチェックを受けた」[9]。安全上の理由から、インタビューではジャウラーニーの顔は出されず、音声も変換されたが、彼は強く、頑健で、また妄想じみた声で次のように語った。「戦いは間もなく終わる。残されたプロセスはあと少しだ。我々は間もなく、数日の内に勝利するだろう」[10]。

アメリカ国務省は二〇一二年、ヌスラ戦線を「テロ組織」に指定した。これについてジャウラーニーは、「我々にとっては非常に誇らしい勲章だ」と述べた[11]。アメリカがヌスラ戦線を危険視したことで、同組織は地元住民から恐れられ、支持を失うどころか、むしろ威光を強め、権力基盤を拡大することができた。同年一二月、支配地域の住民が「我々は皆、ヌスラ戦線のメンバーである」と述べたことはあまりに有名である[12]。

組織に対する感謝の意を表明すべく、人々はヌスラ戦線の旗を掲げるよう指示され、その光景はシリア軍と戦いで形勢が逆転したかのようであった。ヌスラ戦線を支持するデモへの呼びかけに二九のシリア人反体制派グループがインターネット上で署名を行った。イスラーム主義者だけでなく、一般市民からなるグループまでもがこの嘆願書に署名し、「彼ら（ヌスラ戦線の兵士）はシリア人として、人民と宗教、血縁、革命を共有する人々」だと述べ、ヌスラ戦線に共鳴したのである[13]。反体制派グループに所属するムルハム・ジュンディーはこう述べた。「アメリカにとっては恐ろしいタイミングとなった。ヌスラ戦線をテロリストと指定することで、アメリカはシリア軍によるアレッポなどへの空爆を正当化しているのだ。これによってシリア政府は空爆実施を、テロリストを標的としたものだと言い張ることができる」。

ダマスカスの穏健な宗教指導者で、当時、反体制派の連合勢力であるシリア国民連合の議長を務めていたムアーズ・ハティーブは、ヌスラ戦線のメンバーを守るために、彼らは単なるジハード戦士として放っておくべきだと訴え、アメリカにテロリスト指定の決定を覆すよう呼びかけた。一方、国軍の脱退者の集団から興り、世俗主義の立場を採る「自由シリア軍」(Free Syrian Army)の報道官は、「我々とヌスラ戦線は信念を共有しないが、同じ敵と戦っている」と加えた。ヌスラ戦線による国軍への自爆攻撃に便乗する形で検問所や軍基地を制圧してきた自由シリア軍のメンバーの一部には、ヌスラ戦線をシリア北部で最も魅力と力を持つ組織と見て、鞍替えする人もいたほどである。

傷つく王者たち

アメリカによるイラク侵攻の直後、ウサーマ・ビン・ラーディンは配下の兵士たちにこう話した。「彼らの戦車を恐れてはいけない。彼らは不信仰者だ。あなたが身を犠牲にして攻撃をしかければ、世界中のアメリカ人の心に恐怖が生まれるだろう」(14)。兵士たちはバグダードで決起する間も、シリア戦争が始まって以降も、ただただこの教えを守って自爆攻撃を繰り返した。二〇一一年三月から一三年六月までの間、ヌスラ戦線が犯行声明を出したシリアでの自爆攻撃の数は、発生した七〇件の内、五七件に上る。最初の攻撃は一一年一二月、組織設立の公式発表前にダマスカスで行われ、機動隊員でいっぱいだったバスへの自爆攻撃により二六人が殺害された(15)。ジャウラーニーはシリア国内での攻撃をすでに用意しており、ダマスカスで死者四四人、負傷者一六六人を出す組織的な自爆攻撃を二度起こした。

この一ヶ月後、ジャウラーニーはアブー・バラー・シャーミーという名の人物を特攻要員として傘下に置いた。アブー・バラーはダマスカスの中では保守的で、かつてムスリム同胞団の温床であったミーダーン地区で自爆攻撃を行った。二〇一二年一月にはヌスラ戦線の支持者がイドリブの治安当局本部を攻撃し、六月五日の攻撃についても同組織から犯行声明が出された。同年五月、粉々になった一三人の男性遺体が並ぶ大きな共同墓地がダイルッザウル付近で発見された。彼らは皆、シリア軍の兵士で、射殺されており、拘束・尋問の後、「アラウィー派政府」に協力したとして「公正に」裁かれた人々である。

ヌスラ戦線が使用した自動車爆弾のほとんどは、爆発物のエキスパートであるワリード・アフマド・アイシュが用意したものである。彼は当局によって逮捕され、二〇一二年六月に処刑された。シリアのメディアは彼をジャウラーニーの「右腕」と紹介した。同月二七日、ジャウラーニーは部下に、ダマスカス南部のダルーシャ市にある国営テレビ放送局、イフバーリーヤ・チャンネルの事務所への攻撃を命じた。同局のスタジオは爆発によって木っ端微塵となり、三人の記者が殺された。ジャウラーニーはこれについて犯行声明を出し、さらに襲撃の後で拘束した公務員一一人の顔写真を公表した。またメンバーは一二年七月半ば、国営テレビ局に勤める著名なキャスター、ムハンマド・サイードを誘拐した。翌八月三日、ヌスラ戦線のメディア機関は、「西グータの英雄たちが七月一九日にシャビーハ（親政府の民兵）の司会者を投獄した。彼は尋問を受けた後に殺害された」と述べ、サイードが処刑されたことを発表した。[16]

ヌスラ戦線の暴力行為はとどまるところを知らず、二〇一二年一〇月、都市郊外での大規模な複数の攻撃でその絶頂期を迎えた。同月三日、爆弾を積んだ三台の自動車がアレッポ中心にあるサアドゥッラー・ジャービリー広場の東側の一角で爆発した。この攻撃は、広場に隣接する将校クラブ、老舗の喫茶店「ジュハー」、ホテル、そして一九三〇年代から四〇年代にフランス占領軍と戦った世俗主義者の政治家、サアドゥッラー・ジャービリーの銅像を標的としたものである。四八人が死亡、一〇〇人以上が負傷したこの攻撃についてジャウラーニーは犯行を表明した。この九日後、ヌスラ戦線はさらにアレッポの空軍基地を攻撃し、レーダーシステムを完全に破壊した。

同月、ヌスラ戦線はイドリブから三三キロ南方にあるマアッラト・ヌウマーンに近い、ワーディー・ダイフ軍事基地を攻撃した。同攻撃ではシリア軍兵士が激しい抵抗を見せ、ヌスラ戦線は彼らを長期間に渡って包囲した。さらにヌスラ戦線は、イドリブの一七キロ北東にあるタフタナーズ空軍基地に攻撃をしかけ、ヘリコプター四八機を破壊した。彼らはその後、イドリブ東部のサラーキブ周辺にある軍検問所三ヶ所を制圧し、被害を最小限に食い止めたいなら地域一帯からの撤退命令を出すよう、ダマスカスの軍本部に促した。この時点でヌスラ戦線の犠牲者が五人であるのに対し、国軍は二八人の兵士を失っていた。ジャウラーニーの指示に基づき、拘束された兵士は「(政府の)犬ども」として直ちに処刑された。彼らはその虐殺の様子をビデオに収めるだけでなく、ユーチューブなどのインターネット・サイトに投稿した。これを観た国連はヌスラ戦線の行為を「戦争犯罪」と言い表し、世界各国も同様の非難を投げかけた。

二〇一二年一一月、ヌスラ戦線はシリア政府と反体制派勢力の双方を震撼させる二つの自爆攻撃を行った。一つ目は様々な宗派が混在し、肥沃な土地で知られるハマー付近のガーブ平原で五〇人の兵士を殺害した攻撃である。二つ目はダマスカス県郊外にある高級地区マッザで、一一人の民間人が犠牲となった攻撃である。翌年一二月二三日、ヌスラ戦線はシリア軍の戦闘機を撃ち落とすため、二三ミリと五七ミリの対空機関砲を用意し、アレッポ上空を「飛行禁止区域」にすると一方的に宣言した。[17] 彼らは民間航空会社にも同様の警告を発し、すべての主要航空会社にアレッポ上空を飛行しないよう促した。

この結果、これまでアレッポ上空を飛行していた各航空機の飛行時間は大幅に伸びた。

シリア戦争が悪化の一途を辿っていることに世間が慣れ始めた中、ヌスラ戦線は次第に分裂を開始した。二〇一二年後半に見られた勝利の砲火は、二年も経たない一四年前半にはほとんど過去の話となっていた。ヌスラ戦線は規模が膨れ上がり、指導者や設立者が統制できる範囲をはるかに超えて大きくなった。一部の兵士はジャウラーニーの言うことに耳を貸さなくなり、結果として部隊は野蛮化し、混乱を招くようになった。権力を通じた腐敗も日常化し始める中、ヌスラ戦線の兵士たちは一二年に自ら証明したような、ただ一つの崇高な理想を掲げる人々ではなくなっていた。中には、身代金目的で一般市民を誘拐し、転売する兵士も多くいた。身代金は転売を経て高騰し、その額は一〇〇万シリア・ポンド（約五〇〇〇米ドル）から最大で二〇〇〇万シリア・ポンド（約一〇万米ドル）とされた。組織のメンバーには、高級車を盗んでスペア部品を国内で売り捌いたり、レバノンやイラクといった周辺国のギャングに転売したりして金を稼ぐ人もいた。犯罪は金を稼ぐのに最も効率が良かったのだ。こうして組織内では、犯罪者や利己主義者を兵士に採用する向きが急速に強まった。

二〇一三年六月、ホムス県にあるキリスト教徒の村、ガッサーニーヤのカトリック教会で、四九歳のフランソワ・ムラード神父が拘束された上、射殺された。ヌスラ戦線は自組織のメンバーによる犯行だと発表した。同年一二月には、ヌスラ戦線が古代キリスト教徒の村、マアルーラの修道院から一三人の修道女を拉致した。ヌスラ戦線のメンバーは拉致の前に村を脅し、キリスト教徒の人々に対してイスラームへの改宗を迫っていた。さらに村の中央広場にある古代の聖テクラ教会を襲撃し、聖マリア像を破壊した。修道女たちは一四年三月まで、ダマスカス郊外にあるヤブルード市で拘束された(18)。ヌスラ戦線の副司令官、アブー・アッザーム・クワイティーは、ヤブルード一帯を含むカラムーン地方の山岳で、修道女の釈放に向けた交渉をカタールとレバノンの高官たちと進めた。最終的に彼女らは、身代金一六〇〇万米ドルと引き換えに無傷で釈放された。またこの代償として、シリア当局は人質としていたヌスラ戦線メンバーの家族である女性一五〇人を釈放した。女性メンバーの採用を自慢するＩＳＩＳと異なり、ヌスラ戦線は女性について全く言及せず、活動上の役割も与えていない。女性を公共の場の後ろに留めておくというイスラームの厳格な解釈に倣ったためだ。

二〇一三年四月、ヌスラ戦線はギリシャ正教会のブールス・ヤーズジー・アレッポ兼イスケンデルン主教と、シリア正教会のヨハネ・イブラーヒーム・アレッポ主教を誘拐した。彼らはいずれもまだ消息が不明である。さらに同年二月には、ダマスカスとアレッポを結ぶ道路上でアルメニア・カトリック教会のミケル・カイヤール司祭と、ギリシャ正教会のマーヒル・マフフーズ司祭が拘束された。一四年八月にはゴラン高原で、国際連合兵力引き離し監視軍（ＵＮＤＯＦ）に所属し、国連平和維持活動（ＰＫＯ）に従事していたフィジー軍の隊員四五人が誘拐された。ジャウラーニーは、国連がヌスラ戦線をテロ組織のリストから除名すれば彼らを釈放すると述べた。後に兵士たちは釈放されたが、この背景には詳細不明ながらも、カタールがヌスラ戦線に身代金を支払ったと言われている(19)。

ヌスラ戦線が反体制派勢力の支配地域で伸張する間、バグダーディーは怒りと、信じられない思いで唇を噛み締めていた。かつて自分が庇護していたジャウラーニーが、「イラクのイスラーム国」（ＩＳＩ）が以前支配していたよりもはるかに大きい領土、兵士を抱えていたのである。加えてジャウラーニーは、シリア東部の油田地帯を制圧し、北部国境の管理によっても利益を上げていた。これらはバグダーディーが莫大な戦費をつぎ込んだ場所だった。二〇一三年五月の時点で、バグダーディーの苛立ちはすでに限界を超えていた。彼はアレッポに姿を現して、二倍の給料を払うという条件でヌスラ戦線のメンバーを個々に、新たに設立したＩＳＩＳへと勧誘し始めた。これはかつてＩＳＩが高い賃金や身分を与えることで自由シリア軍のメンバーを「盗んだ」のと同様である。ジャウラーニーが兵士に支払っていた給料は最大で月額四〇〇米ドルだったが、バグダーディーは八〇〇ドルを支給した。

ヌスラ戦線への支持が落ち気味な中、この高額な給料が同組織の兵士たちを多く離脱させたことには疑いがない。アメリカと国連によって定着した悪評、敵対する地元コミュニティ、そして資金不足という要素が、二〇一一年以来、ヌスラ戦線の創設者が取り組んできたすべてを破壊し始めた。アル＝ジャズィーラ放送局によれば、一三年半ばの時点でヌスラ戦線の兵士の七〇パーセントはＩＳＩＳに鞍替えしたという[20]。この多くはＩＳＩＳが用意する高額な給料を鞍替えの動機としたが、中にはＩＳＩＳのより過激な方法を好んだ人、あるいはバグダーディーの、とりわけシリア東部での軍事的勝利で証明されたリーダーシップを評価したという人もいた。かつてヌスラ戦線を支持した住民はダイルッザウルで大規模なデモを行い、「出て行け！　出て行け！　ヌスラよ出て行け！」と合唱し始めた。ジャウラーニーの急速な成功はシリアの他のイスラーム主義勢力の間に嫉妬や不安を生み、彼はかつて支持者を増やしたのと同様の早さで敵を作っていった。

また、西側諸国からの軍事支援を当てにする多くの穏健な反体制派勢力は、ヌスラ戦線が貼られたテロリストというレッテルを自分たちが貼られることを恐れた。世俗主義活動家はジャウラーニーが「平和な革命を乗っ取った」と非難し、アレッポにおける指導者の一人は、「我々がバッシャール・アサドと戦うのは、独裁体制下での生活を宗教という監獄での生活に替えるためではない」と訴えた。[21]

こうした運命の大逆転にもかかわらず、アル＝カーイダの本体はジャウラーニーへの支援を続けた。アル＝カーイダの幹部は二〇一三年二月、自分たちがISISと一切関わりがないと発表した。これによってジャウラーニーは、ジハード主義の運動の中に身を置き続けることができたが、世俗主義者、穏健派、また最も過激な勢力の間では完全に立場を失った。同月、ザワーヒリーの代理人としてジャウラーニーとバグダーディーの仲介を務めたアブー・ハーリド・スーリーがアレッポで殺害された。アル＝カーイダの指導者たちの間では、互いに暗殺を非難する動きが起こった。ジャウラーニーは、アブー・ハーリドを殺したのは、ザワーヒリーがヌスラ戦線を支持していることを不都合に思うバグダーディーだと主張した。

二〇一四年四月一六日、バグダーディーはイドリブにおけるヌスラ戦線の指導者、アブー・ムハンマド・アンサーリーとその妻を殺害し、ジャウラーニーに対して強烈な宣戦布告を行った。バグダーディーはメッセージの中で、「副官を殺した今、我々はいつでもあなたを殺すことができる」と脅迫した。一ヶ月後、ジャウラーニーの故郷であるダイルッザウルで両組織による激しい交戦が起こり、数百人が死亡した。今ではISISを設立したバグダーディーの方がはるかに優勢な立場にある。同年七月までには、ダイルッザウルでヌスラ戦線の姿をほとんど見なくなった。彼らの基地や検問所、弾薬の備蓄はすべてISISに奪われた。ジャウラーニーは数ヶ月身を潜めたのち、七月前半に音声メッセージで、ヌスラ戦線がシリア北部の各地域に、イスラームに基づいた首長国の設立を目指していると語った。これは悪化していた自身のイメージ改善を狙った、なんともお粗末な宣伝であった。彼はヌスラ戦線の諮問評議会で演説を行い、以下のように発表した。「たとえ我々に有利な状況をもたらすとしても、我々は、ジハードの果実を簒奪するいかなる存在も許さない[22]」。また、イスラーム首長国の計画についてはこう説明している。

すべての町に軍隊とシャリーア法廷が置かれるだろう。アレッポとイドリブにも軍隊が置かれるだろう。（シリア南部の）ダルアーの同胞たちも我々に加わるだろう。現在包囲されている（ダマスカス郊外の）グータでも同様の措置が取られよう。ヌスラ戦線は強大な存在で、シャームにおいてほとんど敵はいない。我々は（支配）地域から断じて撤退しない[23]。

これはジハード関連のウェブサイト上で広く取り上げられた大々的な発表であったが、二〇一五年後半の時点でヌスラ戦線による国家設立は実現していないし、シリア北部の各都市に軍隊を維持できてもいない。それどころか、ＩＳＩＳがイラクとシリアの各都市を制圧するのに伴って、ヌスラ戦線は明らかな撤退を余儀なくされており、一四年六月には、ブー・カマール市のヌスラ戦線支部がＩＳＩＳに忠誠を誓っている。同年一一月一三日、ＩＳＩＳとヌスラ戦線は初めてとなる停戦を発表した。ジャウラーニーとバグダーディーは一二年前半以来となる顔合わせをアレッポ西部のアターリブで果たした。停戦発表を踏まえた二人の会談は四時間に及び、そこで両者はシリア政府、また同年九月以来、反体制派の支配地域に空爆を行っているアメリカ主導の有志国連合と戦うため、手を組む時が来たことを確認し合った。

ジャウラーニーは世界のムスリムに宛てた音声メッセージの中で、「ムスリムよ、あなた方の（イスラーム）国家は安泰である！」と訴えた。[24] 彼の発言は、過去、現在、未来がアル＝カーイダの管理下にあったと述べたように聞こえた。しかし彼は間もなくして、ヌスラ戦線の支配が、自身が望んだほどには強くなかったことに気づいた。

シリアにおけるジハードは栄枯盛衰の運命にある。戦闘前線はある日衰退し、ムスリム同胞団によって飲み込まれた。するとアル＝カーイダがやって来て両者を吸い上げた。ヌスラ戦線はビン・ラーディンの人脈から誕生したが、ザワーヒリーによって設立された。しかし彼のチームは素人の集団で、ISISに包囲されてしまった。ジャウラーニーのヌスラ戦線とバグダーディーのISISは、組織的な武勇と土地の侵略・支配に長けていたことでアル＝カーイダを出し抜いた。アル＝カーイダがアフガニスタンとパキスタンの山岳地帯で散り散りに身を潜め続ける間、両組織は肥沃な三日月地帯の多くの町で黒い旗を掲げ、堂々と広大な支配地域を獲得したのだ。

二〇一五年三月五日、ヌスラ戦線はイドリブ県でシリア空軍による攻撃を受け、多くの司令官が殺害される大打撃を受けた。犠牲者の中には軍事司令官であるサミール・ヒジャーズィー（通称アブー・フマーム・シャーミー。ファールーク・スーリーの名でも知られる）、アブー・ウマル・クルディー、アブー・バラー・アンサーリー、そしてアブー・ムスアブ・フィラスティーニーといった面々が含まれていた。アブー・フマームとアブー・ウマルはいずれもヌスラ戦線設立初期のメンバーで、彼らはイドリブにおける最後の国軍基地であるアブー・ドゥフール軍事空港への攻撃を計画するために集まっていた。またアブー・フマームは、アフガニスタンで戦闘行為に加わったシリア人で、ターリバーン政権期にカンダハール空港の管理を任されていた人物でもある。彼は一九九八年、アル＝カーイダに参加するためカーブルに着いてすぐにビン・ラーディンに忠誠を誓った。〇三年にはイラクでのジハード作戦に参加し、アブー・ムスアブ・スーリーとザルカーウィーの二人と緊密な関係にあった。一方、アブー・ウマル・クルディーはかつてＩＳＩＳのメンバーであったが、同組織を離脱してヌスラ戦線に加わった。

しかしながら、こうした大打撃にもかかわらず、ヌスラ戦線は活動を停滞させることなく、二〇一五年三月後半には南部のブスラから政府軍を掃討した。また、数百人の兵士が他の反体制派勢力とともにイドリブに大攻勢をしかけるのとほぼ同時期、北部のアレッポではさらに劇的な出来事が起こった。激しい戦闘から一週間も経たない内に、アレッポはヌスラ戦線とこれに与した勢力の手に落ち、国内第二の県の中心都市がラッカに次いで完全に政府の支配外に置かれた。この成功の背景には、ＩＳＩＳには無関係な多くの反体制派勢力が二ヶ月以上協力し合ったこと、そしてアメリカが穏健な反体制派勢力に支給した最新のミサイルをヌスラ戦線とその協力組織が奪い、所持していたことがあった。[25] 国軍はここでの敗退を戦略的撤退だと主張したが、行政機構のすべてを隣のジスルッシュグールに移すことを余儀なくされた。ヌスラ戦線はイドリブを「第二のラッカにしない」、つまりＩＳＩＳには渡さないという目標に向けて全力を尽くした。確かにヌスラ戦線は、一三年にラッカを一旦制圧した時に比べてより賢明な作戦行動を取っているように見えた。彼らは政府の建物を放火せず、国軍の攻撃を避けて市街地から安全に撤退するために避難経路を設けた。

もっとも、ヌスラ戦線がイドリブを支配し続けられるかどうかは依然不透明である。今後ヌスラ戦線は、ＩＳＩＳがラッカを首都としたように、イドリブを首都とするのであろうか。あるいは他の反体制勢力と協力してイドリブを統治するのだろうか。いずれにせよ、ヌスラ戦線は戦場における主要なプレイヤーとして、またシリアの未来における重要な利害関係者としての地位を盤石なものとした。

第五章　イラクのジハード主義者たち

二〇一四年、あるパレスチナ人女性がバグダードの旧友と話すために電話をかけた。一九九〇年代にバグダードに住んでいた彼女には、サッダーム・フセイン政権下のイラク社会における有力者の知り合いが多く、医者、技術者、政府につながりのあるビジネスマン、国軍の将校の友人もいた。筆者がベイルートで会った時、彼女はこう語った。「「彼ね。ああ……彼はダーイシュに参加したよ」。こうしたけんもほろろな答えを電話で何度も聞きました」。諦めて別の人に聞いても同じ答えが返ってきたという。「もう彼とはコンタクトできないよ。電話番号も何もかも変えてしまったからね。息子がダーイシュに参加したから、彼は当局に追われているんだ」。同様の事情は、フセインの一家を含む、かつてのイラク要人の間にも見られる。

ダーイシュとはもちろん、ISISのアラビア語名の頭文字をつなげた略称である。二〇一五年半ばの時点で、同組織はシリアとイラクに三万五〇〇〇から五万人の兵士を抱え、およそ九万平方キロメートルの領土を支配している。アメリカの諜報機関によれば、二〇一二年八月の時点でISISの兵士はシリアに二〇〇人もいなかったとされ、現在どれほどその数が膨れ上がったのかが分かる。(1) ISISは今日、イギリスと同等の領土を所有し、フィンランドやデンマークといった国々の人口よりも多い、六〇〇万人とも言われる数の人々を支配している。(2)

ISISは一世紀前の第一次世界大戦でイギリスとフランスが設けた国境を消し去った。オスマン帝国後の国民国家システムは崩壊し、モースルとラッカの間で武器・人・思想が行き交うことによってシリアとイラクを隔てる境界はいまやないのである。ISISはサラフィー主義、ジハード主義において、ムスリム同胞団や戦闘前線、アル＝カーイダ、そしてヌスラ戦線が残したよりも大きな成果を成し遂げた。

ＩＳＩＳが現在の形になるまでには幾つかの重要な段階があった。同組織は最初、一九九九年にヨルダンで設立された、アル＝カーイダに所属する小さな団体であった。それはイラクからの指示で動く、「ジャマーア・タウヒード・ワ・ジハード」（一神教とジハードの集団）という名の集まりだった。この組織に集まった人々のそもそもの目的は、シリアにおけるジハードでも、バッシャール・アサドの打倒でもなかった。彼らは当初、西側諸国によるアラブ世界進出の仲介人として批判されていたヨルダン国王、アブドゥッラー二世の失脚を目指していた。

ヌスラ戦線は、一九八二年のハマー大虐殺を生き延びたシリア人イスラーム主義者の旧世代との直接のつながりを持った組織である。一方、ＩＳＩＳはシリアとの縁をほとんど持っていない。イラクにおけるアル＝カーイダの指導者は、ヨルダン国籍のサラフィー主義者、アブー・ムスアブ・ザルカーウィーという人物で、彼がイラクにおけるジハード戦士の大半をコントロールしていた。そして二〇〇三年のアメリカによるイラク侵攻の後、彼らは一つのスンナ派武装組織として合流した。

二〇〇四年一〇月、ザルカーウィーはビン・ラーディンに忠誠を誓った。この時から組織は「二大河の国のアル＝カーイダ」[i]を名乗り、西側諸国には「イラクにおけるアル＝カーイダ」と呼ばれてきた。この人物の存在に触れずにＩＳＩＳについて語り尽くすことはできない。ＩＳＩＳにとってのザルカーウィーはヌスラ戦線にとってのアブー・ムスアブ・スーリー、アル＝カーイダにとってのアブドゥッラー・アッザームと同じである。ザルカーウィーは〇六年、アメリカによるイラクの武装勢力拠点を標的とした空爆で命を落とした。彼もまた、アブー・ムスアブやアッザーム同様、自らを源流とするＩＳＩＳが誕生する数年前に舞台から姿を消したのである。

ザルカーウィーは、アブー・ムスアブ・スーリーのような幅広い資質を持っていなかった。ジハード活動に従事する以前、彼には宗教にかかわる資格や優れた経歴がなく、そもそも正式な教育をほとんど受けていなかった。彼は一九六六年にヨルダンの首都アンマンから北東二一キロにあるザルカーという街に生まれ、本名をアフマド・ファーディル・ナッザール・ハラーイラという。少年時代は素行が悪く、大酒飲みでもあった他、三七件の重要犯罪に関わった記録も残っている(3)。文字の読み書きもほとんどできず、八四年、父が死んだ年に学校を中退してから犯罪に身を染め始めた。彼の母は、更生を願って息子をアンマンにあるフセイン・イブン・アリー・モスクの宗教学校に入れた。そこでザルカーウィーはサラフィー主義という思想に出会い、これが彼の人生を大きく変える衝撃的な経験となった。

アブー・ムスアブ・ザルカーウィーのジハード主義者としての経歴は、同じ名前を持つシリア人、アブー・ムスアブ・スーリーのそれとは異なり、知的な展開を経たものでは決してなかった。彼の背景にあったのは、一九二〇年代前半にイギリスの後押しで王位に就いて以降、祖国ヨルダンを統治するハシミテ王家の支配に報復したいとの渇望である。

ザルカーウィーは一九八九年、故郷での迫害を逃れてソ連との戦争に参加すべく、アフガニスタンに渡った。アブー・ムスアブ・スーリーと違い、ザルカーウィーはアブドゥッラー・アッザームに会う機会がなかったが、ビン・ラーディンとは顔を合わせ、最終的に彼の大勢の部下の一人となった。市街戦はさておき、ザルカーウィーは武器の使用経験に乏しかった。このためビン・ラーディンは最初、彼をアル＝カーイダが発行するイスラーム雑誌の編集者という民間職に任命した。ヨーロッパでシリア人をアル＝カーイダに勧誘したことで一躍その名を馳せたアブー・ムスアブ・スーリーと違い、ザルカーウィーは九〇年代の大半の期間をジハード活動に携わることなく過ごした。

ビン・ラーディンとザルカーウィーが初めて会ったのは一九九九年、カンダハールのでこぼこ道である。[4] ビン・ラーディンは道を塞ぐザルカーウィーのいかにも傲慢な態度を見て、彼をスパイではないかと疑った。さらにザルカーウィーが不良時代に体に彫った多くの刺青がビン・ラーディンを不愉快にさせた。ザルカーウィーは塩酸を使って刺青を消そうとしたが、上手くいかなかった。[5]

またザルカーウィーの硬直した考えは、アラウィー派、シーア派、キリスト教徒の虐殺にまだ積極的ではなかった当時のビン・ラーディンからひんしゅくを買った。ビン・ラーディンは母親がアラウィー派地域出身のシリア人だったため、アラウィー派に反感は持っていなかった。しかし、ザルカーウィーの頭の中にはこれらに対する敵意しかなかった。当時居合わせたアイマン・ザワーヒリーは、ザルカーウィーの存在が組織にとって有益ではないと述べた。一方、エジプト軍の元将校でアル＝カーイダにおける爆弾のエキスパート、サイフ・アーディルは異なるアドバイスをした。彼はビン・ラーディンに、ザルカーウィーの中東での人脈はアル＝カーイダにとって有益だと説得した。ビン・ラーディンへのバイア（忠誠の誓い）を横柄な態度で断っていたザルカーウィーだが、両者の関係は九・一一の後、ザルカーウィーがアル＝カーイダのイラク流入に際して適切に対処したことで好転した。

ザルカーウィーは一九九二年、アンマンへの短期の帰郷を果たしたが、自宅に銃と爆弾を所持していたため逮捕された。その後六年間を、彼はアンマンから七〇キロ南にあるサワーカ刑務所で過ごすことになる。ヨルダン当局によれば、ザルカーウィーはアメリカ人とイスラエル人の旅行者がよく使うアンマンの五つ星ホテルの爆破を計画していた。刑務所の中でザルカーウィーは同房の受刑者たちに、自分とともにヨルダン王政の転覆を目指すよう呼びかけた。そして九九年に釈放された後、ザルカーウィーはペシャワールに渡り、そこでアブー・ムスアブ・スーリーに会った。

しかしながら、二人は全く馬が合わなかった。シリア人ジハード戦士の古参、アブー・ムスアブ・スーリーは、ザルカーウィーを筋の通らない、野蛮で劣った知性の持ち主だと見なした。一方のザルカーウィーはそうした評価を気に留めなかった。その時彼はすでにウサーマ・ビン・ラーディンの知遇を得ていたのだ。

ビン・ラーディンがザルカーウィーを厚遇したことは周囲に衝撃を与えた。ビン・ラーディンは二〇〇四年一二月付けの音声テープの中で、ザルカーウィーを「イラクのアル＝カーイダの首長」たる若きヨルダン人ジハード戦士として称えた。そして「すべての協力組織に所属する仲間に対して、彼が善行を行う限り、彼に耳を傾け、従う」ことを要請した。

ザルカーウィーはビン・ラーディンを介して、北東部のイラン国境に近いアブドゥルマフディーという町に軍事訓練キャンプを作る資金として二〇万ドルを手にした。(6) 設立されたキャンプの入り口には、「タウヒード・ワ・ジハード」（一神教とジハード）の文字が掲げられた。キャンプでは、イスラームの歴史とシャリーアに関する講義の傍ら、毒物と爆発物についての専門的な訓練が行われた。ここでザルカーウィーは生徒に授業を行いながら、自身もジハードについての見識を増やしていった。著者個人についてどう思っていたかはさておき、ザルカーウィーはアブー・ムスアブ・スーリーのジハード関連の書籍を貪り読み、生徒にもそれを読むよう義務づけた。わずかなシリア人を除いて、キャンプにいたのはすべてヨルダン人であり、外国人はいなかった。しかし、キャンプにはヨルダン政府の諜報員も潜入しており、二〇〇一年一〇月にアメリカがアフガニスタンに戦争をしかける直前、組織は解体した。アメリカ政府はザルカーウィーを「指名手配」リストに加え、彼の逮捕につながる情報に二五〇〇万ドルの賞金をかけた。これは二〇〇四年にビン・ラーディンの首にかけられた賞金と同額である。ザルカーウィーに関して重要なのは、アフガニスタンにおける役割よりも、むしろ〇二年にアンマンで起こったアメリカ人外交官ローレンス・フォーリー暗殺への関与であろう。捕まった三人の容疑者は、いずれもザルカーウィーから資金を渡されてフォーリー暗殺を命じられたと告白した。

ザルカーウィーはまた、二〇〇三年にカサブランカ、イスタンブールでも多くの攻撃を企てた容疑がかけられた。一年後にもトルコで行われたNATOサミットへの攻撃を計画した他、〇五年のアンマンでの爆破攻撃に関しても首謀者として容疑がかけられた。同攻撃では、三つのホテルでパレスチナ人と中国人の高官、ハリウッドで活躍するシリア人映画監督ムスタファー・アッカドを含む六〇人が殺害された。

二〇〇三年以降のイラクでの暴動

ザルカーウィーにとって、アンマンとアフガニスタンでテロ攻撃に従事した時間は、自身の轟くような経歴にとっての移行段階と言えた。彼は主に、二〇〇三年以降のアメリカ占領下のイラクでの活動を通してその名が知られるようになった。〇四年五月、CIAはアメリカの民間人ニコラス・バーグが斬首される動画の中にザルカーウィーがいると主張した(7)。アル＝カーイダによれば、バーグはアブー・グライブ刑務所[ii]での事件の報復として殺害された。アメリカ人刑務官がイラク人の囚人に屈辱的な拷問を行っている写真が出回ったこの事件はムスリム世界の隅々まで伝わり、ジハード主義者かそうでないかにかかわらず、ムスリムの西洋に対する怒りを引き起こした。ザルカーウィーはまた、〇四年九月に別のアメリカ人男性、オーウェン・ユージン・アームストロングを斬首したとされる。斬首動画では、アル＝カーイダの黒い旗を背にしたオーウェンが死を前に跪いている姿が映された。

アメリカ政府によれば、二〇〇四年から〇六年の間にザルカーウィーはイラクで七〇〇人以上を殺した。(8) 加えて彼は、同期間に起こった自爆攻撃の四二パーセントに関与したという。〇三年八月、ザルカーウィーはイラクの国連本部を攻撃し、セルジオ・ヴィエイラ・デメロ国連事務総長特別代表を含む二二人を殺害した。彼は、国連外交団は「アメリカ、十字軍、ユダヤ教徒で飾られ」ており、この攻撃がデメロ代表個人を狙ったものだと述べた。また同月、ザルカーウィーの部下たちはナジャフにあるシーア派の最重要聖地の一つ、イマーム・アリー・モスクを攻撃した。この攻撃でシーア派の有名な宗教指導者であり、イラン・イスラーム革命最高評議会の議長を務めるムハンマド・バーキル・ハキームを含む九五人が殺害された。実行犯はザルカーウィーの義理の父親である。(9)

さらにザルカーウィーは〇四年三月、カルバラーとバグダードのシーア派の聖廟への攻撃で一八〇人の死者を出した攻撃の首謀者とされた。(10) シーア派は彼の主たる標的の一つで、彼はその根拠としてしばしば、一三世紀の法学者イブン・タイミーヤの思想を引き合いに出していた。イブン・タイミーヤはユダヤ教徒とキリスト教徒に対するのと同様、アラウィー派とシーア派を破門扱いとしている。そしてザルカーウィーは同年一二月、世界のシーア派にとって最も重要な聖地であるカルバラーで自動車爆弾による攻撃を起こし、六〇人の命を奪った。その他にも、ティグリス川東岸のサーマッラーにあるアスカリー・モスクの爆破を指示し、スンナ派とシーア派の対立を激しく煽った。攻撃の後、シーア派が住む地区ではスンナ派の一味とともに暗殺集団が誕生し、シーア派の宗教指導者やコミュニティの顔役らを射殺していった。シーア派の民兵もまた、報復としてスンナ派の顔役らを虐殺し始めた。

ザルカーウィーは、サッダーム・フセイン退陣後にバアス党を抜けた戦闘員を自分の組織に招き入れた。彼は武器を求めて自身のもとに集まった支持者を、混乱を撒き散らし、アメリカ主導で設立された傀儡政権を打倒するための燃料とした。アメリカという共通の敵を持ちながら、ザルカーウィーとバアス党はほとんどの点で利害が一致しなかった。五万人と言われる元バアス党員がアメリカの侵略に対して武器を取ったことで、イラクではスンナ派による暴動が始まった。[11] これは文字通りにはイスラーム主義に基づいた蜂起ではなく、アル＝カーイダとも関係なければ、バグダードでの神権政治の樹立を目指すものでもなかった。ザルカーウィーはその舞台に後から姿を現し、元バアス党員たちから主役の座を簒奪した。かつてフセイン政権の軍隊と戦った経験を糧に、ザルカーウィーの部下は十分な装備を身につけ、また良く訓練されていた。

ジハード思想によって突き動かされた彼らは戦場で効果的な役割を果たした。アメリカはザルカーウィーに関して誇張された恐怖のイメージを流布したが、これは間違いなく、イラクの軍事占領の継続を正当化するためであった。『テレグラフ』紙に至っては、ザルカーウィーの登場はイラクにおけるすべての勢力にとって都合が良い「神話」だったとまで述べている。[12] またある新聞は、匿名のアメリカ軍事筋からの情報として、ザルカーウィーの誇張された役割はそもそも誤報であったと伝えた。しかしアメリカ政府は、自国の中東地域での戦略に都合が良いと判断してこの情報を採用、さらには拡散して、ヨルダン、イラク、シリアの各国政府もこれに追随した。このため暴動に参加した何人かの元バアス党員は、ザルカーウィーが「アメリカ、イスラエル、イランの工作員だ」とも述べた。対アメリカ民兵の指導者となったシーア派宗教指導者のムクタダー・サドルも、次のような同様の批判を述べている。「ザルカーウィーとは架空の人物だと思っている。彼は占領者（アメリカ）のナイフ、あるいはピストルだ」。

しかしながら、アブー・ムスアブ・ザルカーウィーは神話ではない。彼は二〇〇六年六月七日にアメリカの戦闘機によって殺害されるまでの三年間、イラクの地下組織を飛び回り、コントロールしてきた。アメリカは重量二三〇キロのレーザー誘導爆弾を二発、バグダード北東のバアクーバ付近にあった隠れ家に投下し、ザルカーウィーとその妻、子供、そして五人の側近の殺害に成功した。新たにイラクの首相となったアメリカの協力者、ヌーリー・マーリキーは、「今日、ザルカーウィーの命は潰えた。今後ザルカーウィーが何度現れようと、我々は彼を殺すだろう。我々は、彼の後を継ぐすべての者と戦い続ける」と発言した。アメリカのジョージ・W・ブッシュ大統領も、「ザルカーウィーは今や命の終わりを迎えた。この暴漢が殺戮を行うことは二度とない」と加えた。

もちろんアル＝カーイダは、ザルカーウィーをグローバル・ジハードに身を捧げた殉教者として称え、彼の死を「大きな損失」と表現した。二〇〇六年六月二三日、アイマン・ザワーヒリーは彼を「殉教した戦士、英雄、イマーム、王子」と言い表した[13]。その一週間後には、ビン・ラーディンもザルカーウィーに対して以下のような哀悼の意を述べた。

戦士であり、ジハードの獅子であり、断固たる意志を持ったアブー・ムスアブ・ザルカーウィーがアメリカの恥ずべき襲撃によって殺されたことに、我々イスラーム国家は驚いた。アッラーが彼を祝福し、殉教者の中に加えて下さるように祈ろう。[14]

最後の公式声明の中で、ザルカーウィーはこう述べている。「ユダヤ教徒とキリスト教徒を完全に滅ぼすまで、ムスリムが彼らのような攻撃的な不信仰者らに勝利し、優位に立つことはない」。[15] もちろん彼は、アラブ系のキリスト教徒やイラクのシーア派、またシリアのアラウィー派についても述べている。彼の死によってスンナ派の暴動が潰えたわけではない。その後もイラクでは、平均して一日当たり九〇人の死者が発生し、ザルカーウィーの死後四ヶ月間で、アメリカ率いる連合軍の兵士三七四人、イラク人一万三五五人が戦死した。[16] このことは、イラクのジハード戦士の魂と心の中にザルカーウィーが生きていることを証明する。

ヨルダンでは、彼を追悼する行事が公共の場で行われ、イスラーム主義系の国会議員もそれに参加した。[17] シリアでは、ジハードにおけるザルカーウィーの足跡が、都市郊外の貧しい若者をはじめとした多くの人に影響を与えた。ダマスカスをはじめとする一部都市では、イラクにおける彼の組織の活動を記録したDVDが密かに路上販売された。情熱的なジハード戦士を背景に、即席爆弾が爆発する様子がスローモーションで流れる一分程度の動画は、五〇シリア・ポンド（一ドル）という誰でも買える価格だったこともあり、爆発的な人気を博した。

ダマスカス郊外のドゥーマー、ダーラヤー、ヤルムーク難民キャンプでは、ザルカーウィーの死亡が確認された後、非公式に追悼式も行われた。政府は彼をテロリストと位置づけていたが、後にＩＳＩＳを支持するようになる多くの一般のシリア人は彼の死を悲しみ、「名誉ある殉教者」と称えた。彼らにとって、ザルカーウィーとその兵士たちは、数週間であっさりとバグダードを支配した世界で最も強大な軍隊に、この数カ月間立ち向かい、白昼にその武装車両を破壊し、兵士を射殺するという偉業を成し遂げた人々であった。ザルカーウィーの成功によってイスラームのジハードが機能することが示され、アメリカ人は夜も眠れなくなったのである。この血まみれの情景は、ザルカーウィーが残した永遠の、また破滅的な遺産である。

「イラクのイスラーム国」

死の少し前、ザルカーウィーは二〇〇六年一月に、幾つかの小規模な武装グループを「ムジャーヒディーン諮問評議会」として一まとめにした。シリア人でこの中にいたのはスライマーン・ハーリド・ダルウィーシュ、通称アブー・ガーディヤただ一人であった。アブー・ガーディヤは一九七六年にダマスカス郊外に生まれ、ダマスカス大学で歯学を専攻した。そしてアフガニスタンに渡り、ザルカーウィーの講義で地形学とジハード思想について学んだ。その後アブー・ガーディヤは、〇一年のアフガニスタン戦争に先立ち、主要な資金集め役としてザルカーウィーに尽くした。彼はシリアの二つの偽造パスポートを使って自由に渡航し、世界中のイスラーム団体を訪ね歩いて、二、三ヶ月おきにアル＝カーイダに一万から一万二〇〇〇ドルを届けていた[18]。

またザルカーウィーは、殺される五ヶ月前の二〇〇六年の夏、別の弟子であるアブー・ウマル・バグダーディーとともに「イラクのイスラーム国」（ＩＳＩ）を設立した。これによってイラクのジハード主義者の黒幕となった彼は、国内の戦場で小規模な民兵による攻撃を指揮するだけでは満足しなくなった。結果として、彼は一四年に自らを王としてイスラーム国家を設立したアブー・バクル・バグダーディーの布石を打ったわけだが、彼自身はカリフとは名乗らなかった。彼はマッカの名家の出身ではなく、このことはスンナ派の伝統におけるカリフの条件に背くからである。彼はあくまでも自身の出自に見合った役割を演じた。一方、一部の人々は、自身をマッカの名家、クライシュ族に連なる支族の末裔だとしてカリフを名乗ったアブー・バクル・バグダーディーを批判した。

その後ザルカーウィーは、側近一人を呼び戻し、必要な対応をして三ヶ月を過ごした。それから間もなくして、アメリカの爆撃によって彼の人生と野望は終わりを迎える。ザルカーウィーが設立したＩＳＩは、イラクの中部と西部で勢力を広げ、同地域をクルアーンの導きでもって支配し、人々を初期ムスリムの慣行に従わせたという功績を残した。かつてザルカーウィーの側近の上層部にいた人物は、「シリアは彼らの計画に含まれていなかった」と述べている。

殺害された二〇〇六年当時、ザルカーウィーは自らが設立したＩＳＩの構想について綿密な計画を練ることに時間を割いた。彼は組織の階層図を書き出し、新しい国家の概要を文章にしていた。さらに彼は、国家のおおまかな経済収支についても、イスラーム法に則った税収入に基づいて計算し、石油による潜在的な収入も勘案しながら、財政に関する「構想文」について何かアイデアはないかと側近を訪ね廻った。しかしその構想はまだ粗いもので、アンバール、ニーナワー、キルクーク、バービル、ディヤーラー、バグダード、そしてサラーフッディーンといったイラクの各県で十分な支持を得たものの、後にアブー・バクル・バグダーディーがラッカで実現したものには随分と劣る代物だった。なおこの構想によると、当時ＩＳＩの首都と想定されたのはバグダードの北東六〇キロに位置するバアクーバである。

ザルカーウィーの構想は短命に終わり、二〇〇七年後半には打ち切られた。きっかけとなった出来事は前年の彼の死で、後継者であるアブー・ウマル・バグダーディーは構想を引き継ごうとしたが頓挫した。ザルカーウィーの死後、効率的な上意下達の指示系統は崩壊し、歩兵や戦闘員、地元の支持者の間には混乱が広がった。多くの人がザルカーウィーの後継者に従うことを止め、自分たちで私刑を行うようになったため、地元住民からの支持も失った。かつてイスラームの英雄と見られた彼らは、最早悪党、盗賊、殺し屋に過ぎず、かつての支配地域では泥棒、誘拐、略奪、脅迫が日常茶飯事となった。彼が作った「組織」もバラバラになり、物価の管理や取り締まりといった各種サービスの提供もできなくなった。代わって彼の部下は剣によって町を支配し、社会は不服申し立てを許さない、ただただ服従を強いるものとなった。勇敢にもＩＳＩに逆らった人々は逮捕され、拷問の上、殺害された。

二〇〇一年以降は後退を続けていたアル＝カーイダの中央司令部もＩＳＩに資金援助する余裕がなかった。曰く、「こうした事情から、我々の同胞の多くが車を盗んだり、誘拐ビジネスに手を染めたりした。彼らにはお金が必要だったのだ。アブー・ムスアブ・ザルカーウィーの死後、外部から資金を獲得できなくなった彼らには、他に選択肢がなかった」。加えて、アメリカ軍とイラク政府による襲撃によって国内に点在していたザルカーウィーの拠点も破壊されていった。シリアとの国境管理が厳しくなったせいで外国人戦闘員も来なくなっていた。代わってザルカーウィーの部下たちは地元住民にますます依存するようになったが、彼らのほとんどは戦闘訓練を受けていなかった。むしろ彼らの存在によってアル＝カーイダ内部の混乱が露呈した。

その後アメリカ軍は、地元住民による「覚醒（サフワ）評議会」を設立し、アル＝カーイダの攻撃から身を守るための武器を市民に与えた。地元住民はアメリカ軍から、アル＝カーイダからもらうよりも高い資金と高性能な武器を支給された。ザルカーウィーの軍上層部の多くは間もなくして殺害され、生き延びた一部の人々はイラク中部を脱出して比較的安全な北部のモースルに避難した。二〇一〇年四月一八日、ザルカーウィーの後継者の筆頭であるアブー・アイユーブ・マスリーとアブー・ウマル・バグダーディーの二人は、ティクリート付近でアメリカとイラクの連合部隊によって殺害された。同年六月には、将校や資本家を含むISIの幹部四二人の八〇パーセントが殺害ないしは逮捕されたとアメリカによって発表された。(19) 生き延びたわずか八人の幹部はパキスタンのアル＝カーイダとの通信手段も絶たれ、グローバル・ジハードから完全に孤立した。

シリアで暴動が起こる直前、ISIはイラクで影響力を持たない脇役となり、同国のマーリキー政権にとってなんら脅威ではなかった。イラクは最早、テロ戦争の主たる戦場ではなくなったのである。ISIの幹部のほとんどは殺害され、雇われていた歩兵はより給料の高いサフワ評議会へと鞍替えした。アブー・ウマル・バグダーディーについても、指名手配犯というだけで、彼の言動が影響力を持つと懸念していた人はほとんどいなかった。

しかしながら、このISIの転落こそ、アブー・バクル・バグダーディーが強大な権力を握るきっかけとなった。シリアで暴動が起き、同国政府の支配が弱まったことで、ISIはシリア北部に一息つく場所を見つけることができた。シリアから流れてくる資金、人、武器は、イラクの暴動に再び火を灯した。マーリキー政権はシーア派偏重の政策を進めることでますます国内のスンナ派の恨みを買い、サフワ評議会も解体し始めた。イラクとシリア、両国におけるこうした全体的なほころびがアブー・バクル・バグダーディーの恐ろしい計画を開始させたのである。その計画とは、すなわち「イラクとシャームにおけるイスラーム国」（ＩＳＩＳ）の設立である。

第六章　ＩＳＩＳの誕生

イラクのイスラーム国（ＩＳＩ）は極めて困難な局面にあった。覚醒評議会を通じたアメリカの反テロ作戦によるザルカーウィーの抹殺は、二〇一一年のビン・ラーディンの死とともにアル＝カーイダに手痛い打撃を与えた。その流れを変え、イラクにおいてアブー・ムスアブ・ザルカーウィーの遺産を保全した男が、弟子の一人アブー・バクル・バグダーディーであった。彼はザルカーウィーの明白な後継候補ではなかったが、二〇一〇年五月一六日、シューラー評議会の一一名のメンバーのうち九名の投票により、三九歳にしてイスラーム国の新しい元首となった。彼は元来、アブー・ドゥアー（宣教の父）という非公式の名前で知られたが、二〇一〇年には今の「アブー・バクル」の名を用いはじめた。様々な資料が、このイスラームのカリフの自称者について異なることを述べている。彼の出生地と出生年は一致するが、それ以外の一致点は皆無である。相矛盾する情報のために、そのプロフィールを素描するのは極めて困難である。多くの混乱は、バグダーディー自身の行いから生じている。二〇〇三〜一三年の間の彼に関する僅かな情報だけは、ほとんど一致しているが、それは彼の政治的野心が軍事的司令官から汎イスラームのカリフへと発達する前に執筆されたためである。彼は何かを証明したり、誰かを喜ばせる必要がなかったので、自身の過去の全てについて修正、あるいは隠匿しようとしなかったのだ。だがこの傾向はバグダーディーが自らカリフ位を宣言した瞬間から変化した。過去に書かれた全てのものの上に疑いが投げかけられた。混乱し矛盾した情報が広められ、真実にフィクションとファンタジーが混ぜ合わされたのである。

スター誕生：アブー・バクル・バグダーディー

アブー・バクル・バグダーディーはイブラーヒーム・アワード・イブラーヒーム・バドリーの名で、イラクの中流階層のスンナ派家庭に生まれた。預言者ムハンマドの最年長の孫イマーム・ハサン――スンナ派ムスリムによって尊敬され、シーア派によって崇拝される歴史的人物――から系譜がつながる預言者の直系の家族であった。バグダーディーの父親はサーマッラーのアフマド・イブン・ハンバル・モスクでクルアーンを教えていた宗教学者だった。しかし、こうした彼の系譜に関する逸話は、預言者の系譜を古くから記録する系図が蓄積されたダマスカスのウマイヤ・モスクのイスラーム法学者たちからは激しく非難されている。学者たちはバグダーディーの家族について全く（預言者とつながる）典拠がないことを明らかにした。それに対して「カリフ」自身も多様なソーシャルメディア・ネットワークを通じて出自の証拠を示さなかった。

イブラーヒーム・アワード・イブラーヒーム・バドリーは一九七一年にバグダードから一二五キロメートル北に位置する、サラーフッディーン県のサーマッラー市で生まれた。その都市は全ムスリムにとって歴史的に重要な場所であり、バグダーディーにも絶大な影響を与えた。八三六年から八九二年の間そこはムスリムの帝国の権威、カリフの玉座であった。住民はアッバース朝のカリフ・ムータスィムが、バグダードよりもサーマッラーの方がムスリムの首府には相応しい場所と見なして、カリフの玉座を移したという事実に大きな誇りを抱いている。それは彼らの集団心理に刻み込まれ、サーマッラーにおけるムータスィムについての言及は詩集や、アラビア書道の塗装、金曜日の説教の中にうかがう事ができる。バグダーディーは彼の出身都市の伝説的な美点――そこがどれほどアッバース朝下で栄光に満ち美しかったか――についての終わりない説話を聞きながら成長した。[1] 心の深奥で、彼は自らがその地の失われた栄光を復活させる日を待望していたのである。

サーマッラーはスンナ派が支配的であったが、シーア派イマームであるアリー・ハーディー、ハサン・アスカリーの墓廟を有する荘厳なアスカリー・モスクが所在していた。バグダーディーは子供時代、その神聖な景観の中を毎日のように歩いた。我々には当時の彼にとってそのことが何を意味したのか、あるいは彼が単にそれを街の調度の一部と考えていただけかを知ることはできない。彼の祖父ハッジ・イブラーヒームはサーマッラーで尊敬を受ける導師であり、二〇〇三年のアメリカのイラク占領直後に九〇代で死去した。バグダーディーは祖父のお気に入りの孫だった。サーマッラーの長老である祖父は彼に都市の過去と、イスラームの遺跡の偉大さについて教えたに違いない。一九五〇年代の間、ハッジ・イブラーヒームが活発な壮年であったころ、スンナ派とシーア派はサーマッラーで隣り合って生活していた。彼らは共に働き、共に学び、共に軍隊に勤務し姻戚関係にもなった。二〇〇三年のアメリカの侵略の後まで、二つのコミュニティーの間に摩擦は生じなかった。この共存の話は、多くのイラク人の家庭で夕食時に日常的に語られる。もしバグダーディーも幼少期と青年期にそのような議論を聞いていたとしたら、それらの記憶は二〇一四年の「カリフ」宣言後に抹消したに違いない。彼の計画は結局、イスマーイール派やアラウィー派を含むシーア派のような非スンナ派の宗派を絶滅することを含むのだから。

イブラーヒーム・アワード・イブラーヒーム・バドリー、すなわちアブー・バクル・バグダーディーは、三兄弟の中で最年少であった。最年長の兄シャムスィーは、金銭の横領のため現在イラクで収監されている。彼はサラフィー主義者ではなく、弟の経歴に対しても批判的であった。中兄のジュムアは、熱烈なジハード主義者で現在弟の私的な身辺警護の役を務めている。三人ともサーマッラーの国立の高等学校で学んだ。バアス党支配下では学校と病院は無料であった。バグダーディーはカーキ色のサッダームの青年（バアス党青年部隊）の制服を着て軍事教練に出席したことだろう。イラクの旗に敬礼する時には、指揮官が「起立！」と怒鳴ると、生徒たちは「司令官サッダームに長生あれ」と応える。バアス党の将校が手を厳しく振り「着席」と言うと、バグダーディーと友人たちは「ペルシア人とシーア派に死を！」と詠唱しただろう。アブー・バクル・バグダーディーはイラン・イラク戦争（一九八〇〜八八）と重なる学校教育の期間、この行いをずっと繰り返していたはずだ。

バグダーディーがＩＳＩＳにおいて全く同じ手法を模したとしても驚くには当たらない。彼はラッカとモースルの生徒に、自身の名に誓い長生きを祈ることを毎朝学校で強制したのである。

サッダーム・フセインの最も過酷な独裁下の年月で生活したことは、彼の人生に多くの教訓を残した。バグダーディーが九歳の時、彼の家族と親戚の多くが破壊的なイラン・イラク戦争に駆り出された。ある者は足を切断され、あるいは失明して帰還した。何千もの人が木の棺に入れられ帰還した——偉大なるイラク国家のために「殉教した」死体となって。だがイラクでは、二つの国家を分かつシャット・アラブ川を越えた土地の領有権の主張に始まる、長期間にわたる戦争に疑問を持つ者はいなかった。戦争を批判する者はサッダーム・フセインの治安機関によって「連れ去られる」か、家族の前で銃殺された。アメリカとサウジアラビアなどの湾岸諸国は八年間の戦争の間、イラクがシーア派イランとその創設者、アーヤトッラー・ホメイニーを弱体化させるか破滅させることを望み、サッダーム・フセインを財政的に支援した。戦争は手詰まりの状況で一九八八年に終結したが、国境は実質的に変化しなかった。推計で一〇〇万人がイラン・イラク戦争で死亡した。バグダーディーを含む若い世代の全てのイラク人の心に永久的な傷を残した戦争は、彼の一八歳の誕生日の年に終わった。もしそれがあと一年続いていたら、彼もまた戦闘に駆り出されたであろう。イラクで兵役は一八歳以上の健康な男子にとっては義務だったからである。

バグダーディーはサッダーム・フセインの、困難を振り払い前進する能力に感嘆していた。彼はまた、フセインのシーア派イランを打倒するための不動の献身にも感嘆していた。この世代のイラク人はフセインへの個人崇拝に囲まれて成長した。「偉大な指導者アブー・ウダイ（フセインの愛称でウダイの父、の意）」は店のショーウィンドウ、ビル、戦争画、教室、教科書と新聞の第一面、そしてテレビの中では二四時間いつでも、つまりあらゆる場所に存在していた。道路、モスク、学校と大学には彼の名が冠せられた。人々は彼を恐れたが、二〇〇三年以後のイラクの混迷を経験した後には、安定感と結びつく彼の時代を称賛するようになった。サッダーム・フセインを模範として、バグダーディーは粘り強さと残忍性を学んだ。フセインはイラク第一の人物であった。彼は冷酷で、非寛容で非妥協的だった。フセイン支配の年月はバグダーディーに、指導者がいかなる苛酷な敗北の中でも生き延びられるほど粘り強く、そして周囲の全ての人間の目と耳を塞ぐことで進んでいくことを教えた。一九七九年にフセインが権力を掌握した時、バアス党の司令官を集めて、「共謀者」に「反逆者」の名前を音読させ、反逆者を連れ去り処刑するように仕向けた。この出来事はフセインの恐ろしさを知らしめる目的でテレビで生放送された。刑罰は常に苛酷であり、社会全体に恐怖を広めるため常に公開された。例えば一九八八年、彼は忌まわしいことにクルド人の町ハラブジャでマスタード・ガスと神経剤を用いて約五〇〇〇人の民間人を死亡させた。約一万人が重症を負い、火傷や身体不自由になった。だがフセインはそのことを省みなかった。バグダーディーは彼のそうした姿勢を好んだ。権力の座に就いた二〇一三年から、バグダーディーは類似の残虐行為を実践した。彼もまたそれを省みなかった。フセインのように、バグダーディーは領内での、いかなる自らの権威への挑戦も弾圧した。フセインはその名前だけで、彼の盟友と反対者に恐怖をもたらすには十分であった。バグダーディーはそのような事実を好み、詳細に模倣した。カーキ色の軍服、キューバ葉巻とバアス党のレトリックという象徴の代わりに、バグダーディーは自らの指導権を誇示するためイスラーム的な衣服、宗教的言説を選択した。結局のところ、バアス主義はその有用性を持続させたのである。

ニューヨークで会おう

バグダーディーは一九八九年、サーマッラーからバグダードに家族と共に移住した。彼は大学就学の年齢で、家族はニューヨークでの機会を模索していた。彼らはバグダード北西のトバージ近郊の中間層が暮らす人口密集地に小さなアパートを借りた。その地区は一九五〇年代に広大な果樹園として始まり、アブドゥルカリーム・カースィム大統領の下で近代的なアパートの建造により都市化された。一九八〇年代までに、そこには視覚障害者のための学校、監獄と有名な市場（スーク）ができた。トバージでの一〇代の時期、バグダーディーは僅かな期間だが秘密裏にエジプトのムスリム同胞団に加入していたことが、世界的なムスリム法学者組織の代表であるシャイフ・ユースィフ・カラダーウィーによって後に確証されている。[2]にも関わらずバグダーディーは、同胞団を実践の団体というより議論する団体と考え、そのため二〇〇〇年代半ばには同胞団を離れた。さらにイラクの同胞団の指導者ムハンマド・ハルダーンと親密になった。彼は一九九〇年代にアフガニスタンに入りアル＝カーイダと共に戦い、二〇〇三年以後はアメリカと戦うためにイラクに帰還している。

バグダーディーはサッダーム大学のイスラーム研究科に、一九九八年の学科創設直後に入学した。そして学士号と修士号に加えて、タジュウィード（クルアーンを読誦する際の発音規則）学に関する博士号を取得した。彼の大学生活は非常に長引き、博士号を取得したのは二〇〇六年六月であった。皮肉なことに、ちょうど同じ月にアブー・ムスアブ・ザルカーウィーが殺害された。大学でバグダーディーは表現技法、演説と壇上のカリスマ性を磨いた。クルアーンの読誦には強く清澄な声と行儀作法のスキルを必要とする。近所の住人はバグダーディーが、公衆の演説の練習を鏡の前で行い、しばしば生き生きとした独白をしていたと回想している。大学で学んでいる間、自宅にちょうど隣接するトバージのザガル・モスクの管理者のアルバイトを務めた。彼は時折夕刻の礼拝（イシャーゥ礼拝）の読誦のため眼鏡をつけて説教団に登った。[3]バグダーディーの名声が急騰すると、その後のモスクの管理者であった初老のハッジ・ザイダーンはイラクの治安機関に連行され、彼とISISの指導者との関係について繰り返し尋問を受けた。止むことない脅迫のために、彼は今やバグダーディーとのいかなるつながりをも否定し、彼の人生とモスクから（バグダーディーと関わる）全ての逸話を消去しようとしている。モスクでの礼拝の読誦に加えて、バグダーディーはクルアーンの講義を近所の子供たちに無料で行った。これはブダリ部族出身で幼い頃のバグダーディーが深く愛情を寄せた彼の母親の頼みによるものだった。彼は母の写真をどこへ行くときも、街角で食事をして時間をつぶすような時でも持ち歩いた。写真は監獄でもバグダーディーと共にあり、支援者の話によると現在も彼の財布の中にあるという。

トバージ地区の住人はバグダーディーのことを、金持ちを妬まない礼儀正しい若者で、ワクフ省に就職することを希望していたと記憶している。彼はまた熱心なサッカーの選手であり、ファンであった。トバージはサッカーファンの温床だった。同地の出身で著名なスポーツコメンテーターになった者として、アスアド・ラーズィムとライード・ナヒーの二名がいる。加えて、アブドゥルワッハーブ・アブー・ハイルはサッカーイラク代表チームのミッドフィルダーだった。アブー・ハイルに刺激を受け、バグダーディーはモスクの常連でサッカーチームを結成し、彼自身がキャプテンになった。彼はアルゼンチンの世界的に有名なスターを引き合いに出して「自分がイラクのマラドーナだ」と友人に冗談を言った。ジハード主義者が皆サッカーに熱狂しているのは興味深い。アブー・ムハンマド・ジャウラーニーはサッカー選手で、ISISの名高い処刑人ジハーディー・ジョン（ムハンマド・イムワーズィー）も同様であった。アル＝カーイダがパキスタンで活動していた時期、このテロリスト集団は独自のサッカーチームを保有していた。プレーヤーにはサイフ・アドルやムハンマド・アブドゥッラフマーンがおり、両名ともエジプト出身であった。アブドゥッラフマーンは世界貿易センタービルを最初に攻撃したエジプト人首謀者、シャイフ・ウマルの息子である。ウサーマ・ビン・ラーディンも一九八〇年代にスーダンにいた時、二つのサッカーチームを作った。(4) ハマース戦闘員も試合を通じてつながり、最初の会合はヨルダン川西岸のヘブロンのサッカークラブで開催した。同じようにアブー・バクル・バグダーディーは、かつても今もスポーツに魅了され続けている。

バグダーディーの家族は二〇〇三年に、恐らく賃料延滞により、家主と口論になってトバージを離れた。同年バグダーディーは「スンナとジャマーアの民」という小規模な武装勢力に短期間参加することで公的にイスラーム主義者としての活動を開始した。この組織は二〇〇三年四月のアメリカによるバグダード占領直後に結成された。アブー・ドゥアーの名前で、彼はそのシャリーア委員会で議長を務めた。二〇〇六年に彼はザルカーウィーのムジャーヒドゥーン評議会に参加し、同じくそこのシャリーア委員会に所属した。イラクのイスラーム国を形成した後にはシャリーア委員会の議長に選出され、シューラー評議会（組織の審議機関）のメンバーとなった。二〇〇四年一月の後半、バグダーディーはアメリカ軍によるイラクのスンナ派の反乱に対する暴力的な攻勢の最中、ファルージャ近郊の住居が攻撃された際に、友人のヌサイフ・ヌウマーン・ヌサイフの家で捕らえられた。ペンタゴンは彼を「街路の凶悪犯」と記載し、イラク・クウェート国境付近のブーカー刑務所に二〇〇四年一二月六日まで拘束した。この刑務所は、後に将来のISISテロリストの中心地となるのだが、九・一一で殺されたアメリカ人消防士ロナルド・ブーカーに因んで名づけられた。高い塀の内部で顔を合わせた著名なテロリストの中には、シリアのISISスポークスマン、アブー・ムハンマド・アドナーニーや、ISISシューラー評議会のメンバー、イスマーイール・ナジュム（別名アブー・アブドゥッラフマーン・ビーラーウィー）がいた。

バグダーディーはしばしば彼らを金曜礼拝で指導した。彼らは危険人物、お尋ね者の「テロリスト」であり、ISISに参加するためには脱獄しなければならなかった。しかしバグダーディーは、脅威のレベルが低いと見なされた他の収監者の大集団と一緒に釈放された。(5) そこで彼は親友にして将来のライバル、アブー・ムハンマド・ジャウラーニーと出会った。獄中で彼のイスラーム学の資格は役立ち、刑務所の責任者は、彼を収監者同士の喧嘩の仲裁に利用した。解放されるや否や、バグダーディーは勤務中のアメリカ人看守を軽く叩き、微笑みながらその目を直視して「ニューヨークで会おう！」と言った。この戦慄するような物言いは、アル＝カーイダ最大の成功である九・一一を祝福し、なおかつ現在進行中のアメリカに対する闘争を思い起こさせる意味を含んでいた。今やバグダーディーの中ではジハードの準備が整っていたのだ。

アブー・ウマル・バグダーディーが二〇〇六年にイラクのイスラーム国の元首になった時、世界はほとんど彼に関心を払わなかった。この出来事はＩＳＩＳ誕生の七年前であった。彼は山積する課題に直面した。それは組織の指導者ザルカーウィーを含む多数の指導的人物が殺害された後、武装勢力をまとめて牽引することであった。そこで彼は真のイスラーム主義者のあり方からは逸脱し、サッダーム・フセインの軍にいた旧バアス党員の勧誘を始めた。それらの将校たちはかつて世俗的スンナ派と目されていたが、あえてあごひげを伸ばし、バグダーディーの軍に解け込むためにイスラーム的象徴を採用した。彼らは皆そろって、ジョージ・Ｗ・ブッシュ大統領のイラク特使であり、実質的な当時の国家の支配者であったポール・ブレマーが、二〇〇三年のバグダード陥落後イラク軍を解体した時、恩給なしでイラク軍を除隊させられた者たちであった。その多くは合衆国の刑務所で時を過ごし、サッダーム後のイラクの支配者によって屈辱を味わわされてきた。彼ら旧バアス党員の将校たちの心と空のポケットには復讐心が宿っていた。アル＝カーイダの戦いへの参加は彼らに二つの旧敵と一度に対峙できる機会を与えた。第一はアメリカ軍であり、イラク軍を一九九一年と二〇〇三年の二度にわたり大敗北させ、目下バグダードを占領していた。第二に、彼らは新イラク政府に挑戦し、破壊する機会を得た。彼らの視点では、新政府はアメリカの戦車を後ろ盾にして権力に就いたのであった。さらに彼らは二〇〇三年以後のイラク政府はシーア派が支配的で、したがってバアス体制の宿命的な敵であるイランの代理と考えた。実際に、新政府の一部のメンバーは、バドル軍団[i]やイラク・イスラーム最高評議会[ii]の強力なシーア派メンバーであるハキーム家のように、イラン・イラク戦争期にはイラン側の諜報員だった。一方で多くの旧バアス党員、現在のISISメンバーはイラン・イラク戦争の古参兵であり、サッダーム・フセインの軍で戦ってきたのである。

アブドゥルカリーム・ムトア・ハイルッラーはISISで活動する旧サッダーム・フセインの秘密警察将校である。現在五七歳で、もはや老齢と肩部の断裂により戦闘には従事しないが、戦闘の教官としてより多く貢献している。彼の「ケーススタディー」と戦いの記憶の全てはイラン・イラク戦争から生まれた。彼の講義はイランとシーア派への敵意で満ちあふれている。ハイルッラーの息子はこう説明した。

彼らは我々の民衆を殺した。（……）彼らは我々のもっとも立派な若者を虐殺した。私の父は身体を損傷した青年を病院に運んだ。父は、時には腕や足を失った戦友たちが喘ぎながら彼の両手の内で死んでいくのを見た。若い世代は一九八〇年代にイラン人が彼らに何をしたか忘れてはならない。

この言葉はアル＝カーイダの宣教員が一九八二年以後、アフガニスタンに到達したシリア人義勇兵にハマー（の虐殺）に関して語ったことと一致するようだ。かつてハイルッラーは他のバアス党員と同様厳格な世俗主義者であった。彼はシャルル・アズナヴールのような有名歌手の歌を聞き、ウイスキーを飲み、外国人と交わり、しばしば家族と夏に外国を旅行した。彼の妻はメークアップされた衣服を着て、細長いタバコを吸いヴェールを着けない友達と外出した。子供たちは英語をたしなんだ。サッダーム・フセイン支配の最後の一〇年間、ハイルッラーの妻はヒジャーブを身に付けるようになり、彼は金曜礼拝のモスクに通いはじめた。ハイルッラーは二つの経験が彼の人生を変えたと語る。一つは彼が一九八九年に行ったマッカへの大巡礼であり、二つ目はフセインの副大統領で一九九〇年代半ばからバアス体制内のイスラーム主義陣営の急先鋒であった、イッザト・イブラーヒーム・ドゥーリーの家での一連の会合であった。そこにはスンナ派の学者が出席し、訪問者と本を共有して「良いムスリムであることの美点」について彼らに講義した。彼の息子はこう説明する。「私の父は金銭のためにバグダーディーの下に属したのではない――アッラーのお蔭で彼はそれを必要としない。彼が属した理由はそれこそが正しいことだと確信したからだ」。ハイルッラーがISISに加わった動機は、宗教的覚醒とナショナリズムであった。

アメリカの侵略に先立ち恩給除隊した彼は、二〇〇三年以後は嫌がらせを受けることも国を追放されることもなかった。ハイルッラーはイラクのイスラーム国の出現を注意深く観察した。彼は二〇〇五年にザルカーウィーと結びついたフォーラムを閲覧するためインターネットの使い方を覚えたが、アラブの春の発生までアル＝カーイダに到達することはなかった。ハイルッラーは世俗主義体制の急激な崩壊を、アラブ・イスラーム主義者の輝かしい機会と考えた。二〇一二年の初期、彼は家族にベイルートへ短期の出張のため家を離れることを告げた。だが、地中海の海岸を見せる代わりに、彼はその翌朝家族に連絡し、こう言った。「恐れるな、私は安全だ。金は銀行に必要なだけある。私は抵抗運動に参加したんだ！」。すなわち、彼はイラクのイスラーム国に参加したのである。ハイルッラーは一人ではなかった――他の旧イラク秘密警察の同僚がアル＝カーイダですでに働いていた。それ以後、彼は家族とごくまれにイラク国内の異なる潜伏場所から連絡をとるだけになった。二〇一五年の春、家族は彼の正確な所在地を知らなかった。

他のＩＳＩＳメンバーもまた、アメリカ及びイランと戦う手段を他に見出さなかった。彼らは皆サッダーム・フセイン後のイラクのスンナ派コミュニティーの地位に憤慨していた。彼らはイランが支援するシーア派体制のヌーリー・マーリキー首相から遠ざけられ、迫害されていると感じていた。イラクの指導者たちは全てのスンナ派コミュニティーを組織的に罰し、フセインを生み出したことについて彼らを非難した。全土の六万五〇〇〇から九万五〇〇〇人におよぶフセイン政権の高級官僚、共和国防衛隊、秘密警察とフィダーイーン・サッダーム（サッダーム・フセイン直属の戦闘部隊、イラクの共和国防衛隊のエリート集団）は、アメリカ人によって解任された。(6) 彼らは皆バアス党員で、ほとんどの者がスンナ派だった。マーリキーは公職から彼らを遠ざけ、彼らのコミュニティーの指導者を銃殺したシーア派の殉教部隊については何の処罰もしなかった。それだけではない。フセイン後のイラク軍の徴用時に、マーリキーは大きくシーア派に依存し、急速に発展した民兵を利用した。スンナ派は置き去りにされた。

マーリキーは数多くのスンナ派要人を死刑にしたが、その中の最重要人物は疑いなくサッダーム・フセイン自身であった。彼はシーア派民兵の手で、二〇〇六年一二月のムスリムの祝祭イード・アル＝アドハーの夜に絞首刑にされた。彼が絞首執行者の縄のもとに登ったとき、覆面の執行者は「ムクタダー」(シーア派の指導者ムクタダー・サドルのこと)と唱えた。加えて、アメリカによるザルカーウィーの殺害も、マーリキーの第一次内閣の時期に起こった。世俗派と非世俗派を問わず、イラクのスンナ派は新首相に対し恨みを抱いた。だが彼らは、そのイスラーム的指針に賛成するか否かは関係なく、アブー・バクル・バグダーディーの武装勢力以上に良い基盤を見つけられなかった。バグダーディーとバアス主義者の相互的な関係は非常に良く機能した。バグダーディーはイスラーム国家を修復する訓練された軍隊を探し求めており、その中に極めて非イスラーム的な将校を見出しても、それはたいした問題ではなかった。

二〇一一年初期までに、旧バアス党出身者はバグダーディーの勢力の上位二五名の司令官の三分の一を占めた。バグダーディーと共に活動する旧バアス党員で最も知られていないのは、億万長者でサッダーム・フセインの長男、ウダイ・フセインの元商売相手だったアースィル・タブラである。彼は二〇〇三〜五年の間バグダッド空港の監獄に収監されていた。他の知られていない協力者には、サッダーム・フセインの腹違いの兄弟で元治安機関の責任者だったサブアーウィー・イブラーヒームの息子バシャールがいる。サブアーウィーは二〇一三年に絞首刑にされたが、彼の息子バシャールはISISの高位のメンバーであり続けている。さらにワリード・ジャースィム・アルワーニーは元イラク軍の大尉で、現在バグダーディーの軍事評議会の主席を務めている。ムハンマド・ジャッブーリーは評議会の参謀長だが、彼はハイルッラーと同様、かつてフセインの秘密警察として勤務していた。また、アブー・ムハンマド・スワイダーウィーはやはり軍事評議会に属し、イッザト・ドゥーリーの一派とされている。

バグダーディーの陣営に加入した著名な有力者はサミール・フライファーウィー（別名ハッジ・バクル）大佐で、アンバール県出身である。二〇〇三年以前、空軍将校としてフセインの下で勤務し、イラク軍の兵器開発に携わったとして告発された。彼は軍務から解任されブーカー刑務所に収監されたが、そこでジャウラーニーとバグダーディーと出会った。フライファーウィーはイラクのザルカーウィーの武装勢力の初期のメンバーで、バグダーディーに慕われ、最初にアレッポにおける作戦の司令官に任じられ、それからISISの軍事評議会の主席となった。彼はバグダーディーを助けてISIS内の自身の権力を強化し、新しい元首に忠誠を誓う者を昇進させ、彼の指揮に疑問を持つ者を暗殺した。二〇一三年、彼はシリアにおけるバグダーディーの最高位の代官となったが、二〇一四年一月シリア北部の町タッル・リファアトで、シリアの反体制勢力「シリア殉教者部隊」との交戦中に殺害された(7)。

二〇一五年四月、ドイツ語ニュース雑誌「シュピーゲル」は三一頁におよぶフライファーイーの文書を入手した。文書はISIS内部の旧バアス党員の主要な役割と、組織が運用する軍事面の精密さについて確証するものであった。文書にはいかにして彼が、かつて勤務したバアス党のイラクを模範にしてISISのために秘密機関を構築しようとしていたかを示している。監視・スパイ・殺害と誘拐が最優先事項であった。フライファーイーはISISのカリフ制下での各地方評議会で、各県の太守が殺害・誘拐・狙撃・通信・暗号に責任を持ち、さらに他の太守が十分に職務を果たさない場合に監視する責任も持つ制度を計画していた。「シュピーゲル」の記事が概説したように、「当初から、計画は地方レベルから並行して機能する秘密警察機関を持つことにあった。情報部門は「治安局長官」に地域について報告し、個別の地域の長官に対し責任を持つ。地域の秘密スパイ細胞の長と「秘密警察および情報の責任者」は各地域の長官に報告する。地方レベルのスパイ細胞は「長官の代理」に報告する。その目標は各人が他の全ての人間に目を配ることである」。ちょうどバアス党のイラクと同様であったように。[8]

文書はさらに多様な計画、組織構造と指揮系統を明らかにしている。一部はすでに試行され、他はアレッポ地方のシリア反体制勢力が占拠する領土を攻撃する目的で新たに考案されたものだった。[9] これらの青写真は驚くべき正確さで実施された。フライファーウィーの手法はだいたい次のようなものだ。ISISは宣教局（イスラーム布教センター）の開設を口実に支持者を勧誘する。その地の村の有力者と一般人についての詳細な情報を広範囲に得るために、講義を聴きにきた者、イスラーム的生活についての授業に出席した者から一、二名が選ばれ、彼らの村のスパイとなるよう指示される。フライファーイーはそれから強勢な家族、影響力ある個人と彼らの収入の源泉、村の反体制派の名前とその指導者、指導者たちのシャリーアに反する活動に関するリストを作成する。[10] こうした情報は彼が適切な計画と戦略を練り、徹底的な攻撃の標的とする町を捕捉する上で役立てられてきた。

他の旧バアス党員の代表格は、ファーディル・アフマド・アブドゥッラー・ヒヤーリー中佐（別名アブー・ムスリム・トゥルクマーニー）である。イラク秘密警察での長期の勤務の後、サッダーム・フセインのエリート、共和国防衛隊に異動し、体制の終焉まで親フセインでありつづけた。アメリカは彼を解任し二〇〇三年にブーカー刑務所に収監した。バグダーディーは彼を二〇一四年にイラク国内の「解放された」領土の統治者に指名した。彼はISISから指定された地方の政府評議会を観察し、その標的リストに載った者の潜在的な協力者を追い詰めたが、二〇一四年一一月の有志連合の空爆で殺害された。

三人目はアドナーン・イスマーイール・ナジュム（別名ブー・アブドゥルラフマーン・ビーラーウィー）

である。ビーラーウィーはイラク軍事学校で学び一九九三年に卒業した。歩兵将校としてイラク軍に参加し、大尉まで昇進した。アメリカ占領軍が彼を軍務から解任すると、地下活動に身を投じ、二〇〇三〜五年の間ザルカーウィーと緊密に活動した。彼もまたブーカー刑務所に拘束され、その後アブー・グライブ刑務所に移った。二〇一三年にISISに加入するため脱獄し、バグダーディーに忠誠を誓った。ビーラーウィーは四〇代前半で、ISISの軍事評議会メンバーとなったが、二〇一四年六月五日モスルでイラク軍に殺害された。彼とバグダーディーはブーカー刑務所で交流した頃から親友だった。その死後、バグダーディーはモスルでの作戦に「ビーラーウィーの復讐」と彼の名をつけ、殺害された将校を称えた[11]。ISISは二〇一四年六月九日、ビーラーウィーの死の四日後にモスルを占領した。彼の職は元サッダーム・フセイン軍将校で退役中佐のアドナーン・スワイダーウィーに引き継がれた。スワイダーウィーはアドナーン・ラティーフ・ハーミド・スワイダーニーと交替し、スワイダーウィーはアンバール県の統治者となった。

アブー・バクル・バグダーディーのイラクでの補佐役には次の者が含まれる。ファルウ・ラファア・ヌアイミー（アブー・アブー・シャイマ）は兵器調達と保存の専門家、ハイリー・マフムード・ターイー（アブー・キファーフ）は爆発物と地雷の専門家、アブドゥッラフマーン・ウファリー（アブー・スジャー）はISの殉教者の家族への対応に従事した[12]。彼らは皆サッダーム・フセイン軍の元将校だった。他に同様の経歴を持つものとして、サラーフッディーン県のウィサーム・アブー・ザイド・ズバイディー（アブー・ナビール）、キルクーク県の二ムル・アブドゥルラティーフ・ジャブーリー（アブー・ファーティマ）、南、中央ユーフラテス県のアフマド・ムフシン・ハラール・ジャウハイシー（同じくアブー・ファーティマ）、アンバール県のアドナーン・ラティーフ・ハーミド・スワイダーニー（アブー・アブドゥッサラーム）、バグダード県のアフマド・アブドゥルカーディル・ジャザー（アブー・マイサラ）、シリア・イラク国境の市町村を治めるラドワーン・ターリブ・フセイン・ハマダーニー（アブー・ジュムア）がいる。[13]

二〇一四年七月のバクダーディの最初の「内閣」の閣僚は以下の通りである。

総務大臣

シャウカト・ハーズィム・ファルハト（別名アブー・アブドゥルカーディル）

犯罪者矯正大臣

ビシュル・イスマーイール・ハマダーニー（別名アブー・ムハンマド）

アブドゥルワッハーブ・ハトマヤール（アブー・アリー）

公安大臣

ムワッファク・ムスタファー・カルムーシュ（アブー・サラーフ）

（財務）経理大臣

ムハンマド・ハーミド・ドゥライミー（アブー・ハジャル）

ＩＳＩＳ管轄県調整官

アブドゥッラー・アフマド・マシャダーニー（アブー・カースィム）

アラブ人・外国人戦闘員担当大臣

旧フセイン支持者たちは一九五五年と一九六五年の間に生まれ、スンナ派の中流家庭の出身で、例外なくフセインの息子ウダイの親密なサークルの関係者であった。皆がフセインのもとで非常に裕福であり、あごひげを生やし頭にターバンを巻く前はリベラルで世俗的な生活を送っていた。彼らはバグダーディーにとって非常に役立った。第一に彼らの出自がスンナ派家庭であったことは、バクダーディがイラクの旧エリート層に入り込む助けとなった。何年にもわたり、彼らは体制に保護されたイラクのビジネスマンと共に働いていた。フセイン時代、彼らはあらゆる取引における優先権と引き換えに財界人を「保護」してきた。義務である軍務に加えて、ハトマヤール（アブー・アリー）は果物、野菜の輸出を掌握し、ハマダーニー（アブー・ムハンマド）は車の輸入と売却の利権を握っていた。彼らが財界のドアをノックし、抵抗運動への財政支援を求めた時、多くの財界人はこの旧エリートと結託し、その内部事情を完全に理解した。第二に、サッダーム・フセインの下の何年もの役務によってイラクの地勢と武器、弾薬、金銭の貯蔵場所について知悉していた。彼らがどうやって新品のＡＫＭアサルトライフル、ＰＫマシンガン、ＲＰＧ-７（ロケット弾）、スティンガーと地対空ミサイルをＩＳＩＳのために調達できたかの理由がここにある。二〇一四年六月にモスルの空港を占拠した時、将校たちはＩＳＩＳがブラックホーク・ヘリコプター、MiG-21とMiG-23を運用できるようにした。彼らはイラクの監獄の鍵の隠し場所も知っており、収監されていた数十名もの旧将校を解放した。例えば、二〇一二年九月にはティクリートの監獄から四七名の収監者が解放された。[14]解放された囚人たちは自動的にISISに参加した。二〇一三年七月だけで、旧バアス党員はアブー・グライブ刑務所から五〇〇名の収監者を解放した。彼らは多数の外壁を砲撃し、自爆攻撃を実施した。これはアメリカのイラク侵攻以前にアブー・グライブで勤務した元将校である、アブー・ムラード・バグダーディー（アブー・バクル・バグダーディーとは関係ない）によって計画された。彼はISISに警備の交代の時刻表と、任務にあたる兵士の名前のリストを与えた。多数の収監者がこの注意深く組織化された作戦により解放されたが、それは襲撃の時刻に全ての収監者がラマダーン月の日中の断食終了時に食事をするイフタールの集まりのため、屋外の庭にいたからであった。[15]ISISは「壁を破壊する」と称した作戦で、イラク全土の八つの主要な監獄に突入した。[16]

旧バアス党の将校は戦争、コミュニケーション、規律といったことの経験を積んだ戦士であった。二〇一二年、アレッポ北東にあるバーブでの戦闘で、彼らは通常は正規の軍隊が行う戦術である兵糧攻めを用いた。バーブの町は飢餓に陥り、降伏した。二〇〇三年以前、フセインはイランによる侵攻、または新たに生ずる恐れのある国内シーア派の蜂起と戦うための訓練を繰り返していた。水面下の組織網が将校たちのために張り巡らされた。フセイン政権が崩壊した後でも、訓練で得た知識と組織網の利用法について、将校たちは心得ていた。

ニューヨーク・タイムズの従軍記者のチーフ、マイケル・ゴードンは二〇〇三年後のイラクに関して幅広く執筆しているが、二冊の古典的著作『コブラⅡ』、『エンドゲーム』を退役した海兵隊員将校バーナード・トレイナーと共に著した。[17] 二人の専門家はサッダーム・フセインが「準軍事的組織のための、退避用の家と簡易爆弾を製造する物資を含む武器の貯蔵庫のネットワークを創設した（……）それは実際にはフセインが、彼の支配を最も脅かす脅威と考えたものを払い除くための反造反分子戦略であった」[18]と述べている。フセインはこのネットワークがイランのムッラーとの戦いではなく、アル＝カーイダのジハード主義者との戦いのために利用される日が来るとは考えもしなかっただろう。

ＩＳＩＳと共闘するフセイン支持者は、アブー・ムスアブ・スーリーやアブー・ムハンマド・ジャウラーニーの、「組織ではなく手段で」という理論とは異なり命令系統への服従の作法を知っていた。また高度な武器の使用方法、英語とロシア語で書かれた軍事教本の読み方を知っていた。多くの者はフセイン時代にフランス、アルジェリア、モスクワといった海外での軍事教練の経験があった。バグダーディーにとって、解体されてから再度組織化された軍隊を運営することは、アル＝カーイダやヌスラ戦線が行ったように初期段階から部隊を訓練するよりも確実に効果的であった。経験を積んだ男たちは戦いの方法、武器と生命の損耗を最小限にするため戦闘から撤退する時期を知っていた。だが古典的ジハード主義者は死を賛美し、それを宿命と見なす。このことはなぜＩＳＩＳのメンバーの死者数がバグダーディーの即位後、ヌスラ戦線やその他のジハード主義団体と比較し非常に少ないかを物語っている。ＩＳＩＳは圧倒的な火力による機械化されたジハードの遂行のため、古典的な軍事戦術をテロリストの戦術およびゲリラの戦闘方式と結合させることができた。作戦にあたり、ＩＳＩＳはなおアル＝カーイダの様式を用いており、敵の軍事施設を歩兵が攻撃するのに先駆けて、まず自爆攻撃を行う。しかし同時に、武装した軍用車両や装甲が施された４×４（四輪ランドクルーザー）が歩兵部隊を戦場に輸送する前に、重火器、ロケットランチャー、迫撃砲、戦車を敵の撃滅のために投入する。二〇一四年夏のモースルでの戦いでは、ＩＳＩＳは国中で鮮やかな陽動作戦を連続して実施し、イラク軍を完全に混乱させ真の攻撃目標を定められないようにした。まず六月五日、バグダーディーの故郷サラーフッディーン県のサーマッラーに車列が侵入し、イラク軍はその場にヘリの増援を急派したが、ＩＳＩＳが別の地、アンバール県の県都ラマーディーの大学キャンパスを攻撃しているのを見つけただけだった。イラク軍がラマーディーのテロリストを壊滅させる準備をしていた頃、ＩＳＩＳは今度はバグダード北西五〇キロのバアクーバを攻撃した。イラク軍の兵站は限界まで延びきり、一週間にわたり襲撃を受けた全ての都市への増援が要求され続けた。モースルへの攻撃は五名の自爆要員の攻撃で始まり、イラク軍の検問を破壊した。七月八日には警察本部を占拠した。七月九日には三名の最高指揮官がイラクのクルディスタン共和国に逃亡し、イラク軍の士気を崩壊させ、これがＩＳＩＳの短期間の勝利を可能とした。イラクの軍事・治安機関の指導部、特にモースルの指導部が、賄賂を受け取り被害を偽証する、腐敗し技量を欠いた将校たちに掌握されていたことは特筆せねばならない。彼らはモースルの防衛に情熱を抱く指揮官ではなかった。いち早く逃げ出して自らの軍隊を運命の手に置き去りにした。若者たちは軍服を脱ぎ逃走する以外になかった。同様のことは、二〇一五年の春にラマーディーでも起こった。イラクの将校たちはまた逃げ出し、軍隊を都市から撤退させる以外の選択肢のない状況に放置し、何千もの市民を見捨てた。

新しい領土の見取り図

バグダーディーのＩＳＩＳでの地位掌握は、イラク各地で暴力を引き起こした。二〇一三年七月までに、月間の犠牲者数は二〇〇八年四月以来最多となる一〇〇〇人にのぼった。[19] 国際メディアの注目は二〇一〇年の「アラブの春」によって別の場へ移り、イラクに関する記事は忘却された。例えば二〇一一年三月から四月にかけ、ＩＳＩＳはバグダーディーの監督の下、二三回の攻撃をバグダード南部で実行した。この時点はシリアでは騒擾が始まったばかりであり、世界はバグダードよりダマスカスに注目していた。イラクでの日常的な攻撃について取り上げるアラブの新聞はごく僅かだった。二〇一一年五月五日、バグダーディーはバグダードの一〇〇キロ南方のヒッラで、五月二日のウサーマ・ビン・ラーディン殺害への報復として個人的に作戦を立案した。二〇名以上の警察官が殺害され七二名が負傷した。バグダーディーはビン・ラーディンの死に対する復讐のため更に一〇〇の作戦を実行すると誓った。

計画と戦略の類似性のため、西洋の多くのものがヌスラ戦線とＩＳＩＳをコインの両面と捉えてきた。両者は西洋の安全と権益を脅かすテロリストと見なされた。一見して、両者はイスラーム国家の樹立を最終目標とするサラフィー／ジハード主義の方針を採用し、類似しているように見える。しかしより注意深く観察すると、そのアプローチや構造と理想像には大きな違いがある。ヌスラ戦線のメンバーの行動と信念は、アル＝カーイダであった過去に強く影響されている。一九八〇年代の戦闘前線のように最高指導者と戦闘員は皆教条的なイスラーム主義者であった。だがＩＳＩＳは、強硬なサラフィー主義者とイスラームの仮面を被った世俗主義者が明白に混在している。彼らはただ、異なる外観と形式でもサッダーム・フセインの経験を反復できるという確信から、人々を恐怖で従わせるためだけにイスラームを利用している。ISISの戦闘員は、過去にイラク軍に属していたためにヌスラ戦線よりもはるかに実戦での経験を積んでいる。そしてISISは「解放した領土」の支配の強化に関心を抱き、アサドがダマスカス、ホムス、タルトゥースやラタキアのような沿岸部の都市に駐留することに大した関心を払わない。ヌスラ戦線は二〇一三～一四年にかけ両者が戦火を交えなかったと主張し、ISISはシリアの体制側の産物であると主張した。

支配下の領土では、ISISはヌスラ戦線以上に苛酷であった。ISISはかつてサッダーム・フセインがイラクを統治したのと同様に、暴力によって領土を支配した。ヌスラ戦線はムスリムのコミュニティーに溶け込むよう務め、厳格で字義通りの解釈によるシャリーアの施行を強制しなかったのに対し、ISISは暴力的な強制によって一足飛びでイスラームのシャリーアを施行することを欲した。最後に外国人戦闘員を含むとはいえ、ヌスラ戦線はISISよりもよりシリア人的であると見なされていた。一方で、アブー・バクル・バグダーディーの陣営はシリアの外部から移動してきたイスラーム主義者と思われ、実際にイラク人司令官への優遇を隠そうとしていない。反体制派支配下の地域に住む現地リポーターによると、ヌスラ戦線の六〇パーセント以上の戦闘員はシリア人で、一方ISISでは僅か一〇パーセントであった。

二〇一三年四月、バグダーディーは自らの意図をこう言明した。

シリアの民衆が支援を求め、誰もがそれを見捨てたとき我々（バグダーディー）は彼らの助けとなれない。そこで我々はジャウラーニーを指名した。彼は我々の兵士の一人で、我々の一群の子弟と一緒にイラクからシリアに派遣した。我々は彼らのために計画を立案し、政策を助言し、毎月資金援助をした。我々はまた彼らに、長く経験を積んだ男たちを供給した。我々は安全上の理由からこのことを告知しなかった。

バグダーディーの演説の中にはあまりに多くの「我々」という単語が用いられ、ヌスラ戦線の庇護者であろうとする印象を与える。ヌスラ戦線についての彼の明白なメッセージは、ジャウラーニーにＩＳＩＳの支部を設立するよう命じたが、彼はＩＳＩＳから離れ、主であるバグダーディーへの服従を拒絶したというものだった。シリア人は結局、非シリア人に支配されたり、庇護されることを好まない。学校で、あるいは家庭や公共の場で、彼らは自分たちのみが良いアラブ人で、良いムスリムであるとする優越感情を体系的に教え込まれる。これは歴史を通じて明らかであり、一九一八〜二〇年、ハーシム家の首長ファイサルがイギリスとフランスの支援下で政府樹立のためダマスカスに到着すると、ファイサルは（シリア人と）異なる発音で話し、異なる服を着てダマスカス住民の生活、文化とは馴染まなかった。彼が一九二〇年に放逐された時、シリア人は彼を守るために立ち上がることなく、ファイサルは「シリア人ではない」ために良くなかったと主張した。同じことが一九五八年、ガマール・アブドゥン・ナーセル大統領が短命に終わったシリア＝エジプトを統一したアラブ連合共和国の樹立のためダマスカスに来たときにも起こった。シリア人はナセルに好意を抱いたが、自分たちの生活や事情をエジプト人将校が支配するのを受け入れなかった。時代や内容は異なるが、これはなお北部の非シリア人、特にイラク人とアブー・バクル・バグダーディー本人への地元の姿勢に当てはめることができる。

九・一一からシリアでのジハードの開始まで長い年月が隔てられているが、グローバルなテロとの戦いは継続された。アメリカの国土への二度の攻撃の後で、ブッシュ政権はサッダーム・フセインを、アル＝カーイダと接触を持ち、テロ活動を支援し九・一一を計画したとさえ非難した。これらの非難は二〇〇三年のアメリカ主導のイラク侵攻の口実となったが、でたらめで忘れてはならない自己満足にすぎなかった。ポール・ブレマーがバグダードの陥落後イラク軍を解体した時、イラクにアル＝カーイダ組織は存在しなかった。しかしそこにはサッダーム・フセインの親衛隊であった数千人もの世俗的なスンナ派将校がおり、彼らはフセインなしでは連日仕事も、指導者も、将来も見出せず不満を鬱積させていた。アル＝カーイダにとってイラクでバアス党体制の遺骨から勢力を興す環境は熟した。彼らは混迷と打ち続く宗派間の攻撃を利用し、解雇されて不満を抱いた旧バアス党員を組み入れる機会を得た。周縁的なヨルダン人のジハード主義者（ザルカーウィー）から始まったこの運動は、やがて雪だるま式に拡大し、今日のカリフ制へと至ったのだ。ＩＳＩＳはシリアとイラクの混迷、宗派間憎悪を利用し、復讐的な軍事主義と衰えることのない狂信主義を結合させた新しいジハードを発展させた。サッダーム・フセインはジハード主義者でもアル＝カーイダのテロの支援者でもなかった。だが皮肉なことに、アメリカの戦争で彼が倒されたことで、イラクではＩＳＩＳというテロリズムが実際に生み出されたのである。

ジャウラーニー対バグダーディー

シリアでの戦争の最初の数ヶ月、ジャウラーニーとバグダーディーの関係は良好であった。二〇一二年にジャウラーニーがヌスラ戦線を結成すると、バグダーディーはそれを「穏やかな変節」と見なして不満を述べた。彼は自分がジャウラーニーを育てた庇護者であると考えていたようだ。しかし良き友人であり有望な継承者であるという関係は長続きしなかった。二人は二〇一一年一二月下旬にシリア・イラク国境付近の小さな村で出会った。二人の最後の面会は二〇一四年一一月であった。面会は率直で腹蔵なく、荒々しいものとなった。短い蜜月期間の後、二人の僚友はそれぞれの個人的栄誉のため道を分かった。「ヌスラ戦線とは何か?」とバグダーディーは噛み付いた。明らかに、彼は組織の結成について相談を受けていなかった。「ヌスラ戦線は単独では生きられない。それは生き残る意味を持たず、アサドとシーア派が叩き潰すだろう。私と共に残れ。一緒であれば我々は(アサド - イラン)枢軸を倒すことができる」。バグダーディーは、ヌスラ戦線が彼の着想であるべきだったという嫉妬を燃やした。彼の国イラクはシリアより広大で裕福であり、彼は年長で、より経験豊富で、ジャウラーニーより多くの資金を保有していた。バグダーディーはまた、自身がジャウラーニーよりもはるかに優れたイスラーム学の資格を有すると考えていた。

バグダードとダマスカスのライバル関係は新しい事象ではない。二つの都市はウマイヤ朝、アッバース朝期の初期イスラームの世紀に、交互にムスリムの帝国の中心となった。一つの王朝はもう一方を剣によって倒した。バアス党の下、サッダーム・フセインとハーフィズ・アサドは異なる様式でライバル関係を継承した。それぞれが自身をバアス主義の真の体現者、本当のアラブ主義の代表と考えた。今やシリアとイラクの競合はバグダーディーとジャウラーニーによって新たな高みに達した。バグダーディーはジャウラーニーの集団を乗っ取るか、破壊しようと望んだ。だが、ジャウラーニーは既に自らの意思を固めていた。シリアの他の無数のイスラーム主義者のように、彼は人生を自分の決めた道のりで進むことを望んだ。彼はイラクの司令官の従者のままでいることを望まず、シリアでの戦争はバグダーディーものではないと主張した。もしジハードが失敗すれば、バグダーディーは容易に荷物をまとめ家に帰るか、国際的ジハードの旅を続けることができるだろう。だが、ジャウラーニーはグローバルなジハード主義者ではなかった。彼はレヴァント（シリア、レバノン、ヨルダンとパレスチナ）を超えた標的を持たなかった。イラクでさえ、それが彼にとって重要性を持つのは、アメリカに占領されるか、イランとシーア派の代理人によって支配される場合に限られた。ジャウラーニーは大シリアに、ダマスカスとアレッポを首都とするイスラーム国家の樹立を欲したのだ。一方でバグダーディーは自身が主張したように、イラクとダイルッザウルの一部により関心を示した。二〇一一年一二月下旬、ジャウラーニーは「公平な待遇で同居（復縁）させるか、あるいは親切にして別れなさい[iii]」というクルアーンの雌牛章の章句を引用した。このクルアーンの文言は婚姻に関し言及したもので、無論ジハード主義者の関係についてではない。

　ジャウラーニーの頑固さに激怒し、バグダーディーは彼の放逐を決定した。決裂は遺恨に満ちていたが、潔いものであった。バグダーディーは優雅な報復を考えだすのに数ヶ月を費やし、それは「イラクとシャーム、あるいはレヴァントのイスラーム国」（ＩＳＩＳ）の形をとって現れた。これはヌスラ戦線結成に対する直接的反応だった。今や両者は異なる道を進んだため、ジャウラーニーは相談も告知も受けなかった。彼は他の全ての者と同じく、ジハード系メディアを通じてその知らせを聞いた。ヌスラ戦線の戦闘員、アブー・ザカリヤーはこう回想する。

テレビのニュースを見ていると、シャイフ・ファーティフ（ジャウラーニーの組織内の通称）がちょうど怒りで頭を振っていた。彼は癇癪の爆発でテーブルを両こぶしで叩きながら叫んだ。「アブー・バクルは自分のしたことが分かっていない。彼はアッラーの命令に従うよりカメラに興味があるのだ。この新しい戦線はシリアの革命、アル＝カーイダにとって破滅的となるだろう」。

この事態はアル＝カーイダに深刻な亀裂を生んだのみならず、シリアで活動する全てのジハード諸派を鋭く対立させた。ヌスラ戦線結成の直後、二〇一一年五月のビン・ラーディンの死のちょうど一ヵ月後、ジャウラーニーはアル＝カーイダの指導者、アイマン・ザワーヒリーに忠誠を誓っていた。ザワーヒリーはヌスラ戦線を是認してISISの創設に難色を示し、「二人の熟年した成人の子供じみたライバル意識だ。ISISはジャウラーニーの主導権に対抗して生まれた」と見なした。二〇一三年六月、ザワーヒリーは双方に書簡を送り、ジハード諸派内のこのような分裂を統制し、彼らを「全く誤っている」と諭した。[20] ザワーヒリーはおそらくISISの劇的な台頭を憂慮していたのであろう。それはすぐにアル＝カーイダを完全に矮小化する脅威となった。アブー・バクル・バグダーディーは若くカリスマ性があったがザワーヒリーは教条的で活力に欠け、彼より二〇歳年長であった。加えて、ザワーヒリーとアル＝カーイダの旧世代は自分たちの身の安全に絶えず悩まされ、洞窟に隠れ相互の連絡を音声録音の機器のみで行っていたが、バグダーディーは戦場に立ち、兵士と手を携えて行動していた。彼の若々しい行動主義はいかにザワーヒリーが時代遅れとなった、あるいはおそらく常にそうであったことを暴露した。ビン・ラーディンの時代ですら、ザワーヒリーは決してジハード主義者の立身の階段をのぼることを試みず、アル＝カーイダのナンバー2であることに満足しきっていた。バグダーディーの運動が成功した場合、この若い元首はザワーヒリーを完全に無価値な者と見なすに違いなかった。

アイマン・ザワーヒリーは二〇一三年五月、ハマーの古参ムハンマド・バハイーヤ（別名アブー・ハーリド・スーリー）を、ライバルに転じた元友人の関係を修復する役に任じた。アブー・ハーリドは戦闘前線の元メンバーで、一九八二年までスペインに住んでいた五〇歳のシリア人イスラーム主義者である。ザワーヒリーはまた、アブー・ムハンマド・ジャウラーニーの指導権の下での合同を奨めた。[21] アブー・ハーリドの仲介の取り組みに参加したのはサウジアラビアのイスラーム法学者、アブドゥッラー・イブン・ムハンマド・ムフシニーとシャリーアの専門家アブー・スライマーン・ムハージルであった。だがジャウラーニーとバグダーディーの双方は彼らの統制を拒絶した。バグダーディーは音声メッセージを発し、ヌスラ戦線はイラクのアル＝カーイダの延長以上のものではなく、そのように扱われるべきである、と述べた。要するに双方の集団には合同は必要なく、（ジャウラーニーは）直接バグダーディーに報告書を提出すべきである。バグダーディーはさらに、ジャウラーニーを最初にシリアに送り出し、ジハードのための計画と戦略を提供したのは自分であるとし、加えて彼の毎月の支出を立替払いしていたと述べ、過去の友人かつ同僚の信用を完全に失墜させようとした。ザワーヒリーは怒って反論した。「イラクとシャームのイスラーム国はアル＝カーイダの支部ではない。我々はその活動に責任を持たず、我々の間に協調関係はない」[22]。

ＩＳＩＳの成功は世界を悩ませるだけでなく、アイマン・ザワーヒリーにとってより深刻な悩みの種となった。アル＝カーイダの指導者としては強力なジハード主義組織の出現を喜ぶべきであったが、実際にはＩＳＩＳの台頭は古いアル＝カーイダを没落させた。一方で権力と権威に貪欲なバグダーディーは、ジャウラーニーの裏切りに我慢ができなかった。二つの集団の間で生じた戦闘の残忍性を物語ることがある。ジャウラーニーはアル＝ジャズィーラとのインタビューで、ヌスラ戦線がＩＳＩＳとの戦闘で七〇〇人を失ったと認めた[23]。バグダーディーはいかなる調停の努力も受け入れなかった。彼はザワーヒリーの使節、アブー・ハーリド・スーリーを殺害さえした。しかしこれは単なる利己主義の衝突以上の何かであった。ＩＳＩＳは今も、可能な限りの領土と資源の獲得を熱望している。バグダーディーは彼のかつての子分で、ＩＳＩＳをシリアに拡大させるために派遣した男が、彼が支配を欲した石油資源が豊富な地域、シリア東部を支配する分離組織を創設することを許容しなかったのだ。バグダーディーのアル＝カーイダ指導部に対する最終的な拒絶は、彼のカリフ位宣言であった。彼はジハード運動を分裂させた。今やアル＝カーイダとＩＳＩＳはジハード運動の指導権以上の、本質的な部分を巡って争っていた。

ＩＳＩＳとアル＝カーイダは何を主要敵とし、その敵を攻撃するのにいかなる戦略や社会問題その他を重視するかという点でも根本的に異なっていた。ＩＳＩＳはアル＝カーイダの「遠方の敵」戦略に従わず、その代わりに地域レベルの「近場の敵」戦略を選択した。ＩＳＩＳの第一の標的はアメリカではなくバグダードのシーア派体制であり、ダマスカスのアラウィー・バアス党体制であった。アル＝カーイダが世界中に、散発的な攻撃を試みる分派組織以上のものを作ろうとしなかったのに対し、ＩＳＩＳは組織的な軍隊と世界中のイスラーム主義者の指針となるプロト国家のような効率的組織を設立した。バグダーディーはイスラーム世界を純化するため苛酷な手段を好んだ。アル＝カーイダはＩＳＩＳの殺害手法をあまりに極端で、非生産的と考えていた。

アル＝カーイダの災禍から、イラクの人々が反発して覚醒評議会に参加した事例に学んで、ザワーヒリーの指導とジャウラーニーの指揮下にあるヌスラ戦線は、ムスリムにシャリーア法を納得させるために無慈悲なテロよりもまず勧告を試みた。さらにバグダーディーが完全な忠誠を要求し、それ以外は死しかないとする一方で、ヌスラ戦線はほとんどの場合、他のシリアのイスラーム主義諸派に助けの手を差し伸べた。

この関係の将来は予測が困難である。ＩＳＩＳとヌスラ戦線の間の連携は現在ありえそうにない。しかし可能性が完全に除外されることはないだろう。ＩＳＩＳは成功裏に力でヌスラ戦線を吸収するかもしれない。また、もしアメリカがヌスラ戦線に対して軍事作戦を拡大した場合、ヌスラ戦線はＩＳＩＳに近づくだろう。最後に、もしシリアの反体制連合が（イスラーム主義、世俗主義、その双方を含むものであれ）ヌスラ戦線を排除しだしたら、ヌスラ戦線は存在する脅威を取り払うためにＩＳＩＳの勢力へ参加を選択するかもしれない。いかなる場合でも、バグダーディーとジャウラーニーが対等な条件で面会することはありえない。しかしジャウラーニーが彼の旧主の陣営に戻る選択をする可能性を除外すべきではないのだ。

第七章　血の家

二〇一四年の夏はＩＳＩＳとアブー・バクル・バグダーディーにとって劇的な成功の時期だった。六月から七月の間、ＩＳＩＳはモースルと他のシリア・イラク国境の都市で大勝利を収めた。カリフはモースル中心のモスクの説教壇をイスラーム国樹立の宣言の場に選んだ。同モスクはかつてイラクの内戦の際に、ジハードの先駆者にして彼の主人であるアブー・ムスアブ・ザルカーウィーが使用したことがあった。弱体化していたイラク軍は兵数が三五万に達したところであり、二〇一一年以来訓練と装備のために四一六億ドルもの費用をかけていたが、ＩＳＩＳの進撃により一〇〇日で簡単に崩壊した。[1]

イラク国内ではＩＳＩＳはファッルージャ、バグダード西部を獲得し、イラクの首都の北西一四〇キロにあるサッダーム・フセインの故郷ティクリートまで到達した。ティクリートは戦うことなく屈服し、イラク北部の二〇万の住民を抱える都市バイジも同様に降伏した。ＩＳＩＳは八月にはやはりイラク北部の都市であるズンマール、シンジャール、ワーナを獲得した。ＩＳＩＳがバグダードの入り口近くまで迫ったため、不満を抱いていた大勢のスンナ派の若者がその隊列に加わった。ＩＳＩＳは戦闘員を戒めて言った。「諸君は自惚れや利己主義に溺れてはならない、バグダードに向けて進軍せよ」[2]。二〇一四年九月までに、ＩＳＩＳの下で活動するヨーロッパ人ジハード主義者の数は二〇〇〇人に達し、一〇〇人のアメリカ人に支援されていた。[3] 一〇月までに二四〇〇から三〇〇〇人のチュニジア人が、一〇〇〇人のトルコ人と共にＩＳＩＳに加わった。二〇一四年の冬までに、ＩＳＩＳはシリア東部のダイルッザウルを制圧し、ダマスカス郊外の複数の小規模なジハード主義団体がバグダーディーに忠誠を誓った。ＩＳＩＳのメンバーは推計でイラクに六〇〇〇人、シリアに三〇〇〇から五〇〇〇人を数え、うち三〇〇〇人が外国人戦闘員だった（一〇〇〇人がチェチェンから、五〇〇人がイギリス、フランスと他のＥ

U諸国から来た)。[4]二〇一五年の初頭には、戦闘員の総数は三万一〇〇〇人と推計された。そのうち二万〜二万五〇〇〇人がイデオロギー的に訓練された専従の中核メンバーで、残りが支持者と民間人だった。[5]彼らのスローガンは「永続と拡大」であった。

ISISの戦略は、テロリストの戦術と正規軍の歩兵作戦とを結合させた、高度に多角化したものであった。ISIS陸軍の司令官は敵に衝撃を与えるため自爆攻撃を用いたが、その間彼らの軍勢は先行する砲兵の砲撃と装甲車両の支援を受け、よく整えられた隊列で進軍した。ダイルッザウル出身のISIS戦闘員アブー・ワリード・ダゲスターニーは二〇一五年初期の軍勢の数を五万と見積もった。「全員がISISに育成、訓練されたわけではない」と彼は言った。多くが「シャームの国(シリア)で我々(ISIS)が最も強く、最も敬虔なジハード主義集団と考えて」現実的な動機でISISに忠誠を誓った未熟な戦闘員であった。ヌスラ戦線とは違い、ISISにはメンバーとなる資格が必要とされなかった。イスラーム国家とカリフ制の樹立の必要を信じるか、信じたと主張する者は誰でもメンバーとなることができた。二〇一四年七月、アメリカのイラン・イラク担当国務次官補代理のブレット・マガークは、「彼ら(ISIS)はアル=カーイダよりも悪質だ」と言い、彼らが最早テロ組織ではなく、「成熟した軍隊である」と付け加えた。[6]

歴史的に、アラブ世界の地下軍事組織は戦闘での勝利の後に規模を拡大している。これはヤースィル・アラファートのファタハ運動が、一九六八年三月にヨルダンのカラーマの戦いでイスラエルと戦った後にも起こった。ファタハは戦闘で勝利できなかったが、イスラエルの攻勢を耐えて生き延びた。イスラエルに敗けなかったという事実が偉大な功績であり、ファタハの隊列に何千もの非パレスチナ人の参加をもたらした。シリア人、イラク人、ヨルダン人、エジプト人はアラファートの下に参加を切望した。彼らの中には勿論、シリアの戦闘的ジハード組織の創設者、マルワーン・ハディードもいた。これに似たことが二〇一四年の六月にも繰り返され、三週間でアラブ各地の都市や町から六〇〇〇人以上のアラブ人がISISのメンバーに志願した。彼らの全員がジハード主義者でも、イラク人というわけでもなかった。一部は自由シリア軍に参加するため正規軍を離脱したシリアの世俗的将校で、他にはシリアとレバノンの難民キャンプにいた一般のイラク人、パレスチナ人がいた。多数はISISの成功譚に魅了されたサウジ人、ヨルダン人の若者であった。二〇一四年一一月、リビアの都市ダルナを支配する武装勢力がISISに忠誠を誓い、その結果同市は非シリア・イラクで最初にバグダーディーの「イスラーム国」の一部となった。[7] ダルナは一〇万の住民を有する地中海沿岸の都市で、二〇一一年のリビアでの革命の開始以来、中央政府から強く独立性を保っていた。二〇一四年一一月一〇日、エジプトのイスラーム主義集団「エルサレムのアンサール団」が同じく、シナイ半島でISISに忠誠を誓った。二〇一五年三月にはアル＝カーイダと結びついたテロ組織ボコ・ハラムがISISに忠誠を誓った。組織はナイジェリア北東部、チャド、ニジェールとカメルーン北部で活動している。[8] ボコ・ハラムの指導者アブバカル・シェカウはオンラインで映像を配信し、「我々はムスリムのカリフに忠誠を表明する！」と宣言した。

ISISの首都ラッカ

メンバー数が確保された後、ISISはアブー・バクル・バグダーディーの支配下にある領土で権力の強化に乗り出した。その作業は部族長と個人への高額の金銭支給と恐喝、直接間接の脅しを伴って行われた。ＩＳＩＳは最初に、シリア東部の町ブーカマール周辺とイラクのカーイムに隣接する地域を合併して新しい県を設置した。(9)新しい県は「フラート（ユーフラテス）」と命名された。ＩＳＩＳの「首都」、権力の座はアレッポの東一六〇キロ、ユーフラテス川北岸に位置する農業都市ラッカと宣言された。二〇一一年以前には約三〇万の人口を擁したラッカはシリア第六の都市であった。その地がシリア反体制派の手に落ちるのは遅く、バッシャール・アサド大統領は二〇一二年六月のイードの休日期間にも同市のモスクの一つで礼拝を行っていた。皮肉にもアメリカのバグダード占領一〇周年にあたるその九ヵ月後、都市はヌスラ戦線に制圧された。二〇〇三年、アメリカ占領者はサッダーム・フセインの彫像を引き倒し、星条旗で覆った。一〇年後、ヌスラ戦線はハーフィズ・アサドの銅像を引き倒し、アル＝カーイダの黒旗に代えた。ヌスラ戦線はジャウラーニーの指導の下、二〇一四年の夏にＩＳＩＳにより陥落するまでの一八ヵ月間ラッカを支配していた。バグダーディーはＩＳＩＳが支配する全ての県（ウィラーヤ）の統治のために長官を選出した。ラッカについては、彼はダイルッザウル県のマヤーディーンの町出身のアワード・マフラフを選出した。だが（ラッカは）ＩＳＩＳの最初の攻略都市だったため、バグダーディーはラッカを自ら統治することに決定し、マフラフは形式的な長以上のものではなかった。純粋に安全上の理由から、ＩＳＩＳの長官は自らが統治する県内に居住することを禁じられた。例えばマフラフはモースルに住み、ほとんどシリアを訪問しなかった。一方バーブの統治者（ワリー）はダイルッザウルに居住した。(10)

バグダーディーはラッカ県を三つの地区に分けた。東部の首都は人口四万人以下のマダーン市に置かれた。北部は人口一万のバリフ川沿いの町タッル・アブヤドに置かれた。西部はラッカで最も裕福な地域だが、サウジアラビアがアワード・マフラフと特定したアブー・フライラ・ジャズラーウィーに与えられた。彼は二〇一四年後半、アメリカが空爆で前任者アブー・サラーを殺害した後に任命された。ラッカ北部にはアサド湖、ユーフラテス川と、一九七〇年代前半にハーフィズ・アサドとソ連によって建設された高さ六〇メートル、長さ四・五キロメートルのユーフラテス・ダムがあり、ＩＳＩＳにとって極めて重要だった。これら三つの区域が「ラッカ県」として知られるようになった地方を構成している。

アッバース朝時代、有名なカリフ、ハールーン・ラシードが七九六年から八〇九年までの間ラッカから帝国を支配した。彼の時代は科学的、文化的、宗教的繁栄により特徴づけられ、しばしばイスラームの黄金時代と言われる。ラッカはダマスカス、パルミュラおよびアッバース朝カリフが一時的に居住したリサーファの町を結ぶ十字路に位置する、戦略的に重要な都市であった。バグダーディーは二つの理由からラッカを彼の首都と定めた。一つは純粋な符合で、偶然そこが彼の完全な支配下に入った最初の都市だったからである。もう一つは歴史的象徴性であった。その地は彼の故郷で、やはりかつてアッバース朝の首都であったサーマッラーを想起させた。アッバース朝は絶頂期に、ラッカで北アフリカから中央アジアまで広がるムスリムの帝国を支配した。バグダーディーは往年の復興を望み、それを厳格なイスラームの信条の押しつけで実現しようとしたが、アッバース朝カリフ、ハールーン・ラシードの華美や快楽にはほとんど関心を払わなかった。ＩＳＩＳのメンバー・アブー・ワリード・ダゲスターニーは「カリフ・イブラーヒーム（バグダーディー）はラッカの話になると非常に興奮していた」と言った。地方に任命された長官はバグダーディーに、都市の日常生活についての定期的な秘密レポートを送付する。

それらはA4用紙に、白黒の「ラッカ県」のヘッダー付きで印刷される。カリフは多くの文書を読む時間がなく、統治者たちに一日あたり一枚のレポートに制限するよう命じた。彼はこれらのレポートを完全に信用したが、ターリバーンで活動し国家を統治する方法を知るアフガニスタン出身の古参兵からの場合は特にそうであった。

バグダーディーはスラーヤの携帯電話、WhatsAppやスカイプといった様々な媒体を通じて将校と対話した。彼はアラビア語と英語の双方で執筆したが、後者は外国人戦闘員とのやり取りの際のみ使用した。バグダーディーは学校で英語を第二外国語として学習していたため、比較的巧みに英語を使うことができる指揮官であった。イギリス植民地支配の影響で、イラクの学校では英語が教えられている。それはバグダーディーが成長したサッダーム・フセインの時代でも続いた。また彼はインターネットを閲覧し、西洋の新聞が彼について書いたものには何であれ目を通し、グーグルを常に頼りとした。彼は地方の長官と将校全員に、彼が必要とする時、すぐに呼び出せるよう要求した。「彼は誰かに話すとき待つのを好まなかった」と彼の側近の一人、アブー・マンスール・リービーは言った。(バグダーディーの要求を実現するため)高級将校全員が現在の電話番号と最新の住所を彼に提供した。ある側近は「彼は質問するのが大好きだった。彼は事柄の最も詳細な部分にまで入り込み、たとえ真夜中でも、しばしば地方の長官と直に電話したり自身の家に呼びつけたりして県の高官や彼の取り巻きの生活を台無しにした」。彼は特定の仕事時間を持たず、ISISの将校たちはどんな時間でも彼からの連絡があることを予期しなければならなかった。「それはまるで彼が我々と一緒に生活しているようだ。彼はどの部屋にもカメラを設置しているかのように、我々を遠くから観察している」。バグダーディーはラッカの歴史に関する三冊のアラビア語の本を購入し、メモを取りつつ非常な関心を持って読んだ。そのうちの一つ、学者サーリフ・ハッワーシュ・ムスレトによって書かれた本は一九一六年から四六年を扱っていたが初版が一九五六年で絶版となっていたため、バグダーディーはベイルートで複写してラッカの彼の下に宅配便で運送させたとダゲスターニーは記している。カリフの郵便受けについて尋ねると、ダゲスターニーは微笑んで「彼には住所は必要ない。ただ「カリフ・イブラーヒーム：ラッカ」と書くだけでいい、品物は安全に届く」と言った。

十分な郵便機構は政府が機能していることを示すが、ラッカにはさらに多くの例証がある。一つはもちろんISISの黒い旗である。そしてイスラーム国の独自の唱歌「イスラーム国は興隆した」である。四分半の唱歌の公式なタイトルは「我がウンマの夜明けが訪れた」という。これはイスラーム国の多くの歌の内の一つである。歌手は二九歳のイエメン・ハドラマウト出身のガーリブ・アフマド・バクアティー（別名アブー・ハヤル・ハドラミー）である。彼はイラクのアル＝カーイダに参加するため高校を退学し、その後シリアに来てイエメンに追放された。二〇一一年五月に監獄から釈放されてシリアに戻り、二〇一四年にISISに参加した。彼は純粋で明瞭な声音を持ち、特定の言葉の発音を強調して伸ばすと、その声は催眠作用があるように反響した。イスラームでは全ての楽器が禁止されているため、ハドラミーはアカペラで反響させるように歌う。ISISの象徴、イブン・タイミーヤはかつて、音楽は魂にとってアルコールと同様に禁忌だと述べた。しかし音響の模造や音色の創出のためのデジタル・リマスターは認められている。金管楽器と吹奏楽器の代わりに、人々はISISの器材による効果音を聞く。それは銃火、軍靴の鼓動と剣の鞘を払う音であり、全てはジハードを鼓舞するために加えられる。IS

ISの唱歌はしばしば、ISIS戦闘員に操縦される4×4の窓からも聞こえる。唱歌、アラビア語でナスィードは、イスラーム国で唯一許された音楽の形態である。

カリフは二人の副官と共に戦時内閣を運営した。一人はアブー・ムスリム・トゥルクマーニーでイラクの問題の代理となり、もう一人のアブー・アリー・アンバーリーはシリアの問題に対処し、秘密警察の細胞を統括した。彼は旧イラク軍の将校で、モースルの出身であった。一二人の地方長官がイラクとシリアを治めるためバグダーディーにより直々に指名された。彼らは地方の評議会と財政、福祉、広報、軍事問題で密接に関わった。これら地方評議会はISISが支配する各都市や町を拠点にする外国人戦闘員に対し責任を負っていた。評議会は長官に、外国人戦闘員が何を行い、戦場でどのように振舞い、地元民との混在が国家の支配にどれだけ効果的かを報告した。独立したシューラー評議会はISISの法的問題と、全てのイスラーム法裁定に対する責任を負った。彼らはISISの法廷であり、二〇一一年三月半ば以前に起きた事件を含む全ての案件を管轄した。現在のところ一二人のサウジ人の裁判官がラッカの裁判制度を運営している。これらの裁判官はイスラーム国内部で暮らすキリスト教徒に三つの選択肢を与える裁定を下した。第一は「アッラーの外に神はなく、ムハンマドは神の使徒である」と唱えてイスラームに改宗すること、もう一つは宗教税（ジズヤ）を支払う事（およそ個人の収入に対して二〇パーセントかそれ以上）で、それは都市税の一部に計上された。第三の選択肢は剣で切り殺されることであり、彼らは都市を離れるまでに四八時間の猶予を与えられた[11]。これはクルアーンの悔悟章の章句一―五を根拠とする。モースルのキリスト教徒は新たな統治への服従を拒否し、全員が二〇一四年の暑い夏の間にそれぞれの家から退去した。多くがイラク国内のクルディスタンやその他の地域に逃れた一方で、揃ってイラクを離れることを選んだ者もいる。

カリフは黒衣を纏う

アブー・バクル・バグダーディーは副官たちに、ラッカが自分たちを成功させるか破滅させるかを決めるだろうと語った。もし都市の運営に成功したら、他の「神のもたらした征服」がそれに続くだろう。結果は完全な崩壊か、いわゆるイスラーム的社会の創設に向けた堂々たる前進かに分かれるはずだ。バグダーディーは自らの業績に「非常に満足」していた。ＩＳＩＳの黒色はラッカを覆った。政府庁舎は黒く塗られた。黒いアル＝カーイダの旗は窓、街灯、壁の覆いなどいたる所で見られた。黒はＩＳＩＳにとって特別な色だった。女性は頭からつま先まで黒衣の着用を強制された。黒は初期ムスリムの時代に、預言者ムハンマドの旗の色だったと伝えられる。それはまたアッバース朝の公式の色であり、先立つウマイヤ朝の色であった白との対照で選ばれた。このことはなぜ「カリフ」バグダーディーが黒衣以外を着用しないかを物語っている。彼は鏡の前で、自身の黒の外套と黒のターバンを合わせるのに驚くべき長さの時間を費やしている。

キリスト教の文化と異なり、ＩＳＩＳにとって黒は死や喪服の色ではない。対照的に、スンナ派ムスリムにとっては白い色が死と関連付けられる。それは来世の純潔さの表れで、身体と魂双方の浄化を意味する。埋葬される間、全てのムスリムは衣服を脱がされる。彼らは儀礼的な浄めを経て、分厚い白布（カファン）を纏う。死者を埋葬するとき、古くからのスンナ派の家族はやはり白く着飾るが、それは埋葬の間死者を取り巻くと思われている天使の色の象徴でもある。ＩＳＩＳの掌握した領土では、死者の喪に服することは禁じられる。死んだ人々は造物主のより良い手の中に帰したのであり、涙で覆われるべきではないからだ。ＩＳＩＳは多くのムスリム社会で一般的な慣習である、三日間の服喪に立ち会うことはない。彼らは死者のために大理石の墓を建てることも拒絶し、それらを預言者の時代には存在しなかった異端の伝統と考える。殉教者のための墓石すらも認めない。したがって白衣の着用こそが、唯一悲しみの時間に許されたことであり、一方で黒は日常の色である。この形式はイブン・タイミーヤの厳格な教えと一致する。それはまたサウジアラビアのワッハーブ派の伝統の中にも認められる。そこでは国王であれ一般人であれ、死者は墓石も墓標もなく埋葬される。埋葬地点にはわずかに小さな刻印が数字と共に記されるだけである。墓石を建てることは厳しく禁じられる。墓場の訪問や死者への哀悼も同様である。イブン・タイミーヤの熱烈な学徒であったムハンマド・イブン・アブドゥルワッハーブは、一九世紀マディーナのムハンマドの墓廟を破壊するに至った。

ラッカ中の壁にはクルアーンの章句が記されているがそのほとんどは黒い背景の上に記されている。ＩＳＩＳはクルアーンの章句から、愛情や慈悲について語ったものではなく、人々が神の怒りや罰を想起するようなものを選ぶ。ＩＳＩＳの給与を受ける公務員は預言者の生誕祭、イスラームの新年と二つのイード、イード・アル＝アドハーとイード・アル＝フィトルといったイスラームの休日を祝う事のみが許される。ＩＳＩＳ以前にイラクとシリアで祝われた休日は無効とされ、その中にはバアス党革命の記念日（イラクでは二月八日、シリアでは三月八日）も含まれる。バグダーディーによって取り消された他の祝日には四月七日（バアス党設立日）や一月一八日（一九九一年にサッダーム・フセインがはじめてイスラエルをロケットで攻撃した記念日）がある。一九七三年の一〇月戦争の祝賀行事、一九四六年のフランス軍撤兵を刻したシリアの公式の独立記念日（四月一七日）も取り消された。ＩＳＩＳは週に六日間を労働日と定め、金曜日を唯一の休日とした。ハーフィズ・アサドやサッダーム・フセインといったＩＳＩＳ以前の政治家について言及した者は厳しい罪に問われ、逮捕や鞭打ちで罰せられた。アサド大統領の全ての写真はシリアの国旗、バアス党の旗と同様に撤去された。バグダーディー自身の命令によってアサド家の地位も地に落とされた。以降、忠誠の対象はＩＳＩＳとイスラームに対してのみと定められた。二〇一四年のラマダーン月に、カリフはＩＳＩＳに忠誠を誓った各家庭が給金として二万スターリング・ポンド（二〇一五年半ばの段階で六六ドル相当）を受け取るよう命じた。

ISISの警察と公共サービス

イラク、シリア政府の元職員はＩＳＩＳの領土でも仕事の継続を認められたが、それはＩＳＩＳに忠誠を誓った上でのことだった。公務員、教員、電話線、道路や電気を修繕する地方の労働者や技術者がこれに該当した。イラク人、シリア人の警察は解雇され、サウジアラビアに存在するものと類似の勧善懲悪部隊に取って代わられた。非アラブの外国人戦闘員がＩＳＩＳの警察に加入することは言葉の壁の問題から禁止された。この職は地元民と会話する能力が必要とされ、彼らの標準以下のアラビア語ではほぼ不可能だったためである。ラッカの住民もやはりＩＳＩＳの警察への加入を認められなかったが、それは（加入した場合）「法の執行」の際に彼らは不偏性を隣人や友人との親密さによって失うと思われたからである。

その結果チュニジア人、パレスチナ人、サウジ人とイラク人の他、ラッカ以外の都市部のシリア人のみがＩＳＩＳの警察への加入を認められた。警察組織の正式な名前はヒスバ庁、ないしは単にヒスバであった。

ラッカには合計で七五人の警察官がいる。全員が三〇歳以上で、三万スターリング・ポンド（一〇〇ドル）を月給として得る。それに加え子供の教育費、バス代、医療費の無料という特典がある。彼らはラッカの街路をパトロールし、全成人と七歳以上の子供がイスラームの五回の礼拝の義務のため地元のモスクに通うのを確認する。それが彼らの最も重要な職務である。また彼らは礼拝時間に商取引が行われていないかを、礼拝の休憩時間に住民を密偵に仕立てることで監視する。路上にいないときは、警察官たちはかつてシリア政府が使用していたのと同じ庁舎で働き、旧バアス党将校の家に泊まり込む。ＩＳＩＳの警察官は一般道路、高速道路の速度制限を遵守させ、検問のチケットをドライバーに手渡し、浮浪者と乞食を逮捕し、同棲生活と違法な売店を規制し、路上の法規を監督する。

もう一つのＩＳＩＳの警察の重要な職務は、パン屋が十分に営業し、日々の小麦が供給されているかを確かめることである。パンを蓄えたり法外な価格で売る者は公共の場で鞭打たれる。速度制限を超過して車を運転するか、誤った場所に駐車したために罰金を科された者は、猶予期間内に罰金を支払うことが求められ、そうでなければ罰金は増額される。歳入はラッカのＩＳＩＳの国庫に納められる。ＩＳＩＳの警察官に賄賂を贈るのは重罪で、公共の場で三〇回の鞭打ちに相当する。ＩＳＩＳの警察官を言葉で侮辱することも同様である。「我々がラッカに来てからどんな犯罪も起きていない」とＩＳＩＳメンバーは誇らしげに言った。「人々はイスラーム国とカリフを敬い、我々の法と規律を遵守している」。

ＩＳＩＳの軍隊のみがラッカの路上で銃器の携行を認められている。検問はまばらであるが、男性、女性の両方が身体検査で、違法な武器や色々な種類の禁じられた製品、西洋の品であるiPodや、爪磨き、マスカラ、香水瓶、コンドーム、止血栓、防臭剤や煙草の所持をチェックされる。カフェではシーシャ（水煙草）の管は非イスラーム的で精神を駄目にするものとして禁じられている。アレッポ近郊のバーブでは、ISISは現在閉店した有名なシーシャのカフェの入り口で斬首を実行し、その現場を永久的に、斬首された死体と血で塗れた舗装の光景に象徴される場に変えてしまった。(12) ISISの住民は木製のミスワーク（歯ブラシがない時代の初期ムスリムによって使用された木目粗い棒）で歯を磨くのが望ましいとされる。ISISの警察は検問でラップトップPCと携帯電話を検査する。例えば、歌と音楽が完全に禁止されているため携帯電話には呼び鈴や歌の設定をしてはならない。また「アングリーバード」のようなスマートフォンのゲームも同じく禁止されている。そのような娯楽は「精神を駄目にし、人々を礼拝から注意をそらせる」ものである。ここで罰は適用されないが、ISISの警察はそれらアプリを削除する。加えて、男女ともに定期的にISISの検問で、預言者のハディースとクルアーンの章句についての問いのテストを受ける。不正解の解答をした者は口頭で無知な奴と攻撃され、宗教学校への出席を強制される。ISISが一部しか支配していない多宗教が混在するダイルッザウルでも、キリスト教徒は十字架、あらゆるイエス＝キリストをイメージする物を隠匿している。彼らはまたイスラームのヒジャーブを身に着け、ISISの検問を通過するためイスラームの格言を記憶している。共通する質問は次のものである。「イスラームの五度の礼拝時の文言の間の違いは何か？」。他の質問は「マディーナ期の預言者に啓示された三つの章句、それとメッカ時代の三つの章句の正しい名前を挙げよ」。時に警察は住民に、クルアーンの特定の短い章を暗誦することを要求する。

ＩＳＩＳの警察はさらに路上での人々の服装にも介入する。女性のスカートの丈の長さとヴェールの厚さなどである。タイトな衣服は男女双方とも禁止されている。女性には裂け目のある衣服は刺青、ハイヒールと共にタブーである。そのような規定は中世同様、壁に貼られるかモスクで伝えられる。人々はその規定を口頭で広めるよう求められる。女性は男性の同伴者なしで路上に出ることは許されない。同伴者は女性の夫、兄弟、息子、父親に限られる。たとえ男性の付添いについて合意があっても、他のどんな男性も彼女らと共に歩くことは許されない。ハンサー部隊として知られる二つの女性部隊は路上で女性を監視するために置かれている。部隊は女性の鞄を開き、もしそのヴェールから顔が露出しすぎていた場合それを矯正する。サマールという女性が礼儀正しく抗議を試みた。「預言者の妻たちはしばしばヴェールを取って彼の戦闘に加わりました。あなた方がしていることはイスラーム的ではありません」。さらに彼女は、預言者の時代に女性と男性は同じ井戸を使って礼拝のための浄めを行い、その時は皆が衣服をつけていませんでした、と付け加えた。するとＩＳＩＳの警察官は怒り、「我々がお前に教えるのだ、お前が我々に教えるのではない！」と言った。

店、バス、学校とパン屋はそれぞれ隔離されている。女性の服を売る店は女性の店員しか雇えず、ランジェリーの店はショーウィンドーにブラジャーや下着を陳列するのを禁じられている。デパートのウィンドーにある女性のマネキン像にはイスラームのヒジャーブがかぶせられるが、店長によって正しく飾り付けられるまで公の展示から撤去させられた。有名人の写真は（ムスリムであれ異教徒であれ）公共の場に置かれてはならなかった。ＩＳＩＳは、自前で家を買えない新婚者のために低価格で容易な家屋建築のプラン、子供のための無料の予防接種、消費者保護の部局による製品の価格と品質監視のサービスを提供している。二〇一四年のヌスラ戦線の撤退とＩＳＩＳのラッカ入りの際の一週間の混乱時に、パン一塊の価格は二〇〇スターリング・ポンド（八〇セント）に急騰した。ＩＳＩＳは消費者価格を三五スターリング・ポンド（一〇セント）に下げることを確約し、アサド体制が支配するダマスカスと売値競争をした。モースルでは、家主が借手に課す金額に制限を設定した。それは家具、広さ、場所を問わず一月あたり八五ドルを超えてはならないというものである。それに加え、バグダーディーは「孤児院」を設置し、さらにターリバーンに触発されてＩＳＩＳの住人の意見が通常の郵便事業によって直接的に彼の元に届く「不満申立て箱」を置いた。

ＤＶＤはＩＳＩＳにより厳しく禁止されている。エジプトのアーディル・イマームやシリアのドゥライド・ラッハームのような喜劇俳優のものは特に規制された。二人はフィルム上の野卑なシーンや、一九六〇年代と七〇年代に「人々の浅はかさを描写した」ドタバタ喜劇により公共の場に悪徳を広めたと非難された。さらに重要なことに、二人はそれぞれの国での蜂起に批判的であった。イマームは失脚したフスニー・ムバーラク大統領を支持し、ラッハームは未だにバッシャール・アサド大統領に協力的である。ＩＳＩＳのブラックリストには、エジプト人の歌姫ウンム・クルスームとエジプト人歌手アブドゥルハリーム・ハーフィズの音楽も載せられている。愛国的な歌を含むあらゆる種類の音楽はＩＳＩＳによって不敬であると見なされた。音楽は悪魔的で家庭、学校、車中、カフェで禁止された。かつて一九六〇年代に一〇代の間で偶像であったアブドゥルハリーム・ハーフィズは今や「不貞の擁護者、男娼」と言われ、ウンム・クルスームは「四〇年にわたり顔をヴェールで覆わなかった、音楽で大衆を洗脳する極悪の娼婦」と見なされた。ＩＳＩＳがラッカを占領したとき町を離れるのを拒否したムスタファーは、スカイプで著者にこう語りかけた。「ウイスキーのボトルの所持で捕まるのもアブドゥルハリームのCDの所持で捕まるのも変わりはない。音楽と喜劇はラッカではどちらも大きな「ノー」なんだ」。あるISISの戦闘員は語った。「喜劇は無意味だ。それは時間、金と精神力の無駄遣いだ。それは人々を、アッラーとイスラーム国に向かう各自の義務から気を逸らす麻薬だ。滑稽で無意味なテレビのショーを見る代わりに、人はクルアーンを暗記し、学習するのに専念した方が良い」。

罪と罰

公共の場での刑罰と斬首はISISの領土では一般的である。通常それはラッカの中心部で行われる。処刑されるのは「不信仰者、スパイ、疑義を持つ者、戦争の捕虜」である。ISISからの脱走者もやはり処刑され、二〇一五年にISIS領からの逃走を試みて一二〇人が絞首台に送られた[13]。処刑に値しない些細な罪状は姦通とアルコールの私的な販売である。不幸な被告人は鎖でつながれ一群をなして中心部に連行される。そこで彼らの評決が大声で読み上げられる。女性と子供を含む地元民はその光景を見るよう強制される。ISISの戦闘員は切断された頭部を柱や公園のフェンスに曝し、恐怖を最大化するために腐るまで見世物のままで置く。一部は単に地面に放置される。これは一九八〇年代、サッダーム・フセインが罪を犯した都市や町を深い恐怖の中に沈めようとした試みと類似している。刑罰はISISの軍事作戦にも影響を与え、敵兵は捕らえられた時の恐るべき罰を恐れてカリフの軍勢の前から逃走する。その目標は国際社会に最大限の衝撃を与え、ISIS支配下の民衆を恐怖で従属させることである。注目を喚起する計算づくの行為で、七〇年代にパレスチナ武装勢力が飛行機をハイジャックし大使館を襲撃したのと――より恐ろしい戦略ではあるが――類似している。八〇年代、それらの行為は自動車爆弾に変わり、九〇年代には自爆攻撃が続いた。したがって斬首は、心理戦における最善手として、まさにジハード主義者の最新の「流行」となったのである。

なぜ彼らは捕虜を斬首するのか（著者が）尋ねると、ISISはいつも預言者ムハンマドのハディースとクルアーンの言及箇所を指摘して答えた。「もしあなたが戦場で不信仰者と見えたら、彼らの頭を切り落とせ。それから捕虜をきつく拘束せよ」。この箇所は広くこう翻訳されている。「あなたがたが不信心な者と（戦場で）見《まみ》える時は、（かれらの）首を打ち切れ」（クルアーン四七章四節）。ハディースでは、預言者がこう言ったと伝えられる。「あなたが殺すときは上手く殺し、あなたが屠殺するときは上手く屠殺しなさい」。アラビア語ではこの語彙は「首を打つ」を意味する。だがISISは預言者が次の言葉を付け加えたのを忘れたようだ。「あなた方はそれぞれ剣を研ぎ澄まし、屠殺する動物のことで悩ませないように」。つまりムハンマドは人間ではなく、羊と蓄牛のことを言っていたのだ。

ISISのメンバーはまた、預言者ムハンマドは六二四年のバドルの戦いで捕らえた捕虜の処刑を命じたと主張する。このことはムスリム法学者イブン・イスハークにより執筆された最初期の預言者伝にも記録されている。カリフ位を称した後世の王朝、ウマイヤ朝やオスマン朝も同様のことを行った。ダマスカスを本拠とするカリフ・ヤズィードはアリーの息子を破ったとき、フサイン・イブン・アリーを斬首するよう命じた。一四四四年のヴァルナの戦いでは、オスマン人はハンガリーのラディスラス王を斬首し(14)、一四五六年にはボスニアのステファン王を斬首したが、その息子たちは解放した。斬首はサウジアラビアでも一般的であり、サウジの刑法に規定された主要な刑罰の一形態である。サウジ政府は、二〇〇三年だけで、占い師からの窃盗から背教まで様々な罪状で五〇名以上の人々を斬首した[15]。さらに最近のイスラエルの選挙では、外相アヴィグドール・リーベルマンは人口の二〇パーセントを占めるイスラエルのアラブ人に言及し、「誰であれ我々と共にいる者は全てを得る。我々に敵対した者は、どうしようもない。我々は斧を取り上げて彼の頭を切り落とさねばならない」[16]と述べた。

斬首は残酷で野蛮であったが、ISIS支配下の領土で施行された唯一の処刑方法ではなかった。組織によって投稿された数々のプロパガンダ映像は、銃による処刑も紹介している。二〇一四年六月、ISIS戦闘員はティクリートのスパイカー空軍基地で捕えた一〇〇〇名以上のイラク軍兵士を即座に処刑した。現在ISISと共に活動しているサッダーム・フセインの腹違いの兄弟、サブアーウィー・イブラーヒームはバスを運転し一〇名のISIS民兵を移送した。他のプロパガンダ映像ではISISの中央アジア出身の少年兵がロシアのスパイと断定された二名の頭部を撃ち抜いていた。射殺の後も、ISISは時にその死体を十字架にかけて街区に三日間晒し、地元住民を恐怖させ威嚇する。多くのISISに拘束されたシリア反体制派の多くは、銃殺された後礫にあった。他の処刑方法は人を高い建物から突き落とすことである。この特別な様式の刑罰は、ISISが同性愛者と見なした者に適用された。姦通で訴えられた幾人もの女性がISISに石打ちによって殺害された。男性の姦通者はこれまでのところ誰も罰せられていない。ISISの「宗教的権威」によると、上記の形態の刑罰はクルアーンのテキストとハディースに見られるとされる。ISISのプロパガンダ映像では、処刑の根拠となる宗教的テキストが映像中に掲載される。

おそらくもっとも嫌悪すべきISISの処刑は、二〇一五年二月に行われたものである。拘束された二六歳のパイロット、ムアーズ・カサースィバは焼死させられた。カサースィバの乗るF-16戦闘機は二〇一四年一二月にラッカ近郊で、ISISの陣地への空襲攻撃の最中に墜落した。ヨルダンとアメリカは戦闘機は機械の故障で墜落したとする立場を固持したが、ISISは赤外線探知のミサイルによる撃墜と主張した。二〇一五年二月三日にISISにより投稿された処刑映像によると、カサースィバは一月初頭に処刑されていた。しかしISISは、日本とヨルダン政府を相手に、拘束中の日本人ジャーナリスト後藤健二とカサースィバを、ヨルダンに収監されたアル＝カーイダの自爆犯サージダ・リーシャーウィーおよび他の有罪宣告を受けたテロリストと交換するための交渉に一ヶ月を費やした。交渉は行き詰まり、後藤は二〇一五年一月三〇日に斬首された。四日後、ISISはプロパガンダ映像を公開し、そこではカサースィバが鉄の檻に入れられ、オレンジ色の服を着せられて覆面のISIS戦闘員に火を点けられる様が映された。ビデオはプロの水準で撮影、編集されていた。また数百名のヨルダン人パイロットの名前と住所、複数のヨルダン国内の空軍基地の座標位置が映像の中に明示された。ISISは各パイロットの首に賞金をかけた。このビデオでは、カサースィバが受けた刑罰の種類を正当化するイブン・タイミーヤのテキストが引用された。翌朝、ヨルダンは報復としてリーシャーウィーと他の有罪のアル＝カーイダのメンバーを処刑した。

ISISの下ではこうした処刑に加えて、キリスト教徒や他の非ムスリムの少女でイスラームへの改宗を拒否した者の奴隷化や強姦の事例も報告されている。(17)二〇一四年九月、国連人権理事会はISISは「想像できない規模で」無実の者を殺した、と報告した。(18)それ以前の六月にも、国連はISISを数百の戦争捕虜の処刑と一〇〇〇人以上の民間人の殺害について非難していた。八月、ISISはラッカのタブカ空軍基地付近での二五〇人以上のシリア軍兵士の処刑について咎められた[19]。シャーイル油田で彼らは二〇〇人以上のシリア兵を銃殺し、スパイカー基地の刑務所では一〇〇〇から一七〇〇人のイラク兵を虐殺したが、そのほとんどがシーア派だった[20]。アムネスティー・インターナショナルはISISを「歴史的規模の民族浄化」を行っていると非難した。二〇一四年九月、同機関は報告書の中で、ISISが「数百、おそらく数千人の殺害と誘拐、他に八三万人以上が二〇一四年六月以降占領した地域からの避難を余儀なくされた」ことの罪を問うた[21]。

イラク北部のスィンジャールでは、ISISはゾロアスター教とつながる古代からの民族文化集団、ヤズィード派コミュニティーのメンバー七〇〜九〇人を虐殺した。ISISは彼らを「悪魔崇拝者」と断言した。他にも二〇〇から五〇〇〇人が彼らの故郷スィンジャールで殺害され、二万人が家を追われて高い山を登り、イラク・クルディスタンのダフークへ避難することを強いられた。バシールでは七〇〇人のシーア派トゥルクメン人が処刑され、他にモスルのバドゥーシュ刑務所で六七〇人の収監者が虐殺された[22]。シリアの三つの都市ガルニージュ、アブー・ハマーンとカシュキーヤでは、ISISに対して反乱を試みた七〇〇人のスンナ派部族民が殺された[23]。全ての者がダイルッザウル県の重要な部族であるシャイタート族に属していた。彼らは三日間の虐殺の間、斬首され、磔にされ、あるいは至近距離で銃殺された。その内すくなくとも六名の犠牲者は非ムスリムの子供だった。また一人は一〇二歳の老人で、ハマー県で銃殺された。国連は六月五日から二二日の間に一〇〇〇人以上のイラク人が殺害され、さらに二〇一四年八月には五〇〇〇名のヤズィード派が殺されたと推計している[24]。これらすべての殺人はISISによって得意げに誇示された。

イスラームへの改宗やジズヤ（ムスリムの支配者に対し非ムスリムによって支払われる税）の支払いを拒否した年長の女性は地元の市場で奴隷として売られ、より若い女性は戦闘員と結婚させられた。このような結婚は、紙面の上では公式のものだった。もし戦闘員がいかに短い期間であれ結婚中に死んだ場合、彼の「妻」はクルアーンに明白に述べられているように、夫の保有物を継承する資格があった。改宗しなかった女性は身体的、性的暴行を受け、しばしば羊のように扱われた。市場で売られる女性たちは鎖でつながれ、値段の札をつけられて陳列された。少なくとも一件、ヤズィード派の少女たちがＩＳＩＳの戦闘員に強姦された後、スィンジャール山から飛び降り自殺したという記録が残っている。二〇一四年一〇月の国連の報告書によると、ＩＳＩＳは八月に四五〇〜五〇〇〇人の女性をイラクのニーナワー県に連行した。その中のおよそ一五〇人が未婚のキリスト教徒かヤズィード派で、彼女らは性奴隷として売られた。(25) ＩＳＩＳは国連による五〇〇ものインタビューの基づいて描き出された、このような話を隠そうともしていない。

ジハーディー・ジョン

二〇一四年八月一九日、ＩＳＩＳはオンライン上に四一歳のアメリカのフォトジャーナリスト、ジェームズ・フォーリーの斬首の映像を投稿した。九月二日に別の映像を投稿した。今度は他のアメリカ人ジャーナリスト、スティーヴン・ソトロフの処刑であった。一一日後、第三の映像が現れ、イギリス人援助活動家デイヴィッド・ヘインズが斬首された。一一月一六日には元アメリカ軍兵士で援助活動家に転じたピーター・カッシグを処刑した。カッシグはイスラームに改宗し、アブドゥルラフマーンの名前を受けたが、それでも彼はＩＳＩＳの刑の宣告から救われなかった。シリア人の兵士たちも同様に虐殺された。二〇一五年一月、二名の日本の民間人がやはりカメラの前で斬首された。民間軍事会社経営者の湯川遥菜と、フリーランスのビデオジャーナリスト後藤健二であった。全ての映像で「ジハーディー・ジョン」と綽名された一人の男が、斬首を実行していた。ある映像では、彼は完璧で強い英国訛の英語でカメラに向かってこう語りかけた。「オバマよ。ローマの犬よ。今日我々はバッシャールの兵士を処刑する。明日はお前たちの兵士を処刑する。そしてアッラーの許しにより、我々はこの最終的な究極の十字軍を打ち砕くだろう(26)」。ローマと言うことで、ジハーディー・ジョンは古代のローマと同じ西洋世界の首都、ワシントンＤＣに言及しているのだ。全ての外国人の囚人は、ジハード主義者の囚人がグアンタナモで着ていたのと同じオレンジ色の服の着用を強制された。二番目の映像で、ジハーディー・ジョンは言った。

オバマよ、私は戻ってきたぞ。私はお前のイスラーム国に対する尊大な外交政策のために、お前の空爆の継続への固執のために戻ってきた。（……）お前のミサイルが我々の民を攻撃し続けるのと寸分たがわず、我々のナイフはお前の民の首を刺し続けるだろう。

彼はそうやってアメリカ主導の有志連合に「撤退して我々の民に干渉するな！」と警告したのである(27)。これらの映像は無作為に公開されたのではない。それらは常に、イラク軍あるいはシリア軍、またはアメリカ主導の有志連合によるＩＳＩＳに対する空爆作戦の前後に出現した。もし空爆前なら、映像は敵の集団に恐怖を広めることを意図していた。空爆後なら、それらはＩＳＩＳの住民を重苦しく沈黙させるためのものであった。ＩＳＩＳは人質の映像により、二〇一四年の九月に有志連合が結成されるのに先立ち、アメリカとその同盟国を恐喝した。空爆作戦が開始されると、処刑（と将来の同様の行為という脅威）はある種の報復、そして将来の空爆に対する警告となった。二〇一五年の春の段階では、空爆はＩＳＩＳに恐怖を与えるのに失敗しているが、斬首も空爆作戦を止めるのに失敗している。日本人人質の場合は、映像は日本がＩＳＩＳと戦う諸国への財政的支援を約束した後に公開された。

二〇一五年二月、全ての映像に登場する不名誉な処刑人ジハーディー・ジョンは、二六歳のイラク系イギリス人、ムハンマド・イムワーズィーだと特定された。彼の家族は一九九四年に第二次湾岸戦争[i]（湾岸戦争）の後、ロンドンへ移り住んだ。そこで彼は中流階級として成長した。(28)彼を知るものは彼が礼儀正しく、流行の服を着てサッカーを愛していたと覚えている。これはアブー・ムハンマド・ジャウラーニーおよびアブー・バクル・バグダーディー両者と非常に似ている。イスラームの厳格な教えに則り、彼は薄いあごひげを生やし女性と目を合わせるのに気を遣った。(29)二〇〇九年にコンピューター・プログラミングの学位を取得してウエストミンスター大学を卒業した後、イムワーズィーと二名の友人はタンザニアへ旅行した。ダルエスサラームに到着するや、彼らは警察に拘束されそれからアムステルダムに国外追放された。そこでイムワーズィーはイギリスの秘密機関M15の幹部から、アルーカーイダ系武装組織の「シャバーブ」が活動するソマリアに入国を試みたという容疑をかけられた。(30)イムワーズィーは容疑を否認し、M15の代表者たちが彼の勧誘を試みていたと主張した。元ＩＳＩＳの捕虜は、ジハーディー・ジョンがソマリアの事を気にかけ、自身の捕虜にシャバーブに関する映像を見せたと言う。(31)

二〇一〇年にイムワーズィーは働くためにクウェートに移住した。彼はロンドンに二度帰国している。最初は彼の家族に会うためで、二回目はクウェートの女性との結婚という計画を最終決定するためだった。しかし二〇一〇年六月、イギリスの対テロ部局が彼を再度逮捕した。それは彼がクウェートに帰国する前日のことだった。[32] イムワーズィーは権力により悩まされていると感じ、ムスリム擁護の人権団体CAGEと接触し法的な支援を求めた。CAGEへの手紙の一通の中で、彼は「私は自分のことを放って置いてほしい、私にはイギリスを離れクウェートに定住する望みがあると彼らに言った。なぜならそこに仕事と婚約者がいるからだ！　しかし彼らは笑うだけだった」と書いている。[33]

イムワーズィーがいつ、どうやってシリアに到達したか正確なことは不明である。ある友人は、イムワーズィーが二〇一二年に英語の教師になるためサウジアラビアに旅行することを欲したが成功しなかったと信じている。その友人は、その後まもなく彼は立ち去った、と言った。[34] シリア北部で、イムワーズィーは家族と、少なくとも一人の友人と連絡をとった。二〇一三年にはイドリブの西洋人捕虜を監視する一群に属していた。英国訛の別の二人がイドリブでイムワーズィーと合流した。三人はビートルズにちなんだ綽名をつけられた。イムワーズィーは「ジョン」、他の英国人は「ジョージ」と呼ばれた。イムワーズィーの声を聴いた者は誰でもその強い英国訛により、イドリブのISISメンバーの中から彼の声を聴きわけるだろう。元捕虜はイムワーズィーが四名の西洋人捕虜の水責めに関与したと語る。また他の者はジョージが三人のリーダーであったと述べる。ジハーディー・ジョンは、彼らの語るところによると、大人しく知的だった。「彼が最も思慮深かった」と元捕虜は言った。しかし旧ISIS戦闘員はBBCに対して、イムワーズィーが旧戦闘員を初対面で殴ったと語った。「彼は冷たかった。多くを語らず、我々の礼拝に参加しなかった」。さらに元戦闘員は、「彼はただ自分の友人とだけで礼拝した。（……）他のイギリス人の同胞は我々と礼拝したが、彼はおかしかった」。「他のイギリス人の同胞は我々を道で見かけると「やあ」と言ったが、彼は顔を背けた」と付け加えた[35]。二〇一四年の初頭、捕虜たちはラッカの監獄に移送された。そこで三人はしばしば捕虜のもとを訪れた。彼らはＩＳＩＳ内部でより重要な役割を担っているように見えた[36]。

ジハーディー・ジョンはＩＳＩＳのプロパガンダの覆面男となり、注目を集める全ての映像に登場した。二〇一五年二月、リビアのＩＳＩＳの組織は、捕虜にした二一名のエジプト人労働者を戦闘員が斬首する映像を投稿した。それはジハーディー・ジョン式の映像で、黒ずくめの覆面男が英語でメッセージを伝えるという特徴がある。処刑は海岸で実行され、捕虜はオレンジ色の服を着ていた。各捕虜の後ろにはＩＳＩＳの戦闘員が立っていた。ビデオの中で、処刑の実行者は「シャイフ・ウサーマ・ビン・ラーディンをお前たちが沈めた海で、我々はアッラーに誓う。我々はその海にお前たちの血を混ぜ込むだろう」と言った[37]。彼は続けてイタリアとヨーロッパを脅迫した。「今日我々はローマの南にいる。（……）我々はアッラーの許しによりローマを征服する」[38]。この徹底した野蛮性の背後にいたのはシリア人、イラク人のジハード主義者ではなく、ロンドン人であった。それはＩＳＩＳの影響力が数ヶ月間でどれだけ遠くに広まったかを物語っている。

ＩＳＩＳの教育

学校では、ＩＳＩＳはイスラームのシャリーアの厳格な形態を強制した。クラスはもちろん、完全に

（男女が）隔離された。公立の学校は二〇一四年一一月を最後に閉校した。全ての生徒はＩＳＩＳの教育センターで勉強せねばならなかったが、その施設はほとんどがモスクにあった。生徒たちはもはやシリアとイラクの三色旗に敬意を払うことはなく、ＩＳＩＳの黒い旗がそれに代わった。生徒たちは預言者ムハンマドに忠誠を誓い行進した。ＩＳＩＳはまた、美術、音楽、シリアとイラクの歴史、アラブ文学、医学、三角法、そしてもちろんキリスト教について教えることを禁じた。これらの科目はクルアーン、シャリーア、ハディースの重点的な学習に変わった。合計で一〇四人の教師がＩＳＩＳが占領したシリアの領土の学校で雇用されており、うち七五人が男性で二九人が女性だった。学校は性別で隔てられ、男性教師は全員男子学生の学校で、女性教師は全員女子学生の学校で教えた。特筆すべきことに、良い教師はＩＳＩＳに表彰され、その有様は強力な外国人戦闘員に対する以上のものがあった。およそ九〇パーセントのＩＳＩＳの学校教師はシリアの公立学校で訓練を受け、残りの一〇パーセントは大学教育を受け、それぞれ医学・数学と工学の学位を持っていた。ＩＳＩＳは将来の兵士が火砲の扱い、乗り物の整備と兵器の使用に熟練するために、科学の教練を重視した。しかし教員は皆、生徒の前に立つために、シャリーアとクルアーン学習に長い教練を経験しなければならなかった。

女性は男性の付添人の登下校の同伴なしでは学校に行くことができなかった。その結果およそ四五パーセントの割合の女子が二〇一四～一五年の期間に中学校、高等学校を落第した[39]。一五歳未満の男子に対しては、ＩＳＩＳの軍隊への強制徴募が行われたという事例も存在する。ＩＳＩＳはこの報告書を否定し、報道官のアブー・ムハンマドは「子供は学校に行かねばならない。戦争中でもそうでなくとも、子供たちは学校にいなければならない。彼らは強力で賢明で能力あるジハード戦士となるため、健全なイスラーム教育を受けねばならない」と保証した。

学問においては、いくつかの事例でイスラーム主義者とダマスカスの中央政府の間で協力的な関係が存在している。それは必要に応じて生じたものである。二〇一三年の夏の間、ラッカとダイル・ザウルの学生たちは、学年末の学士号試験を受験していた。教室は銃を持ったヌスラ戦線の戦闘員によって監視されていた。ヌスラの戦闘員は不正が起きないことを確かめねばならなかったが、彼らは試験内容の評価をすることは無論できなかった。また彼らは学生の合格・不合格を決定する法的権威を持たなかった。したがって、ダマスカスの教育省から認可印をもらわなければ、それらの試験は無効で価値のない、世界中の学校で受け入れがたいものとなったに違いない。そのためヌスラ戦線は試験用紙を、シリア政府軍による採点のために直近の検問まで運んだ。政府軍は用紙をダマスカスに送り、そこで試験は採点を受け、認可されてラッカに戻された。同じように電話、電気とインターネットは全て現在のラッカでも機能しているが、それらのスイッチをダマスカスの権力者たちは瞬きひとつで切ることができる。彼らはそれをあえて実践してはいないが、その見返りとして、ラッカのISIS指導部はユーフラテス・ダムに損害を与えるのを控えている。

ISISの資金

ISISは裕福である。メンバーと支持者の寄付に依存するアル＝カーイダとは違い、ISISは自前で資金を調達できた。支配下の油田の恩恵により、ISISは一年未満で数百万ドルを集めている。組織は占領地で原油を生産し、さらに電力まで第三勢力を通じてシリア政府に売却している。アメリカの財務当局者によると、ＩＳＩＳは石油の輸出で日に一〇〇万ドルの利益を得ている[40]。石油の多くは非合法で売却されている。ダマスカスの中央政府に対してさえもである。ある者は石油の収入総額を、実際には一日あたり三〇〇万ドルにのぼると見積もっている。それは二〇一四年の後半に始まった国際的な有志連合による空爆作戦の開始直前の統計で、シリアの油田の六〇パーセントが直接的にＩＳＩＳ、あるいは協力する勢力の支配下にあったことを反映している。彼らは合計でシリアとイラクの一一の油田を支配し、その中には一日あたり七万五〇〇〇バレルを生産できるウマル油田も含まれている[41]。同じ文献は、ＩＳＩＳによる違法な石油生産は一日当たりおよそ九万バレルに達するとも述べている[42]。その石油を、シリア政府と他の勢力は世界市場での実際の価格の僅か二〇パーセントという、大幅に値引きされた価格で購入している[43]。二〇一四年にニューヨークやパリで、原油は一バレルあたり一〇〇ドルで取引されたが、ＩＳＩＳは重油を一バレルあたり二六〜三〇ドル、軽油を同六〇ドルで売却した[44]。この闇市場の石油はイランにある精製所へ密輸され、その後組織が支配する領土へ返された。このことはＩＳＩＳが石油から、潜在的に稼げるだけの利益を得ていないことを意味する。それは割引された価格だけでなく、油田が老朽化により多大な整備を要し、二〇一一年以前の生産高の一〇パーセントしか稼動していないことによる[45]。

有志連合がダイルッザウルとラッカの石油精製施設への空爆を二〇一四年後半に開始したことで、タンク車両や機械の稼動不能化によりＩＳＩＳの燃料生産は劇的に低下した。アメリカはＩＳＩＳの石油取引の重要性に注目した。最初に殺害対象としたＩＳＩＳの司令官は「石油大臣」のアブー・サイヤーフであった。二〇一五年五月、アメリカの特殊部隊はシリア領内深くに潜入し、ダイルッザウル市近郊のウマル油田で標的に定めたアブー・サイヤーフの殺害を実行し、その妻を拘束した。その損失への報復として、ISISはラッカへの電力供給を遮断し、時にはそれが一日あたり二〇時間も続いた。ディーゼル燃料の価格は一リットルあたり一五〇スターリング・ポンド（六〇セント）以上に倍加した――突如ダマスカスの闇市場と同額になったのである。電力不足のため多くのパン屋が生産を停止し、そのためパンの価格は一五スターリング・ポンド（六セント）から二〇〇スターリング・ポンド（一ドル）へと急騰した。二〇一四年秋からの石油価格の急激な下落は問題を悪化させたが、ISISの石油経済自体を停止はさせなかった。実際には価格の下落は、ISISがシリアの砂漠、イラクのアンバール県のより多くの油田を支配する試みを後押しした。執筆時点でも、ISISはシリアのパルミュラ近郊のジャザル油田と、イラクのバイジの石油精製施設に向けて攻勢を強めている。

ISISはまた、積極的に歴史的工芸品の国外への密輸に携わり、注目すべき収入を生み出している。その品物には金貨、銅製の工芸品、黄金の聖餐杯その他の貴重品のような初期キリスト教の遺品が含まれる。だが彫像、十字架、ビザンツの貨幣やイコンなどは、どれだけ価値があろうと迅速に破壊される。なぜならそれらから利益を得ることは「ハラーム（宗教的禁止事項）」だからである。イラク北部の古代アッシリアの都市に起源を持つドゥール・シャッルーキーンでは、ISISはその地の宝物のほとんどを売却した。しかしハトラやモースル南部のニムロドはブルドーザーで破壊した。ISISはこうした売却行為を、工芸品のようなものはイスラーム文化とは相容れないので、イスラーム国を純化するためには取り除く必要があるとして正当化している。報告によれば、二〇一四年にダマスカス北部のナブクから盗掘した物品の売却は三六〇〇万ドルの利益を生んだ(46)。だが、全ての盗掘品がISISの領内で見つかるわけではない。ダマスカスとシリア南部のダルアー駅付近で発見された純金のオスマン貨幣の箱や、バグダードで発見された古いシーア派の宗教的権威ある書物はＩＳＩＳの領内へと密輸され、売却された。金貨の箱はオスマン人将校が第一次世界大戦終了時、ダマスカス撤退の際に埋めたものである。ダマスカスの工芸品の業者によれば、金の質量に比例して、それらは一箱あたり五〇〇〇ドルから一万ドルで売却されたという。シーア派の書物『ジャフル』の原書もまた彼らに所有され、一億二〇〇〇万ドルという法外な価格がつけられた。それはバグダードの博物館から盗み出されたと古代品の業者が裏付けている。『ジャフル』はシーア派ムスリムにとって神秘的な書物で、彼らの信条によれば、第四代カリフ、アリー・イブン・ターリブによって編纂され、預言者ムハンマド自身からアリーに継承されたものだという。二〇一五年五月、シリアの古代都市パルミュラを占領した直後、ＩＳＩＳは「古遺物省」を設立したとされる。その職務はＩＳＩＳ支配下の領土で略奪した古代工芸品の売却プロセスを円滑にすることであった。(47)

またＩＳＩＳはシリア・イラク国境を通過する輸送車への独自の非公式課税を強化した。現在、果物と野菜を運ぶトラックには三〇〇ドル、電化製品（ＬＣＤ、エアコン、冷蔵庫と携帯電話）を運ぶトラックには四〇〇ドルを課している。警備隊はトラックを監視することで、盗賊団から保護し、ＩＳＩＳの検問で提示する許可証を与えると言明している。ＩＳＩＳはまた、モスルのような占領下の都市のビジネスマンに「保護料」を要求することで知られ、その額は各企業から一月あたり五〇万ドルに達する模様である。(48)二〇一四年後半には、ＩＳＩＳは独自の金、銀、銅の貨幣を鋳造すると告知した。発行される貨幣はイスラームの第三代カリフ、ウスマーン・イブン・アッファーン（預言者の二人の娘と結婚した）

により使用された物と同一である。(49)

ＩＳＩＳの外国からの資金調達については公式には何も公表されていないが、シリア国営メディアは多くのジハード主義者が、クウェート人、サウジ人、カタル人とリビア人の仲介人の訪問を受けたという告白をしていると報道した。親シリア政府系のジャーナリストはカタルとサウジアラビアをＩＳＩＳに財政援助していると非難してきた。同様の趣旨はイランのメディアや、イラクの首相ヌーリー・マーリキーによっても繰り返されている。フランスの外相はＩＳＩＳを支持する外国人の存在を認めたが、その名前に言及するのは避けた。(50)『テレグラフ』誌の二〇一四年一〇月の報道によれば、アメリカ財務省が四九歳のカタル人がＩＳＩＳに資金を寄付していたことを発表した。(51)一一月の別の報道では二〇名のカタル人をテロリストへの資金提供者、協力者として特定したという。その中の一〇名は国連とアメリカのブラックリストに記載された。

あるクウェート人の仲介者が二〇一四年四月の第二週、ラッカで給料の現金を手渡しで提供したという事例が存在する。市中の元バアス党支部へ現れる前に、彼はイラク・シリア国境の非公開の地点でアブー・バクル・バグダーディーを訪問していた。シリア人戦闘員の一人アブー・カイス・ヒルシュはその場に立会い、こう回想した。

「クウェート人は大きなアディダスのスポーツバッグを持参し、チュニジア人のＩＳＩＳ司令官が同伴していた。チュニジア人の同胞が名前の一覧を読み上げ我々は前に出た。一人ずつ、給料の封筒を手に取るためである。我々はその金がどこから来たのか知らなかったし、謙虚にも、我々はそのことを気に留めなかった」。

彼はバグダーディーが俸給、手当てと資金を非常に深刻気に受け取ったと付け加えた。バグダーディーは自分の部下は定期的に給料を得ているが、自らはＩＳＩＳを率いる事でいかなる給料も得ていないと言い張った。彼は自らの幹部たちから気遣われていた。激戦等のため給料の支払いが遅れると、バグダーディーは激怒した。「我々が聞いたところでは、彼は幾度か電話して、その後すぐにクウェート人が我々の庁舎に現れた。我々は彼の名前も、どこから来たかも全く知らなかった。我々はその後彼を二度と見なかった」。

ＩＳＩＳの支持者による外部からの寄付は二〇一三～一四年以前にはほぼ存在しなかった。ランド研究所の研究によると、イラクのアル＝カーイダが外部から受けた資金は活動予算の五パーセントのみであった。残りはイラク内部で誘拐、窃盗や他の非合法的手段で調達された。年次予算の二〇パーセントはイラク中に散在した細胞組織から供給された。この形式は企業世界において、多くの権限を与えられた支店が「業績目標」を守ることを求められるのと似ている。年長の宗教指導者は、組織内部の一箇所で集めた資金を財政的要求に応じて地方の細胞組織に再配分した。イラクの秘密警察のレポートによると、ＩＳＩＳは二〇億ドル相当の資産を保有していた[52]。それら資産の多くはラッカとモスルで徴発された財産で、その全てが二〇一四年夏に獲得された。イラク第二の都市モースルで大勝した後、ＩＳＩＳは四億二〇〇〇万ドルの現金を市の中央銀行の金庫から得た[53]。また、国連によればＩＳＩＳは二〇一四年に身代金として三五〇〇から四五〇〇万ドルを受領した[54]。

ＩＳＩＳの月毎の支出を正確に答えられる者はいない。組織にどれだけの数の賃金労働者がいるのか正確には誰も知らないからだ。また、略奪行為に従事したことを著者に話すのを合意したＩＳＩＳの戦闘員は皆無であった。我々が知りうるのは、ＩＳＩＳの給料は現金で支払われるということだけだ。イスラーム的なものも含めた全ての銀行はＩＳＩＳでは禁止されている。我々はまた、彼らの国庫にどれだけの資金が保有されているかを確かに伝えることもできない。ワシントン近東政策研究所の中東専門家マイケル・ナイツによると、ＩＳＩＳは「世界の最貧国」をリードする「世界で最も金持ちのテロ組織」である。[55]『フィナンシャル・タイムズ』紙によると、二〇一四年夏のモースル占領前、ＩＳＩＳの資産は八億七〇五〇〇万ドルであった。[56]一方『ガーディアン』紙はその額を二〇億ドル相当としている。[57]

ＩＳＩＳが現在支配する地域で完全に機能する経済制度を発展させられるかは不透明である。彼らがカリフ制度およびシリア、イラク双方の都市や町の住人、そしてイスラーム国に集結した数千の外国人戦闘員を維持する「国家建設」計画の実践を欲するのは必然であろうが、その成否は幾つかの要素に左右される。第一の、そして究極的要素は、組織に対する寄付ならびに支持者による古代遺品の外国への密輸と売却に代表される、ＩＳＩＳの世界的な資金源を絶つ国際的・地域的な力である。他の主要な資金源であるＩＳＩＳの石油取引は、二つの重要な要素に左右される。第一はトルコのシリア国境の管理能力であり、第二はＩＳＩＳの石油取引のインフラ、輸送車両、主要人物を標的とした、継続的で成果の上がる有志連合による空爆である。最後に、最近実行され始めた複数の国家や団体による対ＩＳＩＳ軍事作戦は、ＩＳＩＳの疑似的な経済活動の管理能力を、その領土と支配する人口規模の縮小により減少させることができるだろう。

ＩＳＩＳのメディア

ＩＳＩＳが評判を上げた理由の一つに、全ての作戦に対する効果的なプロパガンダの製作にかけて他のどのジハード主義集団よりも優れていたということが挙げられる。対照的にヌスラ戦線は、独自のメディア機関「マナーラ・バイダー」を立ち上げて世界中から注目を集めるまで、他者が彼らについて書くのを待つのみであった。ＩＳＩＳのプロパガンダの仕事は、組織の宣伝以上に彼らの印象を操作することであった。ＩＳＩＳのメディア部門は現在の形になる以前から存在した。まだイラクの地域的民兵集団であった二〇〇六年一一月頃から、その指導者は「フルカーン広報製作機構」を設立していた。これはイスラエルのレバノンに対する戦争の四ヵ月後で、世界がヒズブッラーのメディア活動の有効性に驚いていた。アル＝カーイダは組織が目にしたものをコピーすることに決め、ＣＤ、ＤＶＤ、ポスターとパンフレットを作り、またアル＝カーイダとつながる媒体によるオンライン上の積極的な活動も行った。シリアでの戦争が始まると、ＩＳＩＳは別の表現手段、「イゥティサーム広報製作機構」を二〇一三年三月に設立した。二〇一四年には「ハヤート広報センター」を作り、西洋人の視聴者を対象に英語、ドイツ語、ロシア語とフランス語の他言語作品を展開した。二〇一五年になると、ＩＳＩＳは手話の専門家の勧誘を始め、イスラーム国についてより多く知ることを欲するろうあ者の支持者にも広く訴えが届くようにした。ＩＳＩＳ支配地を訪問する外国人ジャーナリストは、所定の用紙に広報センターのスタンプを必要とした。さらに彼らは仕事を始める前に、何をすることが許され何が許されないかを教えられた後、カリフに忠誠の誓いをしなければならなかった。アル＝ジャズィーラ放送局との自由契約は禁止され、アル＝アラビーヤ、アル＝ドゥンヤー（準国営シリア放送）シリア国営放送、また正反対の立場のオリエント・テレビとのあらゆる接触も禁止された[58]。七月に、ハヤート広報はISISの豊富な写真を掲載したデジタル雑誌、『ダービク』を創刊した。中身は戦闘員のインタビューや彼らの征服行の話で満たされている。一二月までに、ISISは『ダービク』を六巻まで発行することに成功した。雑誌の名前はシリア北部の町の名前に由来する。『ダービク』はハディースに言及され、またそこからオスマン帝国がダマスカスへ一五一六年に進軍した土地である。アレッポ近郊の小さな町だが、預言者ムハンマドが、ムスリムと西洋が終末の日の前に衝突すると予言した場所でもある。『ダービク』の成功は、外国人戦闘員がなぜアル＝カーイダを避けISISに加入したかを説明する数ある理由の一つである。アメリカの主要誌『ニュー・リパブリック』は、組織が有名になった時アル＝カーイダをAOLに、イスラーム国をグーグルになぞらえた[59]。

PDF形式でダウンロードできる『ダービク』は、『タイム』や『ニューズウィーク』を彷彿とさせる。完璧な英文とともに、フォント、ページのレイアウトは大変に注目すべき最先端のものである。この雑誌は勧誘者を魅了し、シリアとイラクでおよそ八〇〇万の人口を支配下に収めたISISの法的な正統化を目的とする。そして世界中のムスリムを魅了して、モースルとラッカへの移住を促しISISの隊列に参加させる重要なプロパガンダの道具となる。どの巻号にもアブー・ムスアブ・ザルカーウィーの次の引用がある。「ここイラクでは火種に火がつけられた。その熱気はアッラーの許しにより、ダービクで十字軍を燃やすまで激しさを増し続けるだろう」。二〇一四年一〇月に発行された巻の冒頭の題名は、「失敗した十字軍」である。そこにはフォトショップで編集されたISISの旗が、ヴァチカンのサン・ピエトロ広場に翻る画像が提示されている[60]。二巻は「洪水」と題され、記事の見出しには「イスラーム国か洪水か」と記されている。編集論説で、彼らはカリフ制がノアの方舟であり、それこそが人類を来る大洪水から守るのだと主張している。

アブー・ナダー・ファラジュは二五歳のジャーナリストで、ラッカのＩＳＩＳの下で働いていた。彼はアレッポ大学で英語を学び、二〇〇七年に卒業した。彼は保守的で熱心なモスク礼拝者だったが、狂信的ではなくＩＳＩＳを単により待遇のよい雇用主と見なしていた。彼は『ダービク』を運営する四名の男性スタッフのためにアラビア語の記事を英語に翻訳していた。雑誌の編集者と記者は全員ヨーロッパ人だった。彼は「『ダービク』のスタッフは彼らの活動についてオンライン上で現れるあらゆることを点検し、賞賛よりも批判的な記述に多くの関心を示した」と言った。[61] アブー・ナダーは『ダービク』のスタッフを「グーグル中毒者」と形容し、以下のウェブサイトを日常的に愛好していたと付け加えた。それらは『ワシントン・ポスト』、『ニューヨーク・タイムズ』、『ハフィントン・ポスト』、『ウォール・ストリート・ジャーナル』、『フィナンシャル・タイムズ』、『フォーリン・ポリシー・マガジン』、『ル・モンド』、『フィガロ』、『ガーディアン』、『インディペンデント』、『デイリー・メール』、『サンデー・テレグラフ』、『ハヤート、シャルク・アウサト』、『クドゥス・アラビー』、『アハラーム』、『ワタン』、ＳＡＮＡ（シリア・アラブ通信社）、ＮＩＮＡ（イラク国営通信社）であり、さらにジェームズタウン基金の「テロリズム・モニター」、カーネギー中東センター、ランド研究所、ブルッキングス中東研究所が加えられる。彼らはＡＦＰ、ロイター、ＡＰ通信、ロシアのインタファクス通信を代理人を使い講読している。「またヒズブッラーのマナール・テレビとイランが後援するマヤーディーンも視聴している」。

ＩＳＩＳはソーシャルメディアに強く依存しており、世界中の外国人戦闘員を惹きつける主要な勧誘の道具となっている。彼らはファジュル・バシャーイル（朗報の夜明け）という名の投稿・画像シェア用のアンドロイドアプリを運営している。(62) ＩＳＩＳはまたアアマーク通信社、ハヤート・チャンネルを経営し、ユーチューブ経由で報道を行っている。アアマークはシリアとイラクにおける戦闘の報道の広範さで有名であり、多くの国際的、アラブ系テレビのソースとなった。ハヤート・チャンネルにおける最も重要な特集は、イギリス人捕虜でジャーナリスト、ジョン・キャントリーによる一連のレポートである。二〇一二年にジェームズ・フォーリーと並んで誘拐されたキャントリーは、二〇一四年九月から「私の言葉に耳を傾けよ」と題された映像に姿を現した。映像では「地上での真実」を描写するためとして、モスルからコバニに至るＩＳＩＳの戦場や都市の至る所が映し出された。

シリア政府はＩＳＩＳのツイッター、フェイスブックのアカウント、さらには『ダービク』のウェブサイトやユーチューブのビデオさえ禁止せず、逆に誰がそれらのチャンネルを閲覧したか確認できるようにした。ＩＳＩＳのユーチューブ・ビデオの一つは二〇一四年五月一七日にフルカーン広報によって公開されたが、二四時間以内に五万六九九八回閲覧された。二ヵ月後その映像は六〇時間の間に三万二三一三回ツイートされた。一時間あたり平均八〇七・二五ツイートに達したことになる。(63) 二〇一四年夏のモースル占領以降、ＩＳＩＳは二四時間で四万回ツイートした。運営サイトにより繰り返されるシャットダウンにも関わらず、ＩＳＩＳはツイッター上で特別に活動的であり、ハッシュタグを付けてメッセージを流布した。二〇一五年四月、ツイッター社は大規模な粛清で応対し、一日で一万ものＩＳＩＳと関係したアカウントを削除した。(64) しばらくの間、ＩＳＩＳは彼らのメッセージを別の場所に移すことを試み、クイッター、フレンディカやディアスポラのような代替のソーシャルメディアを利用した。

ＩＳＩＳの戦闘員も戦闘の最中に自らの写真を投稿するのにインスタグラムを用いた。その写真には時に気まぐれの外出時のものもあった。ＩＳＩＳ戦闘員は笑顔で、ハイタッチを交わし、互いの背を親しく叩きあっている――常にライフルを肩に吊るしながら。それは二一世紀のジハードの最良のプロパガンダであり、アブー・ムスアブ・スーリーのような初期オンライン・ジハード主義者が愛した光景であった。写真は同時に巨大な勧誘の道具ともなり、何千ものヨーロッパ、アメリカ、アラブ世界出身のジハード主義者を惹きつけた。一方でアメリカ航空戦闘軍団の司令官、「ホーク」（通称）カーライル大将によると、ＩＳＩＳがソーシャルメディアによって存在感を大きく見せようとすることをアメリカ空軍は利用し、多くの兵士と司令官を追跡、標的の対象とした。[65]

ＩＳＩＳは国家として生存するのに必要な全てのものを保有している。組織は独自の旗、境界、機能的な公共サービス、武装した警察、広報手段、製造中の貨幣、国庫と長、すなわちカリフを擁している。さらに第八章で詳しく見るように、ＩＳＩＳは国としての基盤を作り出す価値観をも発達させているのだ。

第八章　外国人ジハード主義者

アブー・ウスマーン・ビリーターニー《英国人》は二〇一一年の直前、戦火を被った国に到着するまで、シリアについて何も知らなかった。ロンドンのテムズ川北のタワー・ハムレッツで育った彼の父は一九六〇年にイスラームに改宗した。当時はパレスチナ武装闘争の最盛期で、アメリカの公民権運動が頂点に達していた。「私の父はマルコムXに影響された。彼は一九七〇年代初期にサウジアラビアで病院の看護師として働いた。ここで父と母はイスラームへの改宗を決意した」。アブー・ウスマーンの父は北アフリカ出身の中流家庭で育った。一九八六年に生まれたアブー・ウスマーンは、熱心なマイケル・ジャクソンのファンで、七歳で習得したムーンウォークでイスラームを祝福した。彼は一日五回の礼拝とラマダーン月の断食といった、信仰の主要な柱[i]を見て成長した。ユーフラテス川の三〇キロ西方のマンビジュにて、アブー・ウスマーンは最初にシリアに関心を向けたのはオンライン上のムスリムのフォーラムで、海外メディアを見たからではないと語った。

> 私はいつもオンライン上の議論に積極的だった。我々は政治ではなく、宗教的問題のみを話した。我々のほとんどがグレーター・ロンドンに住み、似たような経歴を共有していた。あるスペインからのムスリムの同胞が、シリアでイスラームのために戦うべく、マドリードでの職を辞したと語った。彼は（アサド）政権のムスリムへの残忍な扱いを映したユーチューブのビデオを送ってきた。彼は私に参加を求め、私はそれに合意した。

彼のスペイン人の友人は二〇〇一年から二〇〇二年までの短期間ダマスカスに住み、シャイフ・アフマド・クフタ―ロ―研究所で学んだ。二人の男は二〇〇九年からオンライン上の友人であった。

アブ―・ウスマ―ンはロンドン中心部のトルコ料理店のウェイタ―で、故郷の料理を懐かしむアラブ人観光客にケバブやタオ―クを提供していた。彼は失うものをあまり持っていなかった。「ロンドンは私にとって物価が高すぎ、もし有名私立校とつながりがなければ職業の流動性は僅かしかなかった」。アブ―・ウスマ―ンは強い英国訛のアクセントと深く威厳のある声で話し、その様はアメリカのジャ―ナリストたちを斬首した、ISISのビデオの「ジハ―ディ―・ジョン」と似ていた。「私は人生で銃を担いだことも、アラビア語を話したこともなかった。私はシリアへ、この戦争の全容を私自身で確認するために赴いた。私にはムジャ―ヒドゥ―ンや、戦闘行為に参加する意図はなかった」。要するに、彼はジハ―ド戦闘員というよりジハ―ド観光客であった。彼のスペイン人の友人は二〇一三年一〇月、シリア到着のちょうど三週間後に殺害された。「私のパスポ―トと旅行書類は彼が持っていた。彼の死体を回収できなかった。彼がいなくなると、私には後方で待機する以外の選択肢はなかった。しばらく後、私はシリアで職を探し始めた」。アブ―・ウスマ―ンはトルコ経由で安全にマンビジュに到着してから、両親にのみ居場所を伝えた。「父は私に幾らかのお金を送ると言ってきた。私は断った。自分だけを頼りにするつもりだった」。

ナ―スィル・ザルカ―ウィ―(アブ―・ムスアブ・ザルカ―ウィ―とは関係ない)という名のヨルダン出身のヌスラ戦線司令官が、二〇一四年の夏、彼に生活の糧を与えた。ヌスラ戦線のための英字紙の執筆を依頼したのである。「我々はそれをニュ―ズウィ―クのような外見にしたかった」とナ―スィルは言い、表紙カバ―に大きな緑色の目のニカ―ブを被った女性が写るアメリカの雑誌の最新版を見せた。

これはISISが『ダービク』の初巻を発行する前の事だった。マナーラ・バイダー機構は各号発行ごとに一〇ドルの支払いを提案したが、結局総額で一日あたりおよそ三〇ドルにまで達した。ヌスラ戦線は彼にエイサー社のラップトップ、ワイヤレスのインターネット接続とヌスラ戦線の出版部の資格証明書を与えた。「彼らは私のためにアブー・ウスマーンの名を選んだ。私はそれを気に入り、拒否しなかった。それ以来、私はこの名で通した」。ウスマーンはイスラームの三代目のカリフの名前であり、預言者の初期の教友、預言者の娘二人と結婚した人物である。アブー・ウスマーンは二〇一五年半ば時点で、未だマナーラ・バイダーで働いている。彼は自衛のため銃を携行し、アレッポ郊外の小さなアパートに住んでいる。その家はヌスラ戦線が所有し、アブー・ウスマーンは家賃を払っていない。「私はたった一度だけ銃を使った。荒れ地にいた野犬の群れを怯えさせるためだ。だが、もし私がこれを不信仰者、スパイやアサド主義者に対して使わなければならないとしても、私は躊躇しないだろう」。

彼の物語は二〇一三年以来、ヨーロッパからシリアに来た数千人の事例とほぼ一致する。この事実は彼ら外国人に対するアラブ人の固定観念――全ての人間が戦闘員になる考えに魅了された――を覆す。一部は確かに敵を殺すためにISISの地に来た。しかし他の者は、偶然に計画を思いつき、その地の滞在に満足を見出したのである。アラブと西洋の報道機関は彼ら全員を「外国人ジハード主義者」や「外国人戦闘員」という一つの集団に間違って集約してきた。彼らは皆外国人だが、その多くはジハード主義者でも戦闘員でもなかった。多くの者がヌスラ戦線を含む異なる集団で働いているが、全てISISの構成員という固定観念で捉えられた。実際には、九〇パーセント以上が過去に戦闘経験がなく、アレッポ、イドリブ、あるいはラッカに足を踏み入れた後に銃の携行の仕方を習得する。この事例は二〇一一年の夏以降到着した西欧出身の被勧誘者全てに当てはまる。彼らの最初の目標はヌスラ戦線で、ＩＳＩＳではなかった。ヌスラ戦線は当時表舞台で活動していた唯一のジハード組織であった。ＩＳＩＳが姿を現すと、多くの者がバグダーディーの新組織に寝返り始めた。同様のことは以前の前線であったアフガニスタン、パキスタン、チェチェン、リビア、イラクやアルジェリアから来た、歴戦の戦士には当てはまらない。彼らは豊富な経験と知識を持っていて、自分たちが何をしており、誰の下に加入したかを完全に理解していた。

アブー・ウスマーンのように、ヌスラ戦線に参加したほぼ全てのヨーロッパ人ははじめ資金調達係、衛生兵、翻訳係、原稿編集者や報道関係の助言者として雇われた。一部はアラビア語の授業を履修したが、それは必須のことではなかった。外国人ジハード主義者は隣人が非アラブである集合住宅に住み、互いに英語で会話していたのだ。したがって彼らはジハード組織の中でジハード主義者として成長していくことになった。彼らは長いあごひげを生やし、爆発物の訓練を受け、射撃を練習し、最後には必要なとき喉を切り裂くことを学んだ。このことはなぜ彼らの多くが手仕事を学んでいるときに死ぬのかを説明している。彼らは貧弱な戦闘員で、安易な標的だった。地元の環境を肌で熟知したシリア人のジハード主義者と違い、彼らは何も知らない領地を探索した。しばしば彼らは人生ではじめて入り込む、探索にグーグル・マップしか頼れるものがないような戦地へと送り込まれた。

「母」作戦

親シリア政府系メディアは、早くとも二〇一一年にはシリア北部の外国人戦闘員について報道した。

反体制活動家はその話を嘲笑し、全く事実に反すると主張した。だが政府はその説明を最後まで変えなかった。その後間もなくラッカとダイル＝アッザウルの住民が、平穏と安全を求めてダマスカスに移住してきた。恐怖に身震いしながら、彼らは「アラビア語を話さない」あごひげを生やした男が警備する検問の話をした。二〇一〇年以前、観光客はシリアの路上で地元民がほとんど英語を話さないことに不平を言っていた。今や観光客はいなくなったが、反体制派支配下のシリアの諸都市の路上では多様な種類の外国語を聞くことができる。それらは英語、フランス語、トルコ語、チェチェン語、タジク語、ウルドゥー語、ペルシア語、中国語とロシア語である。

二〇一二年、複数の西洋諸国の政府が、自国民の多数が武器を取りシリアのイスラーム反体制勢力に加わっている事実を認めた頃、世界はようやくシリア政府の主張を深刻に受け止めるようになった。ドイツの主要紙『シュピーゲル』は、二〇一二年半ばにシリア北部で戦うヨーロッパ人をはじめて報道した。(1) 最初期のヨーロッパ系外国人戦闘員は裕福な家庭出身の二四歳のフランス人の義勇兵だった。二〇一三年七月、エジプト系アメリカ人のアミール・ファールーク・イブラーヒームがペンシルヴァニアの自宅から失踪した。彼のパスポートはクルド人戦闘員によって占領されたＩＳＩＳ基地で発見された。(2) その夏のさらに後、二人のレバノン系スウェーデン人の兄弟が、ヒムスの四〇キロ西にある十字軍の城塞クラク＝デ＝シュヴァリエ付近で殺された。そのうち一人はシリア軍の検問で自爆用胴着を爆発させて死んだ。(3)

二〇一四年五月にフロリダ南部出身の二二歳の男がイドリブで自爆した事件は世界中の注目を集めた。ムニール・ムハンマド・アブー・サルハ（別名アブー・フライラ・アムリーキー）はヨルダン人の父とイスラームに改宗してヒジャーブを着用したアメリカ人の母の間で育った。彼は丁寧で愉快であり、バスケットボールをしてアメリカ人のラッパー・ジェイZを聞く普通の子供のようだった。両親としばしば中東を旅行し、戦争勃発後シリアのジハードに参加することを決意した。ヌスラ戦線は大きなトラックにロケット砲を搬入する彼の映像を投稿し、その後彼の「殉教」を告げた。彼の選択した名前「アブー・フライラ」はイスラームの歴史に深く根ざしている。預言者の教友で、多数のハディースの語り手の一人であり、五〇〇〇以上の逸話にその名前が記されている。元のアブー・フライラは子猫を好み地元のモスクでそれらの世話をしたため、彼の名を付けることは「子猫の」という意味も含んでいた。[4] 同じ名を称した二〇一四年のアメリカ人戦闘員は、やはり猫を愛撫する姿がオンライン上で捉えられていた。

この事件の後、西洋中がシリアへの渡航に赤信号を出した。ホワイトハウスの国家安全保障会議のメンバー、ブルース・リーデルは「シリアはイスラーム世界中からアサドと戦うための「殉教」志願者によるグローバルなジハードの新たな震源である。彼らはテロの流儀を経験で身に付け故郷に持ち帰るだろう」と言った。[5] 国連はシリアに潜入するジハード主義者は「前例のない規模」で、グローバルなテロとこれまで関わりがなかった諸国から到着している、と記録した。国連はその数を一万五〇〇〇人とし、「一九九〇年から二〇一〇年までの外国人テロリストの総数の何倍にも登る」と報告した。[6] フランス、イギリスとサウジアラビアは以前、「シリアの友人」の旗の下に集結し、複数のシリア反体制組織を財政支援によってその政治的抵抗を祝福していた。しかし突如考えを変え、「シリアの革命」は恐るべき誤りであったと見なした。EU諸国における「シリアの友人」の同類はジハード主義者の帰還を心配し始めた。一方サウジアラビアはＩＳＩＳのイデオロギーが自らの社会を不安定化させる影響をもたらすのを恐れていた。サウジアラビアで最高の宗教的権威、大ムフティーのアブドゥルアズィーズ・シャイフはサウジの若者に戦闘に加わるのを止めるよう話かけた。「これは間違っている。この戦闘は義務ではない。私は君たちにシリアに行くのを勧めない。彼ら［シリア反体制派］が望むのは君たちの礼拝だ。その地では組織間の確執があり、人はそこに行ってはならない」[7]。イギリスの警察はムスリムの母親に、子供がシリアに行かないよう説得することを求めた。これは二〇一四年に「母」作戦として公式に認可された[8]。少なくとも四名の父親（三名のベルギー人とロシア人）がシリア北部へ渡り、彼らの息子を家に連れ戻した[9]。

二〇一四年一月、マラガでシリアから帰国した直後のジハード主義者が逮捕された。四月にスペインはやはりシリア滞在暦があり、ISISとヌスラ戦線双方にヨーロッパ人を勧誘した二重国籍のアルジェリア系フランス人を逮捕した。両名とも自らの関与を隠そうとせず、長いあごひげを生やしムスリムの短い白の衣服を着ていた。二〇一四年三月半ば、スペインとモロッコの秘密警察はアル＝カーイダの勧誘のネットワークを標的にし、四人の容疑者をスペインで、三人をモロッコで逮捕した。ネットワークはベルギー、フランス、チュニジア、トルコ、リビア、マリ、インドネシア、そしてもちろんシリアと広範に広がっていた。二〇一四年五月、ノルウェーがISISのメンバーの疑いでオスロで三人の市民を逮捕した。うち二人はコソヴォ人で、もう一人はソマリア人だった。イギリスは元グアンタナモ受刑者を、シリアのテロリスト訓練キャンプに参加していたとして逮捕した。EUの司法・内務理事会はEU市民のうち三〇〇〇人がシリアで戦い、最も数が多いのがフランスからであると見積もった[10]。フランス外相のロラン・ファビウスはフランス人の人数を五〇〇人と見積もった[11]。ノルウェーの警察は四〇人のノルウェー人がシリアで戦っていると推計した。内五人は二〇一三年一一月に公式に死亡が宣告された。

多数のシンクタンクとメディアがシリアでの外国人戦闘員の実数について考察してきたが、彼らが偽造パスポートを使用して渡航するため正確な数を提示できなかった。多くのEU市民はムスリムを出自とする、アラブ移民の二世か三世であった。ヨーロッパ生まれであれ移民であれ、ヨーロッパ人であることは彼らの青い目と薄い色の髪ではっきりと分かった。シリア政府はダマスカスの公文書にこの件に関する全ての記録を有しており、それを国連に提出した。そのデータによると、近年シリアの戦場で活動する外国人の数は二万五〇〇〇人前後であり、この数は国連やジハード主義者調査機関によるどの報告よりも多い。歴史家はその数を額面通りに取らないだろうが、同時にそれを無視することもできない。「総計で、彼らは世界中の八〇ヵ国から来ている」。その僅か五パーセントが目下シリアの監獄で無力化され、七パーセントがシリア軍か、アメリカ主導有志連合、敵対する反体制勢力によって殺害された。

外国人戦闘員の平均年齢は二五歳である。そのほとんどは二〇〇一年の九・一一が起きた時まだ子供であった。彼らのほぼ六〇パーセントがシリア到着時独身であり、ほとんどが生活基盤を整えた後、地元社会の者と結婚する。多くはムスリムの家庭出身で、過去の経緯で両親との複雑な関係、継父、継母の虐待、失恋や経済的困窮による生活の破綻など、何らかの問題を抱えていた。特筆すべきことにヨーロッパ人のジハード主義者は誰も、アブドゥッラー・アッザーム、ウサーマ・ビン・ラーディンや二人のアブー・ムスアブのようなグローバルなジハードの伝説的な人物と出会ったことがない。アブー・アムル・フィラスティーニーは、ヌスラ戦線で医師とジハード戦闘員を兼務しているが、興味深い事実を明らかにしている。彼はアラビア語を話さない外国人戦闘員は一般的に騙されやすく、ナイーブだと主張する。シリア人のジハード主義者は彼らを「輸入された支援者」と考えるが、シリア人自身の問題には全く関わらせない。このことはシリア人対非シリア人という、ジハード主義者の中の優越性に関するコンプレックスの結果である。

（外国人の）ある者は騙され、品物を天文学的な金額で、国際通貨で支払うことを要求された。他の者はアラブの冗談で皮肉をこめて揶揄され、悲しいことに何人かの我々の同胞は、外国人が自分たちについて言われていることに、物も言えないほど驚くのを見て笑い出した。礼を弁え、同胞たちは集団の中で笑うだけだった。

アラブ人はあらゆる場面で大笑いできた。だが地元の戦闘員は、カリフの命令でより良い給料、より良い住居を提供される外国人に憤慨していることを特筆すべきであろう。外国人戦闘員は民間人の人口密度が高いため有志連合の空爆が稀な市内に住み、一方地元戦闘員はラッカの郊外に居住した。有志連合は可能な限り民間人の犠牲を避けるため、人口稠密地区を爆撃の標的にするのを避けるが、それをISISはむしろ利用している。

ISISは外国人戦闘員を二種類に区別した。イスラームの平等性に隠れて、ISISは実際には非常に人種主義的な組織である。「外国人」の用語は非アラブ人と、ISISにとっての難題であるシリア人でもイラク人でもないアラブ人の双方に適用された。ISISが多様な外国人たちを扱う方法には大きな違いがある。ヨーロッパ人と北米人は一つのグループに集められ、他の「外国人」――中国人、インド人、ナイジェリア人、パキスタン人、アフガン人は別に配置された。一部の地元戦闘員にとっては、「外国人戦闘員」とはアルジェリア人、リビア人、スーダン人、イエメン人戦闘員をも意味した。知識と経験が別の分野に属するため戦場から避難させられるのはヨーロッパ人であった。ISISは彼らを広報、工事や技術的業務に就かせるのを好んだ。それに対して他の「外国人」を戦場に送ることを選んだ。戦場では、経験が浅く人数が多い者たち（民間が出自の地元シリア人、スーダン人、ナイジェリア人）が前線に立たされた。彼ら前線の歩兵がまずはじめに死ぬ者たちであった。彼らの後にシリアとイラクで戦闘の経験を積んだアラブ人が続いた。最後尾には指揮をとるシリア人のジハード主義者がいた。

欺されて自爆へ

アブー・アムル・フィラスティーニーはパレスチナのハイファ出身でダマスカスのヤルムークで育ったISISの戦闘員である。彼はISISの自爆作戦を実践する者が、常に自分たちのすることを自覚している訳ではないと指摘する。

多くの者は使い走りの用事、例えば紙の束や小包を特定の地点に運ぶよう命じられる。彼らは仕事をするための車を与えられるが、それにダイナマイトが積まれていることに気付かない。特定の地点に到達したとき、それが軍の検問、政府の庁舎、カフェであれ、彼らは品物を取りに面会に来る誰かと電話するよう命じられる。彼らが電話番号を押した瞬間、予め仕掛けられた自動起爆装置によりその車は爆発する。

それから彼らはユーチューブの映像やオンラインのプロパガンダで「栄光ある殉教者」に祭り上げられる。アブー・アムルはこのようにしてヨルダン出自の米国人、ムニール・ムハンマド・アブー・サルハ（別名アブー・フライラ・アムリーキー）はイドリブで死んだと主張する。

あるエジプト出身のアラブ人戦闘員は外国人ジハード戦闘員に対する別の忘れがたい所見を提示した。「彼らには自分たちがしていることを知る手掛りがない」。彼は大都会アレッポからスカイプを通じて叫んだ。彼は「改変、催眠と恐喝」が、ヨーロッパ人ジハード主義者勧誘の共通した手段だと言う。シリアに到着すると、彼らは平凡で給料がまずまずな仕事と手放しの歓迎に魅了される。だがもしこれ以上にシリアにいたくないと感じ、離れる時期だと決意しても、彼らは離脱を許されない。ＩＳＩＳ戦闘員を運ぶバスは彼らの司令官の公式の許可なく施設の外に出ることを認められていない。

彼らの旅行書類は所属する部隊の誰かに没収される。彼らはもしヨーロッパに帰還したら、西洋の秘密機関に殺されると告げられる。ある者は帰れると告げられるが、しかしもし本当に妻や子供を残して離れると、残された者たちはムジャーヒドゥーンに戦利品として「与えられ」る。戦場を離脱するのは罪であり、最終的に罪を犯した者にはどんな刑罰も厳しすぎるということはない。

アブー・アムルは少なくとも二人のフランス人、一人のリトアニア人が帰還の意志を表明したためＩ

ＳＩＳに銃殺されたと証言している。

精霊による罰

ジハード主義者にＩＳＩＳから離脱させる意志をなくさせる、特筆すべき罰の形態がジン（精霊）の利用である。ジンとは不可視界に住む、イスラームの神話における超自然的な存在である。それらの住む世界は人類の理解を超えたところにあり、特定の生き物だけが見ることができる。クルアーンで頻繁に言及され、七二章、アル＝ジン章は全てその件に当てられている。イスラームは、ジンが人と物理的に交流可能で、かつ人と同様に善と悪の性質の両方を持つと伝えている。一般的に邪悪なジンは天使の善と対立して行動する。これはキリスト教文化における悪魔と同じである。それらは長距離を瞬時に移動し、遠い地域の農場、洞窟や山に住み着く。ジンは煙の出ない炎から創造され、都市、家、人々の魂に入り込む。ジンに取り憑かれた時のみ人類はそれらを見ることができるが、その状態は通常悪夢の形をとって現れる。

ジハード主義者はＩＳＩＳの哲学を書物、要約された文学、説教の拝聴と映像の視聴により取り込むよう訓練される。一度洗脳されると、ＩＳＩＳの古参は彼らをジンで虜にしようとする。それは黒魔術、催眠、精神的闘争が一つにまとまったものである。ジンには疑いを抱いた造反者、ＩＳＩＳを離脱する方法を探る者を形而上的・精神的な意味合いで苦しめることが要請される。これはヨーロッパ人にもアラブ人にも等しく適用される。

被勧誘者は幻覚を生じ、彼を取り巻く全ての人間の形を取ったジンを見始める。彼の子供や妻さえも悪魔に変質させられる。ジンに取り憑かれた者は誰でも深刻な不振に陥り、あらゆる人と物から自身の距離を置く。ジンは精神的、身体的苦痛を与え、身体の一部を完全に機能停止させることができる。一部のジンは我々の戦友の手と足を不自由にした。一部は心理と魂を食い尽くしてしまった。それは人を夜中に締め付ける。眠り、消化や風呂場に行くことすら妨げる。

この物語の語り手は話を真面目な顔で語り、ISISが地下世界を操る能力に完全な確信を抱いていた。「ジンはとても、とても強い」。彼は一つの事例として、若い外国人ジハード主義者が水の消失の呪いにかけられたと言う。彼が水を飲むため容器を取り上げたり、入浴や洗浄のため蛇口をひねったりすると、水はジン憑依者の命令により空気中に蒸発した。様々なジンへの対策として、魔法使い、妖術師からクルアーンの節を読誦する敬虔な男性までが悪意に満ちたジンを退散させるために用意された。羊飼いの杖はジンが赤い水銀を喰うのを好むため、長く保存された。赤い水銀はそれらに力をもたらし「若き日に戻らせる」ためである。ISISは疑いを抱いた造反者を完全に支配下に置き、組織のために戦死する、あるいは敵の喉を切り裂く準備ができた場合のみジンから「解放」した。ISISのジン憑依の達人はモロッコ人の狂信者、アブー・ヤフヤー・マグリビーであった。

アラブ人ジハード主義者

スンナ派アラブ諸国出身のアラブ人ジハード主義者はISISの外国人集団の中で大きな割合を占め

る。シリアの外国人ジハード主義者のアラブ人コミュニティーで最大のものは、驚くまでもなくイラク出身者で、その多数はISISによって二国間の国境が大きく撤廃されたため移動してきた。第二はチュニジアで、二〇一四年後半には三〇〇〇人の戦闘員を擁した。第三はサウジアラビアで、戦闘員は二五〇〇人である。第四はヨルダンで、戦闘員は二〇〇〇人。[12] あるヨルダン人造反者は、二〇一三年にシリアのヌスラ戦線に加入するため離脱するまでは、彼の国の空軍大尉であった。ヨルダン人戦闘員の指揮官ムハンマド・シャーラービー（別名アブー・サイヤーフ）によると、二〇一四年にシリアに七〇〇人以上の戦闘員が到達した。国連に提出された報告書の一つは、シリア政府は二六人のアル＝カーイダ戦闘員を逮捕し、うち一九人がチュニジア出身であったと記録している。[13] 二〇一三年五月、チュニジア外相ウスマーン・ジャランディィーは八〇〇人の自国民が実際にシリアで戦闘に従事していると認めた。チュニジア暫定大統領の報道官ムンシフ・マルズーキーは、彼自身「アラブの春」支持者だったが、弁解を試みて「我々の青年たちは良い意図を持っていたが、おそらく彼らは策謀家の手におちてしまったのだ」と言った。

モロッコが一〇〇〇人の戦闘員で五番目にきて、レバノンが九〇〇人でこれに続く——国家の規模の小ささを考えると例外的な高位である。レバノンについて言えば、政府の記録ではスンナ派ムスリムのジハード主義者のみが反体制派に従い戦っている。この数はシリア軍と共に戦う、一万前後と推定されるヒズブッラーのシーア派戦闘員を含まない。レバノン人ジハード主義者は主にアル＝カーイダに影響を受けたファタハ・イスラームから来たが、同組織は二〇〇八年にレバノンの官界に対し戦争を仕掛け、レバノン軍によってトリポリから追い出された。トリポリ市の高位聖職者マシン・ムハンマドはレバノン人ジハード主義者への激励の気持ちを隠そうとしない。「シリアの自由のための闘争は我ら自身の自由のための闘争だ。我らレバノン人はシリアの革命の味方であり、反体制運動の味方である」。彼はバッシャール・アサド大統領を不信仰者と非難し、「全てのムスリム、全てのアラブにとって不信仰者と戦うのは義務である。シリアで聖戦があり、そこでは若者が血と、名誉と、自由と、栄光のためにジハードを行っている」と付け加えた。[14] シリアとヒズブッラーの高度な諜報活動により、多数のレバノン人ジハード主義者がシリアの刑務所に収監されている。彼らはシリアの治安機関にとって、追跡と殺害の最も容易な対象である。

シリアを地盤とするリビア人の反体制活動家は四一歳の、リビア革命時に旅団司令官であったアブドゥルマフディー・ハーラーティーであった。彼らは総計でおよそ六五〇〜七〇〇人の訓練された戦闘員である。[15] 全員がリビア革命からの軍事経験を持ち、そのほとんどが三〇代はじめから半ばである。彼らは主に手榴弾やロケット砲推進器の使用に熟練している。二〇一〇年一二月にいわゆる「アラブの春」が勃発する以前、ハーラーティーはアイルランド人の妻と共にダブリンに住み、アラブ移民にアラビア語を教えていた。彼は二〇一一年二月にリビアの指導者ムアンマル・カダフィーに対する叛乱が起きた時トリポリに帰還した。彼は後にトリポリ軍事評議会の副司令官となった。泥棒がアイルランドのハーラーティー宅に侵入して高価な宝石と二〇万ユーロを盗み出したことで、アイルランドの当局から尋問された。ハーラーティーは、それらはカダフィーの打倒を支援するためCIAから贈られたと答えた。[16] ハーラーティーはトリポリの評議会を二〇一一年一〇月に離れ、シリアに実態調査の任務で赴いた。そこで独自の民兵リワー・ウンマを組織したが、すぐに自由シリア軍に吸収された。シリアに到着した時、彼は資産と現金、カダフィー後のリビアを離れた武装した男たちを連れていた。少なくとも五パーセントの武器は反体制派の拠点から鹵獲され、全て直接リビアに返送されたとシリアの治安機関の文書は確認している。ハーラーティーは武器を野菜輸送車や小型トラクターに載せ、第六〇五シリア・イラク国境を通ってシリアに密輸していた。シリア側のソースによると、彼はシリアに常時滞在せず、頻繁にリビアと行き帰りしている。

エジプトはシリアのジハード主義への貢献で大きくリビアに遅れをとっている。エジプトの同胞団により組織の人員をシリアのジハードに送り込む試みが繰り返しなされているが、ほんの僅かしか渡航を達成していない。シリアの文書ではエジプト人の人数を二〇〇~二五〇人と見積もっている。隣り合うリビアとは異なり、彼らは訓練も装備も貧弱である。順位のさらに下位は各一〇〇人を提供するイエメン、ソマリアとスーダンであり、バハレインとクウェートが二五人で続く。パレスチナ人はシリアに点在し、紛争の両陣営で戦っている。ハマースは反体制派を支援し、親アサドのパレスチナ人はアフマド・ジブリールに忠誠を誓い、シリア軍に従い戦っている。反体制派内部でも、パレスチナ人のサブ・グループがレバノン人、ヨルダン人のコミュニティーの中に見出されるだろう。反体制派は異なる経験を有するものの集まりであるが、等しくダマスカス、ヒズブッラーとイラン、ロシアの連合によって苦しめられた。シリアの公文書によると、二〇一四年の間に彼らの約七〇〇人が殺害された。

西洋人戦闘員

ヨーロッパ人戦闘員はシリアのジハードに数多くが参加している。クィリアム研究所はヨーロッパ出身の外国人戦闘員の数を一万六〇〇〇人と見積もっている。[17] フランス人ジハード主義者の数は二〇〇三年と二〇一四年の間に六九・九パーセント増加した。フランス首相マニュエル・ヴァルスは、二〇一一年の紛争開始以来、九〇人のフランス人がシリアとイラクで死んだと述べた。[18] シリアの戦場でドイツ人は六六・七パーセント増加した（合計で四〇〇人）。およそ六〇〇から七〇〇人の男性戦闘員がイギリス出身で、フランスとトルコがそれぞれ約四〇〇人で続く。イギリスの内務大臣テリーザ・メイは最近、「イギリスとつながりのある人物四〇〇人」がシリアのＩＳＩＳに参加したと述べた。[19] ロンドンのキングス・カレッジにある過激主義研究国際センターは、三六六人におよぶイギリス国民が二〇一三年一二月からシリアでの戦闘に参加したと見積もった。[20] 二〇一四年一〇月、ロンドン警視庁の長官バーナード・ホーガン・ハウは言った。

我々にはなお彼ら（ＩＳＩＳ）に参加する者が週あたり五人は平均で存在する。週に五人はそう多く聞こえないが、一年は五〇週だと考えると二五〇人以上で、我々がすでに出国したと考える数より五〇パーセント多い（……）その数は我々が出国したと確信する者の数だ。おそらく他国を経由してシリアとイラクに入るものはもっと多く、破綻した国家や警備の緩い国境線であれば常に特定することができない。

リストの四番目はおよそ三〇〇人のジハード主義者を送るスペインである。五番目が一六二人のボスニア、次いで二一二人のベルギー、それに一六八人のドイツが続く。アメリカは中間で、およそ一〇〇人の戦闘員、次いでカナダ（七〇～七五人）、イタリア（三五人）とフィンランド（二〇人）である。スカンジナビアの反体制派はより少ない。スウェーデン（八〇人）、デンマーク（七〇人）、ノルウェー（四〇人）である。アイルランドはシリアに二一人の戦闘員を、オーストリアは六〇人を送り込んでいる。二〇一二年の前半に、概算で七〇〇～一四〇〇人の外国人がイラク、トルコ、ヨルダン国境を経てシリアに入った[21]。

緩慢な国境線

外国人の最大の流入経路は長大な国境線があるトルコとイラクを通過することであった。トルコはシリアへの外国人の流出を止めるのを望まなかったし、イラクの国境線はISISが破壊したため混乱した状況にあった。ジハード主義者はシリアとの行き来をほとんど被害なしでできた。ノルウェー防衛研究所は二〇一三年に一二ヵ国、一一三二から一七〇七人のヨーロッパ人がシリアでの戦闘に参加したと見積もった。その最大の数はフランス（二〇〇～四〇〇人）、イギリス（二〇〇～三〇〇人）、ベルギー（一〇〇～三〇〇人）であった。経験の欠如は留意すべきであり、二〇一三年の最初の六ヵ月で報告された「殉教者」六〇〇人のうち、アフガニスタンやリビアで過去に戦闘を経験した戦闘員は二〇人未満だった。

僅かしかアラビア語が話せないため、外国人戦闘員はヌスラ戦線やISISのようなジハード主義集団で公式に認められる前に多くの準備を経ねばならない。戦闘員は司令官（アミール）に全ての私的書類を手渡し、その後三〇～四五日間の訓練を行う。以前チェチェンやアフガニスタンで戦ったジハードの古参には免除が認められている。免除者は自分が少なくとも一年の戦場経験を積んだことを証明する必要がある。外国人戦闘員は加入から四ヵ月の間は、シリア国外への旅行は許可されない。この制限は全員の上に課された。この期間、新加入者は訓練態度、意志、振舞いを間近で観察される。一度離隊許可が与えられると彼らは私的理由で組織を離れられるが、それには司令官に申請書類を提出しなければならない。彼らはそこに行き先、出発の理由と帰還する正確な日時を説明しなければならない。

ヌスラ戦線とISISは何にでも費用を支給する。外国人戦闘員の宿泊施設に始まり、食事と彼らのシリアへの片道旅券を含む出費まで負担する。ムハージルーン（移住者）の指導は軍事司令官、シャリーア委員会、シューラー評議会とメディア部門によって担われる。この仕組みは最初に一九九二〜九五年のボスニア紛争期に出現し、二〇一一年以後シリアで復活したものである。ターリバーンは戦闘員に中東へ渡航し、シリア北部で軍営を築くことを奨励した。パキスタンにいるターリバーンの司令官によると、男たちが送られるのは「我々のアラブの同胞がこの地に来て我々を支援した。そこで我々には尊敬すべき彼らの国で彼らを支援する義務がある」という理由からであった。[22]その呼びかけは世界中のジハード主義者の間に広まった。

中国人戦闘員

ほとんどの西洋系メディアはチェチェンとヨーロッパの外国人戦闘員に焦点を当て、シリアの戦場における中国人という要素を無視している。しかし中東のムスリムは、中国のウイグル族と共通の宗教でつながっている。ウイグル族は東部、中央アジアに住む保守的なムスリムの民族集団で、大部分が中国に集中し、そこでは五六の少数民族の一つと認識されている。イスラーム系メディアは二〇〇九年七月の五日の新疆の首都、ウルムチでのウイグル族の暴動に大きな関心を寄せた。中国当局は一年間の報道管制を新疆に敷いたが、そのことによって彼らの苦境は国際的な注目を浴びることとなった。エジプトとシリアの同胞団は中国政府をフスニー・ムバーラク、バッシャール・アサドと比較した。トルコの首相レジェップ・タイイップ・エルドアンは中国が新疆で「ほとんど民族浄化に当たる罪を犯している」と述べた。アル＝カーイダは世界中で中国人を標的にした襲撃を実施すると脅迫した。[23]二〇〇九年八月、アル＝カーイダは中国の「体制」がイスラエルのシオニストのそれと類似し、新疆がムスリム世界の「忘れられた傷」であると付け加えた。[24]

中国はロシア、イランと同様に、二〇一一年以来シリア政府を強固に支持している。中国政府は二〇一二年以来、新疆からのウイグル人戦闘員が反体制派と共にシリア軍と戦っていると主張している。[25]二〇一二年の夏、中国はイスタンブルで学んだウイグル人戦闘員が自由シリア軍の下アレッポで戦い、新疆に帰還したと述べた。彼は中国政府に対してテロ行為の実施を計画したとして逮捕された。シリアの戦場は中国人ムスリム戦闘員を過激化させ、疑いなく彼らに広範な同盟者・友人のネットワークを提供している。彼らはおそらく将来、中国全体に破壊を広げるだろう。それに加えて、ジハード主義者の間で新疆の問題は国際化し、シリアのジハードが失敗しても成功しても、彼らが中国に渡航する刺激となるだろう。

ＩＳＩＳの先達、イラクのアル＝カーイダはウイグル族に率いられ、ターリバーンおよびパキスタンに拠点を置くウズベキスタン・イスラーム運動（ＩＭＵ）とつながる、トルキスタン・イスラーム党（ＴＩＰ）に対する公式な支援を表明した。[26]ＴＩＰはアル＝カーイダと同様、イスラーム的カリフ制を中央アジアに樹立し、中国の共産主義を根絶する野心を表明している。TIPは中国政府がイスラーム法学者を暗殺し、中国のムスリム女性がヒジャーブを着用するのを禁止したことを非難する。二〇一二年二月、TIPはパキスタンと新疆国境の北二四〇キロにある葉城で襲撃を実行し、中国市民が頻繁に利用する商業地区でウイグル族の集団が二四人の民間人を殺害した。[27] 二〇一二年一〇月一日には、TIPは国境警察二一人を殺害した葉城でのバイクによる自爆攻撃に犯行声明を出した。[28] シリアでの戦争が始まると、TIPは組織がシリアに戦闘員を送ることを告知した。「もし中国がシリアのバッシャール・アサドを支援する権利があるのなら、我々には尊厳あるシリア人ムスリムを支援する完全な権利がある」。[29]一ヵ月後、ヌスラ戦線は中国の反体制派がシリアの戦友と並んでいる映像をユーチューブに投稿した。中国の公式の推計では、一〇〇人に達するウイグル人が洗練された軍事訓練をパキスタンで受けた後、トルコ経由でシリアに渡航したという。[30] ウイグル人に加え、シリアでは多くの中央アジア人、カフカス人が戦っている。

中国の反体制派と同じく、ウズベク人もシリア・トルコ国境を通じて反体制派を密入国させ、そのうちの一人は二〇一二年までアレッポのイスラーム主義部隊を率いていた。[31] キルギスは国の南部出身の、キルギス系、ウズベク系、タジク系の民族を出自とする一五人ほどの青年が、シリアで戦うためトルコに渡ったと述べた。[32] シリアの文書では三〇人のタジク人戦闘員がトルコからの国境を越え、八人のカザフ人ジハード主義者が二〇一三年七月に逮捕された。それらの文書はロシアのタタール・ムスリムがアレッポに現れ、中国人イスラーム改宗者ユースフ・シーニー旗下の移民の部隊を先導したと付け加えている。他の中国人ジハード主義者、ボー・ワンはユーチューブの映像に現れ、シリアの人々に彼の国がバッシャール・アサドを支援するのを謝罪した。彼は北京に「即座にあらゆる形式でのアサド支援をやめること」を警告し、仲間の中国人ムスリムにシリアで「不信仰者」と戦うよう強く訴えた。シリアではアゼルバイジャン人のジハード主義者の姿も見られた。

チェチェン人反体制派

チェチェン人出身者のコミュニティーは最も小さな集団の一つだが、シリアの戦場での外国人ジハードの中でも最も有力である。その数の少なさにも関わらず、二〇一二年以来彼らは最もメディアの注目を集めた。反体制側の文書ではシリアのチェチェン人戦闘員は合計で一五〇〇人とされ、政権側は一五〇〇から二〇〇〇人の間としている。我々が確かに知りうるのは、二〇一一年の対立の発生以来、およそ五〇〇人の北カフカス人がシリアで殺害されたということである。ソヴィエト連邦崩壊後、彼らの多くは中東でアラビア語とイスラームのシャリーアを学ぶために北カフカスを離れた。それは彼らがイスラーム的アイデンティティーを再発見し、クルアーンの言語の話者から教えを受けたということだった。アラブの春が起きた時、その多くはシリアとレバノンに居を構え、同胞を説得して反体制派に参加、結集させるのに重要な役割を果たした。故郷への帰還は、ラムザン・カドイロフの親ロシア政府が独立運動に味方した者を未だに追跡し続けているため不可能であった。結果的にシリアが彼らの新しい故郷となり、新しい戦場となったのだ。

ジハードに参加した最も有名なチェチェン人はウマル・シーシャーニーである。タルハン・バティラシュビリの名で一九八六年に生まれ、遠く離れたグルジア北東部のパンキシ渓谷に移住した。彼はアメリカ軍の指導下にあるグルジア軍で勤務し二〇〇六年から七年にアブハジア共和国に配属された。結核の症状が出て彼は除隊させられ、軍事的戦闘には相応しくないと宣告された。二〇一〇年、彼は違法な資金獲得と武器の貯蔵により逮捕された。解放されるや彼はエジプト、次いでトルコに赴き、二〇一二年最終的にシリアに落ち着いた。彼はたちまちアブー・バクル・バグダーディーの注意を惹きつけ、ISISに勧誘され北部戦線の司令官となった。二〇一三年の一〇月には、三人の主要なチェチェンのジハード主義者が続いた。彼らはエミール・ムスリム・マルゴシュビリ、エミール・セイフッラー(ルスラン・マカリアシュビリ)、そしてアブー・ムサアバであった。(33)いずれも五〇代はじめの経験豊富な男たちであり、チェチェンとダゲスタンで優勢な敵軍に対する戦闘を指揮した。エミール・セイフッラーはウマル・シーシャーニーの子分であり、二〇一三年九月に独自の民兵を組織するため離脱して、二〇一三年一二月に正式にヌスラ戦線に加入した。

バグダーディーはウマル・シーシャーニーのことを、苛烈な戦闘員で、しかもシリア人ではないという理由で好んだ。彼はわずかしかアラビア語を話さないので、ISIS内部でクーデターを起こす機会は限りなくゼロに近かった。またシリアのISIS領土を自分で支配することも望まなかった。さらにバグダーディーは、シーシャーニーのジハードに対する適性は自分よりもずっとあると理解していた。その結果、彼はシーシャーニーを従属させるべく、攻撃するよりも自分の緊密な支持者にすると決めた。バグダーディーの援助からも、誇張気味のメディアの注目からも遠ざけられ、ウマル・シーシャーニーは非常に脆弱な権力基盤の上でシリアの反体制コミュニティーの指揮をとった。シーシャーニーはシリアのジハード主義者に「感謝されない」こと、自分たちがどのように物事を行うべきか教えにきた「輸入された外国人」と見なされていることに不満を述べた。

シーシャーニーのISISへの忠誠表明は、彼の最も親密な支持者を遠ざけた。二〇一三年後半、副司令官サラーフッディーン・シーシャーニーは彼を非難し、ジャウラーニーのヌスラ戦線に加入した。ムラド・バタル・シーシャーニーは『テロリズム・ミニター』に寄稿し、「ジハードは「レヴァントでの方が容易である」と認めながら、サラーフッディーンは「ジハードはカフカスで行うのが良い。そこではモスクワとロシア人の不信仰者が我々と何世紀も戦ってきたのだ」と言った。サラーフッディーンはさらに、「ジハードを故郷に持ち帰ることが重要だと話を広げた」と述べた。(34)

二〇一三年三月、ウマル・シーシャーニーの移民部隊は「ハッターブ部隊」および「ムハンマドの軍集団」を併合した。(35)ハッターブ部隊はムスリムの第二代カリフ、ウマル・イブン・ハッターブのことではなくサウジのジハード主義者、サミール・サーリフ・アブドゥッラー・スワイリム（別名アミール・ハッターブ）に因む。アミール・ハッターブはロシアの秘密警察が二〇〇二年に彼を毒殺するまで、チェチェンでアラブ人ジハード主義者を統率していた。その二つの小集団がウマル・シーシャーニーに忠誠を誓い、「ムジャーヒドゥーンとアンサール軍（移住者と援助者の軍）」を名乗った。ロシアは疑いの余地なくこの脅威を誇張し、一九九九年以来、懸命にチェチェン人とアル＝カーイダの間のつながりを探し出そうとしている。ウラジーミル・プーチン大統領は、彼が単なるチェチェンの反体制派ではなく、国際的テロリズムと戦っているのだと世界に信じさせようとしている。そのような論拠はロシア軍の優越性に対する疑問への——つまり偉大だった軍隊が小規模なムスリム反体制派に脅かされているという事態に対する——返答として都合が良い。そこでモスクワは反体制派がはるかに強大な勢力とつながっているに違いないと信じた。アル＝カーイダは世界を舞台にしており、ロシアにとって反体制派をウサーマ・ビン・ラーディンに結び付けるのは好ましいことだった。

現実に両者がつながる機会は何年も後、ビン・ラーディンが二〇一一年に死んだ後で訪れた。彼の副官で後継者、アイマン・ザワーヒリーはチェチェンの苦境について、実体験を通じて非常に良く知っていた。ザワーヒリーは自ら北カフカスを訪れ、そこでロシア人に逮捕されて強制追放となった。彼はその時期の生活に関する回想録を執筆している。何世紀もロシア帝国と戦い続けた結果、その残忍さ、頑強さと軍事的勇敢さで有名となったチェチェン人戦闘員に対してザワーヒリーは心からの愛情と尊敬を抱いた。カフカス首長国の指導者シャイフ・アブー・ムハンマドは、バグダーディーのISISに関する論争の中でザワーヒリーとジャウラーニーの側についた。実際にアブー・ムハンマドはザワーヒリーを「我々の導師」と呼んでいる。さらに彼はウマル・シーシャーニーがISISを支援しているのを批判し、シーシャーニーが「ロシア語とアラビア語を操る能力に乏しい」ことを理由にメディアに向け話すのをやめるよう求めた。アブー・ムハンマド自身もかつてシリアに住んでいたのである。

ジハード主義者コミュニティーの堕落

シリア戦争下の外国人ジハード主義集団は多数のメディアの注目を惹きつけている。だが、アジア、ヨーロッパとバルカンを網羅した直接的指揮系統はまだ知られていない。シリア反体制派はかつて、大人数の外国人ジハード主義者の存在に懐疑的であった。その後彼らをシリアの蜂起に対する肯定的な増援と見なして歓迎した。斬首がありふれたことになり、西ヨーロッパ中に恐怖が広まると、反体制派は完全に距離を置き、外国人反体制派にシリアを離れるよう要求した。しかし時はすでに遅すぎた。

試験の期間とシリア軍およびアメリカ軍の空爆を生き延びた者は、シリアでの新しい生活に慣れ始めた。ウマル・シーシャーニーはアレッポ郊外のフライターンで二階建ての優雅な邸宅に住んだ。その家は裕福なアレッポ人で、皮肉にも同じウマルという名のビジネスマンから没収したものだった。ウマルは自分の家に帰った時、カフカス出身のあごひげを生やした警備の男たちが家の大きな木製のドアを鉄製の器具で防護しているのを見て呆然とした。「ここはウマル・シーシャーニーの家だ」と警備の男たちは彼に銃口を突き付けながら言った。ウマル・シーシャーニーはしかし、不満を聞くため彼を招き入れた。ビジネスマンはそこに装飾業者がおり、家具とカーテンは取り払われていたのに気付いた。ウマル・シーシャーニーは邸宅の泡風呂を愉しんでいたが、なぜ煙突が機能していないかを知りたがっていた。自身をこのようなぜいたく品で満足させるようなジハード主義者は、シリアを一時的に通過する者ではなかった。それはISISが占領した領土で人生を過ごすことを計画する者であった。

ウマル・シーシャーニーの新しい邸宅からそう遠くない場所で携帯電話店を営むハーリド・ビールは、外国人ジハード主義者が送るこのような生活様式について語った。

我々は戦争が終わったら、外国人は荷物をまとめて離れると聞かされた。彼らは平和な時間に耐えられないからだ。社会は彼らを締め出すだろう。しかし戦争が長引くほど、彼らはシリアの社会の中に入り込むようになる。

ビールは、このようなジハード主義者の妻たちが独自のコミュニティーを形成し、毎週金曜日の朝に集会を開いていると付け加えた。「彼女たちはそれを、夫が礼拝に赴く前の早い時間にやる」。多様な外国から来た女性たちは、茶を飲み、社会の出来事について噂話をし、時にはカードやスクラブルで遊ぶため遠出した。

ビールは大学を中退した二五歳の若者で、二〇一一年以前は電気工学を勉強していた。「私はこの人たちを良く知っている。近所に住み、iPhoneのアップデートやアプリのダウンロードのために私の店に来るからだ。検問で禁止されるような「ダイヤモンドラッシュ」や「アングリーバーズ」(アプリの名前)は家の中では許されている」と彼は付け加えた。ビールは一〇機のiPhone6が二〇一四年最後の二ヵ月で売れ、各月八〇〇ドルの収入だったと言う。「彼らはシリア人の客よりも金離れが良い」。そして「はじめ、彼らは何にも金を使わなかった。いつもライフルを肩にさげて歩き、欲しがるものは何でも手に入れた。今や彼らは良いものを買うためには金を払う」と含み笑いした。ビールは興味深い観察をしている。外国人戦闘員は新しい彼らの家の壁に、まず家族の写真を掲げる。「一時通過なら、あなたはそんなことはしないでしょう」。家の装飾は外国人について何かを示している。飾りのない壁は彼らに、そこが一時の宿だと想起させる。写真のある装飾された壁では正反対のことが言える。

パスポートなしで

ＩＳＩＳの二〇一四年のプロパガンダの映像のひとつは、かがり火の周りに集まる外国人戦闘員の姿を映した。それは中世ヨーロッパの光景のようだった。一人一人、戦闘員は自分のパスポートをカメラに提示し、ほとんど復讐ともいえる動きでそれを炎の中に投げ入れた。そうすることで彼らは新しい国、ＩＳＩＳへの忠誠を誓うのである。映像の中のいくつかのパスポートは容易に判別できる。緑がサウジ、暗紅色はイギリスで濃紺色はヨルダンである。戦闘員たちの過去の生と同様に、国境やパスポートも消え去るのだ。彼らに後戻りはできない。今やこれらの戦闘員にはひとつの国家しかなく、それはアブー・バクル・バグダーディーのものであった。あるカナダ人が英語で演説をする。「これはカナダと、全てのアメリカに従う勢力へのメッセージだ。我々は来たり、そしてお前たちを破壊する！」。ヨルダン人が次に演説する。「私はヨルダンの専制者（アブドゥッラー二世国王）に向けて言う。我々はアブー・ムスアブ・ザルカーウィーの末裔であり、お前を殺しに行くだろう！」。パスポートを同様に炎に投げ入れたのはバーレーン人、エジプト人とチェチェン人である。

この映像の目的は多岐にわたる。第一に、ＩＳＩＳはひとつのことを明らかにしようとしている。正統性のある公職が欠如した中で、ＩＳＩＳだけがいわゆるアラブ世界における唯一真実の国家である。その首都はラッカで、軍隊はＩＳＩＳのものであり国境はＩＳＩＳの領土により決定される。他の何に従うことも歴史の誤った側に立つことである。第二に、ＩＳＩＳは国際的に連携する諸国をさらに恐怖させることを欲し、ＩＳＩＳを空爆したのと同じ国出身の戦闘員を選んで映像に映し出す。第三に、そして最も重要なことに、ＩＳＩＳは組織がどの程度に成長したかを示そうとしている。この自己中心的なうぬぼれが、ＩＳＩＳの発展の物語として喧伝される。彼らはこれ以上イラクとシリアの組織に言及しようとはしない。それらは今や地理的、人口的に彼らの野心にとって小さすぎるのである。ＩＳＩＳ

はイギリス人、フランス人、アメリカ人構成員を誇りにする。その者たちはテロ組織の王冠を飾る宝石であり、組織を民兵から国民国家の水準へと引き上げる。ＩＳＩＳは彼らにパスポート以上のものを返礼として与えることを意識し、将来に国家の建設者となることを期待している。

第九章　ＩＳＩＳの女性たち

ファーティマはラッカに着いた夜、胸が張り裂けるほど泣いた。現実は期待していたものとは違った。彼女は自分の婚礼の夜のために特別に仕立てられた、紫のレースのベッドカバーに崩れ落ちた。ファーティマは一九九〇年にカイロで生まれたが、その生活はカイロとモスクワの間で揺れ動いた。彼女の父はエジプト航空のフライトアテンダントだった。両親は父の退職後、一九八〇年代後半にエジプトに帰国した。家族はその後父が小規模なビジネスを展開しようと試みたため、ソ連崩壊後のロシアに短期間住んだ。ファーティマは小学校に入学し、ロシア語で活発に会話した。一方で父方と母方の両方のエジプト人の祖母を手本として比較的若い頃からイスラーム的なヘッドスカーフを着用していた。一六歳の時、彼女はオンラインのフォーラムで若いパレスチナ出身のシリア人と出会った。その若者はムラードといい、ヤースィル・アラファートのファタハ運動のメンバーで、彼女より二歳年長でダマスカス大学で法律を学んでいた。彼はシリアの首都圏にあるヤルムーク難民キャンプの三〇番通りに住んでいた。ムラードは宗教に厳格で裕福な家庭の出身だった。彼の父は中古車を取扱い、彼が一八歳のとき新車を買ってやれるほどの十分な財産を持っていた。それは快適で特権的な生活スタイルであった。「君の一番良いところは、ヒジャーブだ」とムラードは彼女に書いた。「君はそれを着けるととても美しい」。二人が交際を始めて何週間かの後、フェイスブックがシリアとエジプトの生活に浸透し、関係は新しい高みに達した。二〇一一年に、二人は非常に有名なインスタント・メッセージ機能とボイスオーバー機能を備えたIPアプリ「バイバー」をスマートフォンに導入した。関係は禁欲的で、ほとんど写真の交換もせず、コンピューターを用いた性的刺激も行わなかった。

シリアが交戦状態になった後、ムラードはより安全だという理由で、アレッポ大学に移ることを求められた。彼は骨の髄まで反アサドであり、暴動の困難な初期の数か月の間、シリアの首都で危害を加えられないよう逃避したいと望んでいた。ファーティマは同年二月にフスニー・ムバーラクが辞職した後の自分の都市の混乱を見ながら、彼のことを勇気づけた。それから何かが変わり始めた。ムラードはほとんどオンラインにログインせず、電話もあまり取らなくなった。彼はそれをインターネットの接続環境の悪さと電力供給の切断のせいにしたが、ファーティマには良く分かっていた。彼女が説明を求めると、ムラードはまだ結婚していないから、二人の関係は「ハラーム」であり、会話は止めるべきだと答えた。地理的な距離と、彼女の大学での教育課程が二人を隔てたのだと彼女は説明を試みたが、ムラードは聞く耳を持たなかった。彼女は深く彼を愛し、彼を失いたくなかったが、そうしたことは問題にならなかった。彼は気まぐれでうるさく、しばしば不作法になり、ジハード主義者となる前は決して使わなかった罵り言葉を使うようになった。彼はまたサラフィーのコミュニティーが煙草を禁じているにも関わらず重い喫煙者になった。数ヵ月後ムラードは大学を落第してイドリブに移り、アフラール・シャームム（レヴァントの自由人）として知られるハサン・アブードの反体制勢力に加入した。彼がシリアでのジハードでより遠くへ流れるほど、ファーティマは彼を永遠に失うのではないかと恐れを募らせた。ファーティマは両親の許可なくムラードを訪ねて、秘密裏に結婚することを決意した。彼女はそれからカイロに帰り、可能な時には彼のもとを訪れながら、シリアの戦争が終わり、エジプトであれシリアであれ二人が正しく落ち着けるようになるのを待つつもりであった。ムラードはラッカに二〇一三年に移動した。ＩＳＩＳが二〇一四年に都市を占領すると、彼はバグダーディーに忠誠を誓い、法的問題について自分の知識を提供し、ＩＳＩＳのラッカのディーワーンの書記に任命された。

ファーティマは二〇一四年一一月、初めてムラードと出会った。彼は短いガラビーヤ（伝統的なアラブのガウン）を着て、モスク訪問者に典型的な白い帽子を被り、カラシニコフを携行していた。彼は隅を白く染めたぶ厚く黒いあごひげをはやしていて、実際の年齢より年長に見えた。ファーティマは長く苦しい旅をした。まず、カイロからイスタンブールへ行き、その後シリアとの国境をバスで越えた。シリア人の車が、夫と会うために来た彼女を乗せてISISの領土へ入った。彼女は両親に嘘をつき、友達と調査旅行に行くのだと伝えていた。ファーティマがムラードに持ち続けた絵に描いたような美しいイメージは、高校生が抱くようなロマンスの幻想と共に即座に崩れた。そこには彼女を成功させる大地の祝福もなく、情熱のキスも愉快なメリーゴーランドもなかった。ファーティマはジーンズを着用し、大きな白い靴ひものコンバース社製のスニーカーを履いていた。彼女は、シリアを一度も訪れたことはなかった。ムラードは彼女とキスはもちろん、握手すらしなかった。そして丸太のように堅苦しかった。愛情はあったが、彼はISISの導師の一人が結婚を公式に有効と認めるまで身体的な接触をするのを欲しなかった。短い祝賀が行われた後、ムラードはようやく微笑むようになりファーティマは安心した。これが彼女が知り、何年も前からオンラインのチャットで会話していたムラードだった。当時のムラードは面白く、人生を満喫していた。年長のムラードはいつの日か商業弁護士になり、国際的な商社と仕事をしたいと思っていた。しかし新しいムラードは一つの事柄にしか興味がなかった。それは武器、ジハードとISISの将来だった。

二人の結婚式の夜、ムラードはファーティマを強姦した。彼は繰り返し彼女を犯し、その行為を止めたとき、彼はヒステリックに涙を流して子供のように謝罪してすすり泣いた。ファーティマは彼女の夫のために言い訳を探そうとした。「彼は一人でここにいて、大学と家族から遠く離れてとても厳しい環境で暮らしていた。彼と戦闘員たちは長い間女を見ていなかったから」。彼は彼女をファースト・ネームで呼ぶのをやめ、「ウンム・マフムード」という新しい名前を選択した。マフムードは彼の父親の名前であり、アラブ社会では、最年長の男子は初めての息子に自分の父親の名を取って命名するという慣習が支配的である。ムラードは明らかに困難な経験を経ており、プロのカウンセラーでなくとも気遣いが必要だった。ファーティマは彼の傍らに立つことが自分の義務だと感じたが、彼の狂気は収まらなかった。最初の出会いから何日か後、ムラードは正午にラッカの主要な大通りを見渡せる、二人の住む新しいアパートを見せた。それはバナナ色のペイントと緑色のシャッターのある近代的なアパートであった。ファーティマはエジプトから到着して以来家から出たことがなく、家族がGPS機能で位置を特定できないようにオンライン接続も拒んでいた。代わりに彼女は自分が大丈夫であることを家族に手紙で知らせた。だがムラードは彼女にライフルと黒い腕章を渡し、「明日お前はハンサー部隊に入隊しなければならない！」と迫った。それは女性のみで構成される警察部隊で、バグダーディーがラッカの街路を警備するために創設した。ファーティマはその考えと、心に傷を負った男が自分の前にいることに恐怖した。彼に挑戦するのは恐ろしかったが、話し合う勇気をふるって、自分が一度も人生で銃を携行したことはないと訴えた。「心配するな、我々が教えてやる」とムラードは返答した。

ファーティマはハンサー部隊に入隊したが、それは短期間のことだけだった。六ヵ月後、ムラードは一方的に彼女を離縁し、部隊から除隊した。彼は彼女が子を産むことが不可能であることに気付いたのだ。ＩＳＩＳには不妊の女性のための居場所はないのである。ファーティマはＩＳＩＳの領土に捕われたままであり、家に帰ることも彼女の本当のアイデンティティーを打ち明けることもできなかった。元夫は彼女のパスポートを没収していた。このファーティマの逸話は、「女性ジハード主義者」と一括りにされる何百もの女性たちとほぼ同一である。その数はISISの中で増え続けている。全員がジハードを経験するためにやって来たのではない。実際には、その多数は欺瞞の犠牲者なのだ。ISISの下で戦うために来たのはほんの僅かしかいない。多数派はファーティマのように、結婚して子を産むために来たのである。そして全員が西洋的な意味での「外国人」ではない。その大勢がアラブ諸国から来たが、彼女らはメディアの注目を集めることはない。エジプト人やモロッコ人の「ミセスISIS」について書くよりもラッカのヨーロッパ人について書くほうがずっと興味深いと思われているからだ。

シリアのヨーロッパ人ジハード主義者のコミュニティーの一〇パーセントは一八歳から二五歳の女性たちである。シリア政府の下には彼女らの公式な数字はなく、驚くべきことに反体制派自体も実数を把握していない。双方が実戦に従事しない女性は数を調べたり分析する価値はないと考えているようだ。ロンドンのクィリアム研究所は、二〇〇人のヨーロッパ人女性が二〇一一年の戦争勃発以来シリアに渡航したとする。彼女ら全員がISISかヌスラ戦線の戦闘員と結婚している。少なくともそのうち七〇人はフランス人、四〇人はドイツ人、六〇人がイギリス人、二〇人がベルギー人で三五人がオランダ人である。(1)

本書でインタビューした一三人の女性の全てが、シリアの戦争とイスラームに対する希薄で美化された認識を打ち明けている。実際のところほとんどの者がそれを単純な白と黒の図式で理解している。良いやつら対悪党、スンナ派対シーア派、ムスリム対キリスト教徒。だがインタビューを受けた者は誰も、シリアでどのようにして一九四〇年代にサラフィー主義が創始されたかについて何も知らなかった。大勢がハマーの一九八二年の事件のことを聞いていたが、シリアに着いた後で彼女たちの夫から聞かされただけであった。誰もシリアのムスリム同胞団やアル゠カーイダと事前に連絡をとっておらず、一人だけがラッカに足を踏み入れる前、火器を運搬したことがあった。興味深いことに彼女たちはヴェールと女性の役割に関連する箇所を中心としたいくつかのクルアーンの章句は暗記していた。特に、インタビューを受けた女性たちはイスラームの歴史、発展と行動規範について劣悪な知識しか持っていなかった。ファーティマは例外である。

宗教へのアマチュア的認識はシリアに来る男女双方のヨーロッパ人に共通している。そのために彼らはISISの勧誘員にとっての絶好の標的となり、ひとたび組織の隊列に加入したら完璧な前衛の兵士となる。バーミンガム出身の二人の若いISIS参加者は、『無知な者のためのイスラーム』と『無知な者のためのクルアーン』という二冊の本をシリアに渡航する前にアマゾンで注文していた。[2] ダマスカス郊外のあるISIS参加者はマスジド（一般モスク）とジャーミウ（大モスク）の間の違いを答えられなかった。英語では両方とも「モスク」と翻訳されるからである。しかし最初のマスジドは礼拝のためだけの施設で、ジャーミウではダマスカスのウマイヤ・モスクのように、礼拝と説教が共に行われる。ラッカに拠点を置く他の外国人戦闘員の参加者は、クルアーンとマスハフを区別できなかった。英語では両方とも「アッラーの啓典」と訳されるからである。しかしアラビア語ではクルアーンは読まれるものを指し、マスハフは預言者と彼の教友によって暗唱された一語一句を忠実にまとめた実際の本である。ISISのヨーロッパ人女性は誰もクルアーンをアラビア語で読めなかった。全員が何年も前にサウジアラビアで出版された英語の翻訳に頼っていた。しかし彼らが暗記していたのはアラビア語の章句だった。彼らは聞いたことを覚えるよう訓練を受け、不慣れな名詞を声に出し、その後オウムのように人前で章句を繰り返した。

ＩＳＩＳは外国人女性の勧誘に積極的に関与し、トルコ国境近くの町バーブに「結婚相談所」を開設するほどだった。(3) そこは入国した西洋の女性が登録され、正式にジハード主義者の新郎と結婚する場所であった。ある者はファーティマのように長続きする関係を築いていたが、多くの者はカリフの土地で結婚相手を一度も見ることがないか、声を聞いたこともない。彼女たちのプロフィールは妻を求めるジハード主義者のために記述され、カップルは結婚式が完了する後まで互いの顔を見ることが許されない。結婚に対する両親の許可を得ることはイスラームにおいて本質的なことである。それが結婚までの流れを遅らせる要因であると、ＩＳＩＳの将校ザイン・アービディーン・シャーミーのアメリカ人妻であるジェニファーは言った。そこでいくつかの事例では、ＩＳＩＳは都市の年長者のコミュニティーから結婚を「祝福」するための後見役を指名している。彼女はそれがイスラーム的に合法だと指摘し、カリフ本人がいとこの一人を外国人ジハード主義者に嫁がせたときも、故人となった彼女の父の代わりを宗教儀礼の間務めた、と付け加えた。

ＩＳＩＳに加入する前、女性たちは普通の女学生であった。高校のパーティーや家族旅行とは異なり、現実世界での経験は多く積んでいなかった。彼女らは地元民衆の言葉遣いで話せず、生き残りのための要領や手段をほとんど理解していなかった。ＩＳＩＳに加入した最も若い西洋の女性はまだ一三歳であった。(4) 少女たちはしばしば忍び笑いをして、冗談を言い、ＳＮＳを通じて多彩な種類の絵文字と笑顔マークを使いながら会話した。彼女たちは全く野蛮ではなかった。対照的にその多くが非常に協力的でシリアでの経験を分かち合いたがっていた。全員が著者に話す前に夫の許可を得ていた。大勢が西洋メディアによる陳腐なイメージを取り払うのに熱心だった。「私たちはテロリストではありません」とハマー出身のシリア人ジハード主義者の妻でトルコ人のアーイシャは微笑んだ。彼女は自分のニカーブを指差してこう言った。

彼ら(イスラームの行動規範の批判者たち)は私たちの服装が社会的基準に違反していると言います。女性は顔、髪と体を覆って道を歩いてはならない、と。もし彼女が顔、髪と体を完全に露出させて道を歩いたら許されるのですか? 九〇パーセント裸で歩き回るのは九〇パーセントを衣服で覆って歩くのと等しいのですか?

彼女は人を殺すよりも、社会生活を充実させ対抗文化を盛り上げることに関心があるようだった。アーイシャは付け加えて言った。

私たちはここに戦うために来たのではない。結婚し子供を生むために来たのです。私たちムスリム全員を一体化させる目的の男性たちを支援するために来たのです。もしあなたが西洋の聴衆に理解させたかったら、私たちはＩＳＩＳの「チアリーダー」だと言って下さい。恐らくその言葉で彼らは納得するでしょう。

チアリーダーたちはしかしながら、一日の全てをチームの応援のためにドラムを叩くのに費やしているわけではない。一度仕事を終えると、彼女らは平凡な生活のサイクルに戻る。ＩＳＩＳのチアリーダーたちは、アメリカの高校生と同じ年代だが、異なる優先事項と日課があるだけなのだ。彼女たちは柔らかい応援用のポンポンやバトンよりも強力な道具、ｉＰｈｏｎｅで武装しているのだ！

日夜、彼女たちはＩＳＩＳ絡みのページをフェイスブックで運営し、ツイッターやインスタグラムのアカウントも扱う。彼女たちはＩＳＩＳのオンライン・メディアのほぼ全てに関っている。ＩＳＩＳはハヤート・センターやイウティサーム機構など公式のメディア・チャンネルを保有しているが、それらの表現媒体は度を越えて官僚的で柔軟さを欠く強硬派の年長世代により運営されていた。記者や編集者は皆若かったが、運営権は通常、年上の五〇代半ばであるＩＳＩＳ司令官の手にあったのだ。「私たちは彼らを救うことに決めたのです」と、イラク出身のＩＳＩＳの司令官アブー・アフマド・アンバーリーの二三歳のイギリス人の妻ウンム・ウバーダは笑った。

もしあなたが時々彼らの書いたものを読んでよく目をこらすと、何か一九六〇年代から切り抜いたものを読んでいるように考えるでしょう。基本的に、彼らは改宗者に説教して、中立的であるか決めかねている者に手を伸ばそうとはしないのです。深読みすれば、男たちは皆いまだに小さなソヴィエトの人民委員だったり、矮小なバアス主義の要素を中に持っているのです。

つまり、彼女はバアス党体制下のダマスカスとバグダードで育ったシリア人とイラク人のジハード主義者について言及している。ＩＳＩＳはしばしばこう言っていた。「我々について聞くな、我々から聞け！」と。[5] だがソーシャルメディアは、ジハード主義志願者やジハード主義者の妻たちにとって、ＩＳＩＳの領土内に住む者と直接会話する効果的な手段となっているのだ。

ＩＳＩＳの女性たちがソーシャルメディアに投稿する素材は最先端の流行にのっとって計画されており、アマチュアの水準をはるかに超えている。それらはヨーロッパのムスリム、キリスト教徒双方に届いた。ジハード主義者との結婚は良い行いである。ムスリムの男性と非ムスリムの女性を結びつけ彼女をイスラームに改宗させるのであればさらに良かった。ヨーロッパ人の女性は「姉妹」と呼ばれ、もしシリアに来れば彼女らの使命は結婚であり、一部の西洋メディアが報じたようなジハード主義者の自由な性的交渉の対象ではない。「「ニカーフのジハード」なんてものはない」とファーティマは、ＩＳＩＳの領土に入る女性は単にジハード主義者と性行為がしたいだけだという非難を怒ってはねつけながら言った。ニカーフとは、性に関するクルアーン由来のアラビア語の単語である。「夫婦生活であり、殉教ではない」と彼女は付け加えた。これらの女性たちは西洋での過去の生活を捨て去るよう、以前の生活がいかに罪深いものであるかではなく、むしろイスラーム国での新たな生活がどれだけ以前と異なり、良いものであるかについて集中的に説得された。ソーシャルメディア上に掲載された写真ではジハード主義コミュニティーの中での婚姻の目的が、新しいイスラームのための戦闘員となる子供を産む「名誉」とつなげて説明された。斬首、厳格な服装の規定、ＩＳＩＳ支配下で女性が所有を禁じられる多くの物品については何も言及されなかった。その代わりに、彼女たちはイスラーム国の下でのバラ色の家庭生活を描写した。一部の者はカムフラージュした服装や自動小銃を携帯する写真を「自撮り」した。他の者は結婚祝いの場に出席する姿、赤ん坊を抱きしめる姿、冬用の衣服を縫う姿、アイスクリームを食べヌテラ・パンケーキを作る姿の自らの写真を投稿した。彼女たちは自分の夫がビリヤードをプレイし、大きなスイミングプールで日焼けする様をシェアして、ジハードが単なる「クールな休暇」であるかのように見せかけた。二〇一四年のワールドカップの期間中、彼女たちは常に #Brazil2014 のような試合にかかわるハッシュタグを付け加え、自分たちの投稿が最大数の目に触れることを確かにした。ロンドンでウェイターとして働いていたアブー・ウスマーン・ビリーターニーのようなヨーロッパ人にとって、ソーシャルメディアを理解したISISのチアリーダーたちによって描かれたジハード主義の生活は、彼が自宅に戻ったときの行き詰まりの仕事よりは確かに好ましく、非常に刺激的で暖かいものに思えただろう。しかし彼女たちが作ろうとしたイメージとは対照的に、ISISの女性たちはシリアの家庭の妻として、料理、洗濯や子供の世話といった日々の平均的な暮らしの中を生きていた。それはソーシャルメディアに投稿された粉飾された魅惑的な図とはかけ離れたものだった。

ムハージラの日記

アクサー・マフムード（別名ウンム・ライス）はISISのソーシャルメディア上で最も有名な女性である。彼女は二〇一三年一一月にグラスゴーからシリアに渡り、現在は毎日ISISのためのブログを作成している。二〇〇〇人以上のフォロワーを得て、彼女は英語で「ムハージラ（移住者）の日記」の執筆を始めた。旅行ガイド『ロンリー・プラネット』の様に読めるブログでは、無料でシリアへ到達する方法、市場での取引の仕方、その地の人々から何を期待できるかが書かれている。「私に何でも聞いて下さい」と題された項目もある。ヨーロッパの両親は普通、娘がＩＳＩＳの家に嫁ぐのに抵抗するため、ウンム・ライスは彼らをどう納得させるかアドヴァイスを与えている。「あなたのアッラーのための愛は何よりも重要なのです」。彼女は少女たちに念を押す。そして彼女らにシリアのイスラーム主義運動に参加することを両親に話し、必要であれば駆け落ちするよう助言する。

あなたが一度国境を越えたら、（家族への）最初の電話は今までしたことがないほど難しいでしょう（……）彼らがむせび泣くのを聞き、狂ったように電話上で帰ってくるよう乞われるのはとても辛いです（……）多くの人間は（……）理解していない（……）女性がなぜこの決定を選択したのかを。その者たちは指差して、あなたの背中とあなたの家族の顔に向かい、あなたが性的なジハードに参加した、と言うでしょう(6)。

ウンム・ライスはさらに、少女たちは「冬のために一組のブーツが必要になるであろう」からそれを荷物に入れるように、と助言する。医療についてはこう言う。

必要な全ての注射と予防接種を受けておくこと。あなたは世界を半周して、免疫のシステムが不全になりがちです。もしあなたが接種をしなかったら後悔するでしょう、この地のヘルスケアは面白いから（……）痛み止めや下痢止めの錠剤を持ってくるように(7)。

ＩＳＩＳが支配する領土では数件の病院しか機能しておらず、熟練した医師はさらに僅かである。小さな診療所がより一般的で、それらは戦闘か空襲で負傷した者を優先する。出産はほとんどの場合古典的な方法で行われ、大多数が地元のシリア人かイラク人の経験豊富な産婆の助けを借りる。ＩＳＩＳは最近、最初の医療学校をラッカに開いた。そこでは訓練された医者を育成するため三年間の学習期間が設けられる。ウンム・ライスは言う。

私が会った多くの姉妹は大学で学び、将来の道も約束されていました。それは大きく幸福な家庭と友人、人が快楽と贅沢に生きられるドゥンヤー（現世）の全てです。もし私たちがそのままでいたら、きっとあらゆる安らかで快適な生活、多くのお金に祝福されたでしょう。

ワッラーヒ［私は誓って］それが私たちの望みではないと言います（……）感情面から言えば、あなたは家族から毎日の習慣まで、多くの障害に直面するでしょう。私は自分が砂漠の真ん中のキャンプで暮らし、自分の好きな食べ物を絶とうと全力を尽くしたのを覚えています（……）今振り返ればそれはとても面白いことでした。(8)

二〇一四年九月、彼女は他のヨーロッパ人に訴えかけた。「自分の道を切り開ける人たちへ（……）私たちの土地へ急ぎなさい（……）これはイスラームに対する戦争であり、「彼らと共にあるか、私たちと共にあるか」どちらかです。立場を決めなさい(9)」。

渡航を希望するＩＳＩＳの女性たちは、ウンム・ライスの日記に加えて、ラトビアに本籍を置く質問サイトask.fmにも勇気づけられている。そこにはどのようにしてイラクとシリアのイスラーム国に出入りするかの質問に答えが用意され、日々多数の通信がある。二〇一五年三月八日、ISISのインターネット上の熱狂的支持者の一団が5elafabook.com（「カリフ位の書物」）を立ち上げた。これはソーシャルメディアを用いた活動が定期的に禁止されるため、フェイスブックの模倣を試みたものであった。その計画はなお未熟であり、数時間で禁止されツイッターとリンクしたアカウントは停止された。サイトはフェイスブックの特徴である青と白の色が用いられ、世界地図はISISの記章で塗り固められていた。ウェブサイトのホームアドレスはISISが領有するモスルに位置づけられ、開設の声明はこう書き記された。「全世界に向け、彼らが想像するように我々が銃を携え、洞穴の中に住んでいるのみではないと明らかにする（……）我々は世界と共に歩み、イスラーム化に向けた進歩を欲する（……）我々はあなた方が生きるのを愛するのと同じように死を愛する」[10]。

理由のない反乱

二〇一四年九月、二人の一〇代（一五、一六歳）のオーストリア人の少女が、ウィーンで行方不明になった。彼女らはボスニアからの移民の娘だった。二人の少女は両親に次の手紙を認めた。「私たちを気にかけないで下さい、私たちはアッラーに奉仕するのです。そしてその御方のために死ぬのです」[11]。二人は後にシリアに現れ、フェイスブック上に両名ともブルカを被った、完全に幸せそうな様子の写真を投稿した。オーストリア警察はその写真が改変され、何者かが彼女らのアカウントを管理して、二人を「看板娘」として他のヨーロッパの少女がISISに参加するのを奨励するために利用していると確信した[12]。

その後間もなく、一六歳のイギリス人の双子（ソマリア出身）が密かにマンチェスターの家を出て「ジハード主義者の花嫁」になった。[13]二〇一四年七月、ＩＳＩＳはイスラームに改宗した一九歳のデンヴァーの看護婦を勧誘した。ＦＢＩは彼女を、シリア行きの飛行機に搭乗する所で逮捕した。[14]シャノン・コーンリーはオンラインで出会ったジハード主義者、チュニジア出身の三二歳ヤースィル・モエルヒとの結婚を望んだ。[15]法廷で彼女はラッカへの物質的支援の罪を認めた。また、ドイツ系アルジェリア人である一五歳のサラは、ドイツ西部コンスタンツの学校から逃走して、後に自分のフェイスブックにマシンガンを持ち、ブルカと黒いグローブを着用した自身の写真を投稿した。その少女はさらに「ところで、私はアル＝カーイダに加入しました！」という身の毛のよだつ投稿を加えた。[16]ムズダリファ・アダウィーは別の一五歳の少女で、シリアへ行く途上のデュッセルドルフの空港で止められた。彼女はモロッコ系オランダ人として生まれ、オランダで育った。[17]これらの事例は全て二〇一四年後半の六ヵ月の間に報告されている。

ノラ・バーシーの事例は別である。彼女は平凡な一五歳のアヴィニョンのフランス人の学生で、将来医者になるのを夢見ていた。[18]ＩＳＩＳ加入前のフェイスブックの写真はジーンズを履き、エッフェル塔の下でポーズを取って微笑んでいた。彼女は二〇一四年一月のある寒い日の朝、荷造りをして学校を出、二度と家に戻らなかった。ノラはパリまで鉄道を用い、ＡＴＭのカードで五五〇ユーロを引き出し、足跡を隠すために携帯電話を変更した。イスタンブルへ飛行機で行き、それからラッカへ向けた他の飛行機に乗り換えた。実践的だが穏健な彼女の家族はショックを受けた。彼らは後に彼女が第二のフェイスブック・アカウントを取得し、そこでパリのＩＳＩＳの勧誘員と接触していたのを発見した。失踪の三日後、彼女はシリア・トルコ国境で家族に電話し、自分は大丈夫だがフランスに戻りたくないと伝えた。それから兄とSNSを通じて会話し、火器の使用法を習得したがISISと共に戦うことはないだろうと告げた。兄はシリアにどうにか入国し、ノラに面会した。彼女は彼に、「私は人生で最大の過ちを犯した」と語った。兄は「彼女は痩せて病気だった。そのうえ失明していた。彼女は他の女性と共に年少の子供と孤児の面倒を見なければならなかった」と述べた[19]。現在バーシー家は法に訴え、娘が過激派により洗脳され「誘拐された」と主張している。

ジハード主義者のチアリーダーたちが皆その願望を一致させていたわけではないが、多数がウンム・ハビーバの反応と振舞いには共感しているようだ。アルジェリア人戦闘員アブー・カイスと結婚したフランス市民であるウンム・ハビーバは、ISIS加入前には二つのヨーロッパ最高峰の大学の医学部に受け入れられていた。ヨハンナ・サルマーンは現在アレッポのISISメンバーと結婚したが、アムステルダムでの生活では小さな緑のシトロエンを運転していた。彼女はジムに通い、友人と週末には夕食を共にした。彼女たちISISの新参は実際には貧しくなかった。ウンム・ハビーバは「ヨーロッパの報道で言われているのとは違い、私たちは誰も自分の意志に反してここに捕らえられているのではありません。自分の選択でここにいるのです。私たちは子供ではありません。自分たちのしていることを正確に認識しています！」と主張した。二〇一五年三月、ロンドン東部のベスナル・グリーン学院の三人のイギリス人の少女が失踪し、ISISに加入するためトルコ経由でラッカに赴いたと考えられた[20]。その後、少女の一人がイギリスの親族と会話し、自分は健康・安全で大丈夫だが三人はすぐには帰らないと言い張った[21]。

ＩＳＩＳの女性たちのオンライン上の積極的な活動では、ＩＳＩＳがテロ組織ではなく、全てのムスリムが結集しなければならない国家であるという物語が強調されている。ＩＳＩＳは家族の価値、社会規範、国家機構、旗、警察と軍隊の点で他の国家と同じである。女性たちはＩＳＩＳに「女性的な正常さ」を付与しようと試み、他ならぬカリフ自身から活動への直接的な祝福を与えられている。あるＩＳＩＳ戦闘員の妻によると、カリフはＩＳＩＳにおける女性の比率を高めようとしている。彼はかつてこう言ったと伝えられている。「この国家は男のみでは将来がない。私の人生で女性のいない国家は聞いたことがない。我々はもっと女性を必要としている！」。それだけではなく、バグダーディーは彼女らに「子を生む工場」である以上の役割を期待した。そして女性の技師、医師、看護婦、教師と戦闘員がラッカに来るよう呼びかけた。カリフは熟練技能や大学の学位を持ちＩＳＩＳに完全に忠誠を誓う女性たちに、土地、家具完備の住居とＩＳＩＳの基準では天文学的な額の給料を与えることを望んだ。もちろん彼女たちはＩＳＩＳの司令官や戦闘員と結婚する必要がある。しかしバグダーディーは最終的に、戦争が終結した折には、彼女たちがラッカで月三〇〇〇ドルを稼げることを約束している。彼は二〇一四年冬の非公式の集会で、「我々の下の女性には模範として預言者の妻たちがいる」と言った。「彼女らは信徒の母であり、我々は自分たちの妻や娘も同様に信徒の母となることを望む」。バグダーディーは「ジハード主義者の花嫁」という単語を嫌悪した。そしてＩＳＩＳの女性たちが「イスラーム国の市民」であると主張した。

ISISの第一婦人

バグダーディーはイスラームの初期世代に女性が果たした重要な役割を理解していた。彼女らは預言者の台頭を支援し、イスラーム国家の建設の助けとなった。例えばムハンマドはその生涯のはじめに、最初の妻で裕福なキリスト教徒であったハディージャに資金援助を受けていた。ハディージャは力強い女性で、未だにスンナ派とシーア派に同じくらい高く評価されている（彼女の時代にはスンナ派もシーア派もなく、ただムスリムが存在するだけだったが）。彼女はムハンマドより一五歳年長で六人の子供を設け、その中には第四代目で最後の正統カリフ、アリー・イブン・アブー・ターリブ（シーア派は初代カリフと見なす）の妻であったファーティマ・ザフラーという有名な娘がいる。ハディージャはイスラームに改宗した最初の女性で、一般的に「全てのムスリムの母」と見なされる。彼女の死後、ムハンマドは強力な部族間の連帯のネットワークを政略結婚を通じて創出した。彼の娘をアリー・イブン・アブー・ターリブ（初代／第四代カリフ）に嫁がせたのに加え、他の二人の娘を相次いで第三代カリフで富裕なマッカの有力者、ウスマーン・イブン・アッファーンに与えた。ムハンマド自身は第二代カリフ、ウマル・イブン・ハッターブの二〇歳の娘、ハフサと結婚し、後に彼の直近の継承者で友人である、アブー・バクル・シッディークの一〇代の娘、アーイシャと結婚した。ハディージャは預言者の最初の妻で、最も年上であった。アーイシャが最も年少であった（彼女は預言者と結婚したとき九歳から一二歳の間であった）。その間にムハンマドと結婚したのは、ユダヤ教徒サフィーヤ・ビント・フワイイ、キリスト教徒マーリーヤ・キブティーヤと数名の戦争未亡人だった。

預言者の妻たちは戦場に出るとき、顔の覆いを取り払った。アーイシャは赤髪であり、マッカの全員がそのことを知っていた。預言者はかつて彼の教友に向かい、「あの赤髪から諸君の宗教の半分を受け取れ」とさえ言った。非常に驚くべきことに、預言者の妻たちと同様、アブー・バクル・バグダーディーの妻たちもニカーブのないヒジャーブを皆着用していた。バグダーディーの複数の婚姻について情報を得るのは困難な課題であるが、三人は公式に記載され、四人目はISISの樹立後に確認されている。ムスリムのシャリーアが婚姻について厳格なため、バグダーディーは同時に四名以上と結婚することはできない。彼の最初の妻は彼の従姉妹で子供たちの母である。彼女の名前はアスマー・ファウズィー・クバイスィーという。彼女についてはほとんど知られておらず、ISIS領内の誰も公的な場所で彼女を見たことがなく、モスルとラッカのどちらでバグダーディーと住んでいるのか確かに知るものはいない。彼女はフザイファ、ウマイマ、ヤマン、ハサン、とファーティマという、五人の年長の子供たちの母である。二番目の妻はイスラー・ラジャブ・マハル・カイスィーといい、バグダーディーの最年少の息子アリーの母である。最近になって結婚した妻のことはラッカ社会の噂話の種であり続けている。その女性は二〇一五年初頭にISISに加入したドイツ人女性と伝えられている。誰も彼女の名前や年齢を知らないが、ISIS内部では絶えず陰口が囁かれている。三番目で確定しており、我々が最もよく知っている妻は年少のサジャー・ドゥライミーであり、バグダーディー本人と同じイラク人である。

サジャーは一度写真に取られ、その写真はソーシャルメディアに迅速に広く流布された。あるスナップショットは彼女が二〇一四年三月、シリアの刑務所から出所するところを捉えている。彼女は古いキリスト教徒の町マアルーラで誘拐された修道尼との有名な捕虜交換の一環で釈放された。二〇一三年一二月にヌスラ戦線の戦闘員がマアルーラに侵入して、修道院で尼僧たちを人質に取った。修道尼たちはダマスカスの監獄に捕われたイスラーム主義の指導者の妻たちとの交換で釈放された。サジャーが釈放された際、彼女の相貌は皆の前に曝された。彼女は他のISISの女性のように全身に黒衣を纏わず、ベージュ色のコートを身につけていた[22]。アラブと西洋のメディアは積極的に写真を報道し、これがイスラーム国の「ファーストレディー」だと言った。グーグルで容易に確認できるその写真には、痩せた若い女性が写っている。恐らく三〇代前半で、黒い目をしている。だが実物のサジャーは褐色の肌で、一九七八年にイラクの最も強力な部族の一つであるドゥライム族の一員として生まれた。

ドゥライム族はおよそ七〇〇万の民を有し、イラク、シリア、ヨルダンとクウェートに広がっている。彼らはイラクの君主ファイサル二世と一九五〇年代に優雅に交際し、後継の権力の座に着いた国家指導者、アブドゥルカリーム・カースィムとそれに続くサッダーム・フセインからも良い待遇を受けた。彼らは裕福で、紐帯が厚く、指導者にとっては信頼できる存在であった。フセインの下ではイラク陸軍の一〇〜一二パーセントがドゥライム族から提供された。だが全氏族が二〇〇三年のアメリカのイラク占領以後、公的な恩恵を受けられなくなった。イラクのバアス主義者と同じく、彼らは武器を取り地下に潜伏した。初期にはアングロ゠アメリカ支配に対する世俗的な抵抗だった。アル゠カーイダが出現すると、サジャーの父イブラーヒーム・ドゥライミーはアブー・ムスアブ・ザルカーウィーに合流した。ここで彼は若いシリア人アブー・ムハンマド・ジャウラーニーと友人になり、その男から将来の婿となるバグダーディーを紹介された。

二〇一〇年に最初の夫が殺害されたためサジャーが未亡人であるという事実にも関わらず、バグダーディーにはドゥライム族と婚姻関係を結ぶ理由が沢山あった。政治的・社会的に何者でもなかったバグダーディーにとり、部族の庇護を受けることはより重要であり、彼はそれを切実に必要とした。部族のネットワークはイラクのどんな政治家志望者にとっても決定的に重要であった。フセインは鮮やかに部族間の政治交渉をまとめ、部族の長たちを王のように扱い、その見返りにコミュニティーの年長者からの無限の支援を得た。バグダーディーもイラクの部族について同様のことを試みた。ドゥライム族は全てＩＳＩＳに組み込まれた。サジャーの年長の兄ウマルはモースルのＩＳＩＳ部隊の司令官である。弟のハーリドはバグダーディーの側近の一人である。姉妹のドゥアーはかつてザルカーウィーと共に活動したアル＝カーイダのメンバーの一人であり、クルド人の都市イルビルで二〇〇八年に群集に向け自爆攻撃を試み、失敗した。彼女はＩＳＩＳの妻たち以上に積極的な戦闘員であった。彼女らの父ハーリド・イブラーヒーム・ドゥライミーはＩＳＩＳ創設時からの司令官でシューラー評議会の構成員である。シリア軍は彼を二〇一三年九月に殺害した[23]。

サジャー・ドゥライミーにはイスラーム国での公式の役職はない。イスラームの歴史においてカリフの妻は通常、夫の蔭に隠れて生活した。一つの特筆すべき例外がウマイヤ朝の皇妃がアーティカ・ビント・ヤズィードである。彼女は王朝の創設者ムアーウィヤ一世の孫娘で、祖父の息子で後継者ヤズィード・イブン・ムアーウィヤの娘であり、ウマイヤ朝の偉大なカリフ、アブドゥルマリク・イブン・マルワーンの妻であった。ある者は彼女のことを、イスラームを学んで預言者のハディースを詳しく語るのに優れていたため学者と見なす。さらに慈善家で強固な意志を持つ女性であり、夫であるカリフの決断にも影響を与えた。バグダーディーも自身の妻に、ＩＳＩＳでの重要な役割を期待している。ＩＳＩＳ戦闘員はラッカの女性市民に対し深刻な性的犯罪を犯していた。それはバグダーディーによる国家像、少なくとも彼の妻たちに対する将来像とは矛盾する事件であった。彼は国の女性が預言者の妻、ハディージャやアーイシャのようであることを欲した。それは豊かな個性を持ち、戦闘員が必要な時に支援を惜しまない妻であった。

彼は自分の妻に積極的な政治的役割を期待したが、それは現代アラブの女王やファーストレディー、ヨルダンのラーニア王妃やカタルのシャイハ・モーザ首長妃と類似したものであった。彼の理想像を示すひとつがハンサー部隊である。それはカリフが創設した女性のみの部隊で、ラッカの路上で女性の行動を監視する。ラッカに到着した未婚の外国人女性は良い待遇を受け、他の独身のＩＳＩＳ女性メンバーと一緒に宿泊する。彼女たちは家賃を払わず、ＩＳＩＳの将校は女性たちが彼らと正式に結婚できるようにするため、遠方から動員され結婚まで彼女らの伝言係を課せられる。未亡人には一ヵ月あたり三〇〇ドル（六万スターリング・ポンド）のＩＳＩＳの扶助料が支給される。バグダーディーの妻サジャーが彼女たちの問題を取り扱う。ＩＳＩＳの未亡人の面倒を見ることは、カリフの妻として崇敬されるのに加えて彼女の権限となっている。ヨーロッパの遠方からＩＳＩＳと連絡を取り合う者は、ラッカに渡る人生の決定をする前に大学の学位を取得することを奨励される。さらにバグダーディーと妻は、モスルとラッカの大学のキャンパスを修復することを望み、その一つを女性のみに制限した施設にしようとしている。そこの講義は無料であるのみならず、女性はより高度な教育を全うするための国家の認可を得られる。バグダーディーにはＩＳＩＳの女性、ＩＳＩＳの女性のみが、高等教育を履修できるよう費用を支払う意志があるのだ。

しかし彼の努力にも関わらず、ＩＳＩＳからの女性の離脱は二〇一五年の春には既に始まっている。

その数はなお勧誘の数と比べると非常に少ないが、一人のヨーロッパ人が二〇一四年にシリアから逃走した。彼女の名前はアーイシャといい、ラッカのドイツ系トルコ人のジハード主義者オマル・イルマズとの結婚の後、故郷のマーストリヒトに帰還した。(24) もし私たちがそれらの物語の表面下にあるものを抽出し、ゴシップを洗い流せば、ISISが抱える非常に深刻な問題が明らかになるだろう。それは信者と戦闘員の両方で、いかにして新しい世代を生み出すかという問題である。バグダーディーに率いられたISISの司令官たちは自分たちが戦闘地域で生活しているために、与えられた時間は限られていることを認識している。もし今日死ななければ、明日死ぬかもしれない。明日でなければ恐らく一週間か一ヵ月以内かもしれない。だが、それこそが結局ジハード主義者の思想の核心である。究極的には、彼らジハード主義の開拓者の役割は、創設者全員よりも長く存在する持続的な国家を建設することなのだから。そこで出産者という女性の役割が機能するようになる。母として、彼女らはISISの赤ん坊を産む責任を背負う。しかし、子供たちがどのような環境でどう成長するかを語るのは早すぎる。ISISの資料によると、二〇一四年にイスラーム国の居住者の中から、約二二〇人の赤ん坊が生まれたという。

それらの子供たちがある日両親に反乱するか、完全に育成された兵士としてISISの外套の下で生まれた最初の世代の前衛として勤務するかは、今から一〇年余り後、戦闘に参加できる年齢になる頃には答えが出ていることだろう。

第十章　ＩＳＩＳの新たな前線

二〇一四年八月、ＩＳＩＳのカリフ位宣言からちょうど数週間後、ツイッター上でホワイトハウスの写真がウィルスに感染した。ウィルスはＩＳＩＳの記章と黒旗を表示し、スマートフォンによりペンシルヴェニア通りで撮影されたものと思われた。ハッシュタグには「ＩＳＩＳからアメリカへのメッセージ」とあり、恐るべきことにはさらに次の記述があった。「我々はお前たちの国内にいる。我々はお前たちの街中にいる。我々はお前たちの路上にいる。お前たちはどこにいても我々の標的だ」。シークレット・サービスの報道官、エド・ドノヴァンは写真を削除したうえで、彼のチームはその件を把握しており、「適切な手段をとる」と言った。ドノヴァンたちはおそらくメッセージが真実だと考えていた。

それ以降、ＩＳＩＳの存在感は西洋全体で増大し、注目されるのはオンライン上の支持者やイラク・シリアで戦うために家を離れる者に限らなくなった。二〇一四年一二月、イラン系オーストラリア人のマン・ハールーン・ムーニスはシドニーのビジネス中心街にあるリンツ・チョコレート・カフェに一七名の人質を取って立てこもった。彼は人質に黒いイスラームの横断幕を振ることを強い、カフェにＩＳＩＳの旗を持ってこいと要求した。ムーニスは自称シーア派の法学者で、最近スンナ派イスラームに転向し、ＩＳＩＳに忠誠を誓った男だった。彼には犯罪歴に加えて逸脱した行為の経歴もあって、シドニーのイスラーム系コミュニティーでは周縁的な存在だった(1)。

二〇一五年一月七日、アルジェリア系の二人の兄弟、シェリフとサイド・クアシが、フランスの風刺雑誌『シャルリー・エブド』のパリの事務所を午前一一時三〇分ごろ襲撃した。二人の男は自動小銃を掲げてスタッフに向け発砲し、一一名を殺害して他の一二名を負傷させた。死者の中にはフランスを代表する漫画家もいた。『シャルリー・エブド』は繰り返し預言者ムハンマドを笑いものにする漫画を発行していた。二人の襲撃者はビルの外に走り出ると、現場に駆けつけたフランスの警察官にも発砲したが、犠牲者となったアフメド・メラベトはムスリムであった。さらに、その襲撃の一時間後、クアシ兄弟の連携者でマリ系ムスリムのアメディ・クリバリが、パリにある彼の家の周りをジョギングしていた三二歳の男性を銃殺していた。一月八日、彼はパリ郊外のモントルーのピエール・ブロソレット通りとド・ラペ通りの交差点で市警を射殺し、さらに通りの清掃員も撃って重傷を負わせた。翌一月九日にはパリ東部のポルト・ド・ヴァンセンヌにあるユダヤ教徒の為の食品店をサブマシンガンで襲撃した。彼は四名の無実の市民を殺害し、建物を強襲したフランス警察に射殺されるまで他の市民を人質にした。組織は襲撃の光景の目撃者によれば、クアシ兄弟はイエメンのアル＝カーイダに忠誠を誓っていた。組織は事件後、クアシ兄弟を賞賛する映像を投稿し、『シャルリー・エブド』の風刺画家に対する「罰」を認める声明を発した。一方で、クリバリは「ISISの兵士」を自称していた。襲撃前に記録された映像で、彼はフランス語を話し、ISISの旗を自分の後ろの壁に掲げて銃を携えていた。切れ切れのアラビア語でISISへの忠誠の誓いの言葉をつぶやき、それからフランス語で意思表示を行った。「我々がしていることは完全に正当である」とクリバリは言った。襲撃の数時間後、クリバリの妻、ハヤート・ブーメディエンヌがトルコからISISの支配地域のシリアへ渡ったことが報じられた。ラッカ在住のISIS司令官でカリフ本人と近い関係にあるアブー・マンスール・リービーによると、ブーメディエンヌは襲撃の数日前にフランスを離れ、現在はイスラーム国に到着したフランス語話者の女性のために翻訳にたずさわっているという(2)。彼はISISがブーメディエンヌに手を差し伸べたのは、フランスで夫の英雄譚が展開された後のことで、彼女はすでにシリア領内に入っていたと言う。確かなことは、彼女が一月二日にトルコ領を経てシリアに渡り、イスタンブルのホテルに滞在したということである。クリバリとブーメディエンヌの写真には、二人が拳銃を持ち、ブーメディエンヌが全身黒いニカーブ（ISIS領内で着用が義務とされた女性のイスラーム的衣服）に身を包む姿が写っていた。二月にISISのアラビア語雑誌『ダール・アル＝イスラーム』は、ブーメディエンヌにインタビューを行い、彼女を「ウンム・バシール・ムハージラ」という人物として扱った。この雑誌はISISのハヤート広報より出版されている。ISIS領内に入ったときどう感じたかと聞かれ、彼女は「道を容易くし給うたアッラーに賞賛あれ」と答えた。(3) それからアブー・バクル・バグダーディーが六ヵ月前カリフ制樹立を宣言した時の夫の反応に言及した。「彼は非常に喜びました。心は同胞のもとに加わってカリフと土地でアッラーの敵と戦う熱望で燃え上がっていました」。フランス本国でのジハードに関与したためクリバリにはそうすることはできなかったと彼女は付け加えたが、続けて彼の目がISISの映像を見たときはいつでも輝き、シリアのムジャーヒドゥーンに参加する情熱を制御できなくなるため、彼女に映像を消すよう頼んでいたと語った。アブー・マンスール・リービーはクリバリには会ったことがないがウンム・バシールのことは良く知っており、彼女がISISの為に無償で翻訳を行い、さらにラッカに到着したアラビア語を話せない女性の新参者の相談に乗っていたと語る。(4) もはや誰も彼女の以前の名前を呼ぶことはない。「もしあなたがハヤートについて尋ねに来たなら、全ての者が我々の土地に（ブーメディエンヌという）人物は存在しないと語るだろう」とリービーは言った。(5) 彼女は独身だが、多くの結婚のオファーを受けているという。イスラームでは、女性は夫の死後四ヵ月と一〇日が経過するまでは再婚できないとされるが、ウンム・バシールはそれを忠実に守っているようだ。『シャルリー・エブド』への襲撃に先立ち、クリバリとクワシ兄弟がシリアとイラクのＩＳＩＳ支配地域を訪れたかどうかは未だ不明である。クワシ兄弟は二〇〇八年に、フランス法廷からＩＳＩＳの生みの親であるイラクのアル＝カーイダへの戦闘員の勧誘に関し有罪であると立証され、一八ヵ月の間収監されていた。二〇一三年にシリアに到着したアブー・マンスール・リービーは、それについて答えなかったが、「ウンム・バシーラは自分自身のことを良く知っているみたいだ！」と返答した[6]。

『シャルリー・エブド』への襲撃は、アメリカ主導の有志連合が二〇一四年九月にイラクとシリアのＩＳＩＳに対する軍事作戦を開始してから四ヵ月足らずの時期に起こった。一〇月までに、ＩＳＩＳの軍勢はシリア北部の戦略的な要衝の町コバニを取り囲む三五〇のクルド人の村を占領することに成功した。もはや有志連合がバグダーディーの軍の翼を僅かしか刈り取ることができないのは明白であった。コバニ市内で、ＩＳＩＳの軍隊は有志連合の空爆支援およびイラク・クルディスタンの武装組織ペシュメルガからの増援を受けたシリアのクルド人民兵と激しい市街戦を展開した。ＩＳＩＳの攻勢は二〇一五年二月に最終的に押し返され、その際コバニと周辺の多くの町がシリアのクルド人に奪還された。二〇一五年の執筆時点でもなお、ＩＳＩＳはなお多方面の前線で同時に戦っている。イラク軍とシーア派民兵を相手にイラクの複数の県で、クルド人のペシュメルガとはイラク北部で、また他のいくつもの抵抗勢力と、そしてダイルッザウルではシリア軍と。その間にも有志連合の爆撃機がシリアとイラクの空を周回し、ＩＳＩＳに攻撃を加えている。

シドニーとパリへの攻撃は、ＩＳＩＳの戦闘はシリアとイラクに限定されないこと、またアメリカ主導の軍事作戦ではＩＳＩＳが西洋の中心部を攻撃するという宣言を完遂するのは止められないことを世界に認識させた。二〇一五年二月、ISIS戦闘員は大声で「我々はローマを征服する！」と言った。[7]それから一ヵ月に満たない三月、ISISの報道官でブーカー刑務所の古参アブー・ムハンマド・アドナーニーは確信に満ちた声で「西洋」にこう演説した。「我々はホワイトハウス、ビッグ・ベンとエッフェル塔を爆破する」。また別に発表された音声で、二八分の恐るべき映像において、アドナーニーは公式にパリとローマに言及した。アドナーニーは世界中の「一匹狼」に攻撃を呼びかけ、アメリカ主導の有志連合への参加に合意したオーストラリアにも言及した。ISISは「一匹狼」のテロを頼みとしており、組織が計画・財政・実行面で援助をしない襲撃にもお墨付きを与えている。ISISのテロ細胞による世界各地でのテロの危険は非常に現実的なものであり続けている。パリの襲撃事件の二週間後、数十人のイスラーム過激派の容疑者がフランス、ドイツ、イギリス、ベルギーで逮捕・尋問された。多くの容疑者がシリアにISISの戦闘員を加入させたことを非難された。彼らがヨーロッパの地で襲撃を計画していたかどうかは明らかではない。二〇一五年二月後半、ISISに忠誠を誓いシリアへの渡航を計画したとして二人の男が逮捕された。彼らがアメリカ国内で襲撃の実行を計画していたかどうかはやはり明らかではない。シリアに渡航したジハード主義者、イデオロギーの狂信者、オンライン上の支持者、一匹狼と組織化されたテロ細胞の間のつながりはかつてなく不透明になり、社会に計り知れない危険を与え、世界中の法執行機関に対する巨大な挑戦となっている。この種類の脅威は九・一一後のテロとの戦いとは大きく異なっている。当時の世界は大規模な攻撃を計画・準備する、組織化されたアル＝カーイダのテロのネットワークに恐怖していたのである。

難民に偽装して

二〇一五年初頭の執筆時点で、ＩＳＩＳはヨーロッパから北アフリカまで浸透するのに成功している。彼らはシリア難民に偽装して、様々な都市への潜入に成功したと伝えられている。何百名ものシリア人が定期的にトルコの港湾都市メルシンとイズミルに到着し、ギリシヤ海岸に船で乗りつけることを毎日のように懇願している。旅は危険で、多くの者が自国の戦争の混乱から逃れようとして、地中海に沈み死んでいった。安全な目的地への到着どころか、生存すら保証されない避難用ボートの乗船代金に六〇〇〇ドルも支払うことをいとわない者もいる。船がヨーロッパの海岸に接近すると、彼らは下船して上陸してギリシヤ警察に身柄を確保される。全員が自分のシリアのパスポートを破却し、一時的な難民としての在留資格を与えられる。資格が違法だという声もあるが、彼らを待つのは死しかないのだから、故郷に強制的に戻すことはできない。ギリシヤに落ち着いた後、密輸業者は難民たちに偽造のヨーロッパ人ＩＤカードを渡し、最終的に中央ヨーロッパの空港のいずれかに到着できるよう計らう。ヨーロッパへの第二の道はリビアを経由するものである。トリポリはシチリア島の南端の都市ラグーザから僅か四八二キロしか離れておらず、移民のボートはシチリア島付近のイタリアの小さな島、ランペドゥーサ島に向かう。

ＩＳＩＳ戦闘員は潜在的な細胞を作るため、シリア難民に偽装してヨーロッパに入国していると伝えられる。それは空港で厳しいセキュリティチェックを受ける飛行機を使った渡航より容易である。膨大な数の人々がボートで運ばれることを利用し群集に紛れることで、空港を使うよりはるかに大きなチャンスが得られる。このような手段でどれほどの数のＩＳＩＳ戦闘員がヨーロッパに潜入してきたのか、正確な数は誰にもわからず、ＩＳＩＳのメディアもこの問題についてのコメントを拒絶している。ロシアとイランのメディアは、ＩＳＩＳの「トロイの木馬」はすでにヨーロッパの領内深くまで侵入していると報道した。

ヨーロッパへ浸透する他の方法は、すでにＥＵに住むヨーロッパ人ムスリムの勧誘である。ラッカの様々なＩＳＩＳの顧問へのインタビューによると、入国志願者に武器を持ってシリアに来るよう呼びかける代わりに、ＩＳＩＳは今や彼らをヨーロッパ内部に留めるよう戦略を変更したという。彼らは不信仰の敵の隊列の後方にいて、ＩＳＩＳとの戦争に参加した諸国に対して攻撃を加えるのだ。「我々の元にはアラブとムスリム世界から沢山の戦闘員がやってくる」とＩＳＩＳの教育省の教育課程顧問であるパレスチナ人、ジャマール・イブラーヒーム・ハサン（別名アブー・ハーリド・フィラスティーニー）は二〇一五年初頭にラッカで語った。「外国人は時には自ら国に留まって、ヨーロッパでテロの機会を待ってくれたほうが有用な場合がある」。このような視点は彼の同僚でラッカの学校教員であるサリームも共有している。サリームはこう言った。「この数週間、我々はムジャーヒドゥーンの同胞から、ヨーロッパの同胞はヨーロッパに留まるのが最善である。彼らは将来役に立つだろう、という話を聞くようになった」。実際に一部のＩＳＩＳメンバーや関係者はヨーロッパに隠れている。二〇一四年七月、モロッコ人たちが白黒の格子模様が入ったパレスチナの衣服クーフィーヤを顔に巻き、ＩＳＩＳの黒旗を掲げながらオランダのハーグでデモ活動を行った。彼らは表向きは、若いドイツ系モロッコ人がヨーロッパ内部でＩＳＩＳの戦闘員を勧誘したことを告訴され拘留されたことに抗議していた。

エルサレムのアンサール団

ＩＳＩＳの影響力がいかに強大であるかを最も明白に示すのは、明らかにされた「支部」の数、特にアフリカにおけるその数である。ＩＳＩＳは北アフリカ、すなわち北を地中海、南を紅海に挟まれたエジプトのシナイ半島で、広大な土地を獲得した。シナイ半島は何年もイスラエルに占領されており、シナイ山の聖書にまつわる歴史と、アメリカ人とイスラエル人観光客が頻繁に訪れる著名な観光地シャルム・エル・シェイクで有名である。シナイ半島に出現したＩＳＩＳ支持のテロ集団は最初、「エルサレムのアンサール（支援者）団（アンサール・バイト・アル＝マクディス）」という名で知られた。組織は二〇〇〇年代にエジプトで創設された潜伏細胞が活性化したものと伝えられ、元来はウサーマ・ビン・ラーディン自身の手で作られたとアブー・ハーリド・フィラスティーニーは語る。二〇一四年一一月一〇日、ツイッターに投稿された九分間のビデオで、エルサレムのアンサール団はバグダーディーに忠誠を誓った。「我々にはカリフに忠誠を宣言し、彼の言を聞き服従する以外の選択肢はない」。このエジプトの集団は自身を「シナイ県」と改称した。この名称はＩＳＩＳ支配地域における公式の命名法に従っており、シナイ半島をラッカ、モースルと同列に置くものであった。

エルサレムのアンサール団は二〇一一年一月に起きたフスニー・ムバーラク大統領に対するエジプトの革命の期間に正式に設立された。彼らの本来のイデオロギーは反イスラエルだが、エジプトにイスラームのシャリーアをもたらすという新たな目的についても常に語っている。その念頭にあったのはカリフによって統治され、クルアーンの法が支配するＩＳＩＳであった。彼らはムバーラクの退陣とムスリム同胞団の台頭で引き起こされた混乱を利用したため、多くの人間がムスリム同胞団の軍事部門だと見ていた。だが同胞団とエルサレムのアンサール団の双方がこれを否定している。二〇一二年二月、彼らはシナイ半島からイスラエル南部の観光地エイラートにロケット弾を発射した。五ヵ月後にはイスラエルにガスを輸出するパイプラインを爆破した。二〇一三年九月、彼らはエジプト内務相ムハンマド・イブラーヒームの暗殺を試み、カイロで彼の車列を爆弾で狙った。一〇月には、南シナイの治安本部とエジプト北東部のイスマーイーリーヤの軍事秘密警察を襲撃した。

二〇一四年半ばに何かが変化した。エルサレムのアンサール団はその規模を増大・強化し、民兵と言うよりも小規模な軍隊に形態を変化させた。同じ年の後半、組織の戦闘員の数は七五〇人から一〇〇〇人に達し、パレスチナ人、リビア人、スーダン人、イエメン人を含む多彩な国籍で構成されるようになった。ＩＳＩＳの工作員フザイファ・ウマリー（別名アブー・ウバイダ・シャーミー）によると、エルサレムのアンサール団の大部分は近隣のガザから来た者や、ハマースの旧メンバーであった。レヴァント出身者、すなわちシリア、レバノン、ヨルダン出身のジハード主義者は組織にいない。それどころか「エジプト人の組織」と烙印を押されているが、実際にはほとんどエジプト人も存在しない。参加した地元民は、長らくエジプト官界により軽視されてきたことに不満を持つシナイ半島のベドウィン氏族、アルミラとサワルカの出身者であった。組織の共同設立者エジプト人である。一人はジハード主義者に転じた元衣服の商人ムハンマド・バクリー・ハールーン（別名ターリク・ズィヤード）、もう一人は法律家からレストラン経営者に転じたムハンマド・アリー・アフィーフィー（別名ムフシン・ウサーマ）であった。二人はともに二〇一二年、シリアのジハードに参加するために渡航を企てて失敗している。他のメンバーはザルカーウィーのシューラー評議会に一時在籍していた。

この組織へのＩＳＩＳの影響は二〇一四年八月に明らかになった。彼らはＩＳＩＳの流儀に従い、四人のエジプト人を目隠しし、公開で斬首する三〇分の映像を投稿した。一〇月には自動車爆弾で二八人のエジプト兵を殺害した。襲撃は完全な正確さで実行された。彼らはソーシャルメディアでの活動、特にツイッターにより積極的になり、アブドゥルファッターフ・スィースィー大統領に対する反逆を呼びかける雷鳴のような宣言を発した。ＩＳＩＳの戦闘員サイフッラー・シャーンシャール（別名アブー・ハーリド・バグダーディー）によると、これらは全てＩＳＩＳの仕業だという。バグダーディーは二〇一二年半ばからエジプトでの勢力の拡大を非常な関心を持って眺めていたが、初期の段階ではエルサレムのアンサール団とは何の関わりもなかった。彼はノウハウを伝える顧問団の派遣と通じた援助には合意したが、シナイ半島に武器、資金、戦闘員を送るのは拒否した。

支援に派遣された軍事顧問団の一人がアブー・タルハ・フィラスティーニーである。彼はレバノンの難民キャンプ出身の無法者で、北レバノンのナフル・バーリド難民キャンプでアクレ出身の両親の下一九八六年に生まれ、体育教師からジハード主義者に転じた。彼はバグダーディーの命令により五人のＩＳＩＳメンバーと共に、二〇一四年の秋にエジプトに派遣された。彼らは全員運転手、労働者、料理人、自動車修理工と身分を偽り、イエメン、スーダン、リビアなど多様なパスポートを携行してエジプト国内に入った。シナイ半島に達すると、戦闘員を訓練し四名から五名の細胞をエジプト中の異なる都市で育てる手助けをした。だが、「顧問団は一つの武器もエジプトに持ち込んでいない」ことをラッカのＩＳＩＳの情報提供者は確証している。彼は「彼らの仕事はシナイ半島の同胞と共に戦うというよりも、同胞を指導することである」と付け加えた。エルサレムのアンサール団が支援を求めたとき、ＩＳ

ＩＳのシューラー評議会では議論がなされたのだが、バグダーディーは支援を拒み、ＩＳＩＳがそのような手段で地平を広げていくのは誤りであると主張した。だが、彼は他の者がＩＳＩＳを支持して戦闘を行うことは好んで認めた。そのことはエルサレムのアンサール団に彼がいかにして権限を委任したかにはっきりと現れている。報道官アブー・ムハンマド・アドナーニーはこう命令した。「（彼らのために）道路で爆発音を轟かせろ。彼らの基地を襲え。彼らの家に攻撃をかけろ。彼らの頭を切断しろ」[8]。彼は戦闘員に職務を行うことを呼びかけるのではなく、エジプト人の「同胞」に「イスラエルの警備隊、新たなエジプトのファラオ、スィースィーの兵士に対して祝福された作戦」を実施するよう求めた[9]。それ以後、ＩＳＩＳはしきりに、公式声明の中で「シナイ半島の勇敢なムジャーヒドゥーン」へ敬意を表するようになった。

　ＩＳＩＳの助言と援助は成果を上げた。エルサレムのアンサール団は急速に自らの名声を高めた。その作戦は迅速になり、精度は向上した。二〇一五年二月までに、組織はパレスチナ領にまで拡大し、ハマースが支配するガザ地区にも支部を設立した。二〇一五年二月一三日、「ガザのイスラーム国」と署名された冊子で、彼らは（ガザの）フランス文化センターを狙い、建物を破壊したが命を奪うのには失敗した爆破事件の犯行声明を広めた。襲撃はフランス文化センターが、演劇、音楽と詩のような「道徳的堕落」と「外来の悪徳」をパレスチナの社会に紹介したことへの返答だと表明された。だが、ＩＳＩＳは彼らに対して国際的報道機関に向けて話すのを避けるよう指導した。それによってこの組織の情報を集めるのは、二〇一四年夏からメディアに発言をし始めたヌスラ戦線やＩＳＩＳとは異なり困難になった。

近年、エルサレムのアンサール団は膨大な兵器を備蓄している。それらは全てリビアの戦場から盗み出されたものであり、中にはグラードロケット、迫撃砲、ロケット式グレネード、防空システムが含まれている。だが彼らは、戦車や航空機は持っていないために、アメリカに資金援助され訓練されたエジプト軍には敵わないことを理解していた。そこで正面から戦う代わりに、エジプト軍がシナイ半島の全ての道路を監視できないのを利用し、色々な場所で爆弾や爆発物の遠隔操作による破壊行為を引き起こした。戦闘員はワイヤレス通信やUHFラジオを利用し、一キロメートルの距離に達する遠方にも起爆を伝えられるほど強力にするため、電子機器の増圧装置を自ら製作した。一ヵ月以上にわたって、エルサレムのアンサール団はエジプト中で二一件の爆弾攻撃を計画した。うち七件はエジプト当局によって未然に撤去されたが一四件は成功し、無実の命を奪った。[10] 二〇一四年一〇月、組織は北シナイにある、ベドウィンの多数居住する町シャイフ・ズワイドの厳重に警護された検問に対し自動車爆弾を爆発させ、その後で同僚の救出と増援に来た警備員を奇襲した。合計で三三人のエジプト人兵士がこの作戦によって殺害された。一一月には、エジプト陸軍の大佐と二人の兵士をカイロ中心部で暗殺した。彼らはまた、カイロ北部ナイル・デルタのカルユービーヤ県でも将校と兵士を殺害した。一二月には、カラーマ砂漠で五八歳のアメリカ人の石油技師ウィリアム・ヘンダーソンを殺害した。そして二〇一五年一月二九日、彼らは軍の検問、基地、ホテルと警察署に対して同時に自爆や自動車爆弾を用いた連続攻撃を実施した。ISISの影響の下に計画されたこの大規模作戦によって、三〇人のエジプト人が死亡した。

エルサレムのアンサール団の指導者はほぼ無名のエジプト人ジハード主義者、アフマド・サラーマ・マブルークである。彼は個人的には一度もバグダーディーと会っていないが、前任者のザルカーウィーの熱心な支持者であった。一九五六年にギザのマターニヤ村で生まれ、公立の学校で学びつつ学生の政治運動にも積極的だった。カイロ大学のコンピューター科学部に入り、ソ連のアフガニスタン侵攻の一ヵ月前の一九七九年に卒業した。大学時代、彼は頻繁にムハンマド・アブドゥッサラーム・ファラジュの家を訪ねていた。ファラジュは著名なジハード主義者のイデオローグで、イブン・タイミーヤの教えの影響を受け、カイロに在住した外科医のアイマン・ザワーヒリーと親友であった。熱烈な同胞団の支持者で、一九七八年にイスラエルとのキャンプ・デーヴィッド合意を締結したアンワル・サーダート大統領の抹殺を強く唱えていた。マブルークはエジプト軍に入隊し五ヵ月の間、軍事秘密警察に勤務した。だが過激なイスラーム主義思想のため他の部署に移され、一九八一年には完全に解雇された。一九八一年一〇月六日、サーダート大統領の暗殺後に逮捕され、テレビ局の本社を征圧しようとした罪で一九八八年まで刑務所に収監されていた。釈放されるや否や、同世代のイスラーム主義者と同じように彼はアフガニスタンへと飛び、アイマン・ザワーヒリーの命令下でアラブ人たちに加わった。マブルークとファラジュはアル＝カーイダのエジプト分遣隊、ジャマーア・ジハード・ミスリーヤ（エジプト・ジハード集団）を創設した。しかしマブルークはアメリカと地元秘密警察によって拉致され、エジプトに強制送還され、二〇年以上を監獄で過ごすことになった。彼は二〇一一年一月二五日の革命後に釈放され、復讐心に燃えて数ヵ月後の二〇一一年半ばにエルサレムのアンサール団を創設した。彼はＩＳＩＳ関係のジハード主義者の中でもっとも西洋のメディアに注目を受けることが少ないが、それは恐らく彼の民兵集団がイラクとシリアの武装集団よりもはるかに規模が小さいからであろう。

リビアのイスラーム国

二〇一五年半ばには、楽観主義とイデオロギーによって、ＩＳＩＳは次なる目標をリビアとした。リビアはヨーロッパだけでなく他の六つの国、エジプト、チュニジア、アルジェリア、チャド、ニジェールとスーダンへの通路である。ＩＳＩＳはすでにアフリカのサブ・サハラに系列組織を有していた。悪名高いナイジェリアのイスラーム主義組織ボコ・ハラムは、二〇一五年三月にカリフ制への忠誠を誓っていた。疑いの余地なく、それはアフリカ人ジハード主義者たちをひきつけることになった。リビアは二〇一一年以来の混乱で分裂し、ジハード主義者にとっては完璧な領土となっていた。リビア軍は目下東部の大部分を支配しているが、リビア西部はさまざまなイスラーム系民兵によって占領されている。それらの集団でもっとも強大なのは「ムスリム青年のシューラー評議会（マジュリス・シューラー・シャバーブ・イスラーム／ＭＳＳＩ）」である。二〇一四年四月に組織が設立され、同年の六月にバグダーディーに忠誠を誓ったという以外、ＭＳＳＩについてはほとんど知られていない。ＣＮＮによると、二〇一五年初頭には戦闘員の数は八〇〇人であった。そのうち三〇〇人がＩＳＩＳとともに戦ったリビア人戦闘員で、彼らの戦場は最初ダイルッザウル、続いてモースルであった[11]。二〇一四年一一月、ＭＳＳＩはベンガジの二四〇キロ東にあるリビアの都市ダルナを完全に占領し、この都市をＩＳＩＳに併合した。リビアのジハード主義者の映像はオンライン上で広がり、彼らがマシンガンを携行し、ベージュ色の軍服を着て、ＩＳＩＳがラッカやモースルでやったのと同様に店のウィンドウからマネキンを引き降ろし、理髪店を閉鎖する様子が映された。今やＭＳＳＩは学校、モスクの説教壇、都市の地元のラジオ局まで支配している。警察組織はＩＳＩＳのそれと似せて作られ、公衆の悪徳を監視する役を担う。バグダーディーはこのリビアの統治者にいかなる武器も資金も送ることも拒み、自分たちがシリアでしたのと同様、違法売買、誘拐と違法行為で資金を調達するようアドヴァイスしつつも、二名の最高クラスの助力者を、国家の運営方法について助言させるために派遣した。それはイラク人アブー・ナビール・アンバリーとサウジ人アブー・バラーゥ・アズディーだった。彼らはアメリカの監獄ブーカー刑務所でカリフと共に時を過ごし、長年にわたるISISメンバーである。[12]二〇一四年八月、彼らはフェイスブックに「ダルナ県」でアルコールと麻薬を没収したことを誇らしげに投稿した。二人はヴェールを着けない女性が路上を歩くのを禁じ、全住民にモスクの礼拝への出席を強要し、さもなくばISIS民兵の手によって鞭打ちの刑にあうとする法律を通過させた。

今日リビアで活動するジハード主義者の多くはイラクとシリアの戦争を経たイエメン人、チュニジア人の古参ジハード主義者である。外国人戦闘員の数は目下四〇〇人に達するとされるが、これはISISの主張なので、実態よりも多く見積もられているだろう。[13]一部の者はカダフィーの元支持者で、彼が二〇一一年一〇月に死亡した後、地下に潜伏した。これはフセイン軍の旧将校が二〇〇三年失脚後ジハード主義者と共に武器を取った経緯と似ている。シリアとイラクのように、ISISは制御できない混乱を利用し、地元民の心理に恐怖を引き起こして統治する。二〇一四年八月、彼らはリビアのサッカー場で、一人一人の頭を撃ち抜くというやりかたでエジプトの民間人を処刑した。処刑はISISの黒旗の下で執行された。二〇一五年一月、ISIS系列の集団がトリポリの高級ホテル、コリンシアを襲撃し、アメリカ人の土建業者を含む外国人四人とリビア人四人を殺害した。二月にはシナイの同胞がしたように油田を襲撃し、九人のリビア人警備兵を殺害した。さらに三月には首都トリポリの外務省付近で起きた自動車爆弾事件について犯行声明を発表した。映像はISISのやり方にならってリビアのジハード主義のフォーラムに投稿されたが、そこではラッカとモースルでは一般的になった黒旗という表現形式が使われていた。彼らはまたガニー油田で九名の外国人を拘束した。その内訳はオーストリア人、チェコ人、バングラディシュ人とフィリピン人であった。[14] 組織はツイッター上でこう書いた。「我々はお前たちのために最も苦い杯、最悪の死を用意した!」。二〇一五年五月、ISISはシルト(カダフィーの生誕地)の国際空港を占拠するという驚くべき勝利を成し遂げた。それはシルトが地中海を越えてヨーロッパのすぐ近くにあるという事実から、西洋の当局者を再び警戒させた。[15]

リビアのISISの残虐さを示すのは、シルトで働いていた二一名のコプト教徒のエジプト人を誘拐・処刑した事件である。彼らは二月一五日に斬首された時、シルトの海岸線に沿ってオレンジ色の服を着て跪かされていた。映像は彼らが覆面の拘束者と共に砂浜へ降りていく様子を映していたが、それは偶然ではなかった。ISISは世界に、そこがイラクやシリアの砂漠ではなくヨーロッパに面する海岸であることを見せたかったのである。ISISは拡大し、新しい領土に近づいていく。犠牲者たちは皆、貧窮したコプト教徒の家庭の出身で、より良い生活を求めてリビアにやって来た。給料はエジプトより四倍も高かったからである。だが、彼らのムスリムの同僚は集合住宅の中で、共に暮らしていたコプト教徒の者の名を挙げるように強いられた。そうしなければ殺すと脅されていたのである。[16] このリビアの海岸での集団処刑の映像はISISのメディア・チャンネルに投稿された。処刑を指導したジハード主義者はイタリアを臨む海を指差し、名高い文句で脅迫した。「我々はローマを征服する!」。現代のジハード主義者はウマイヤ朝のカリフがスペインを征服し、ヨーロッパ大陸にムスリムの支配を樹立した日々に思い焦がれている。レヴァントから進軍したムスリムの軍勢による七〇〇年に及ぶヨーロッパ支配への懐古趣味が、ＩＳＩＳのヨーロッパへの野心を燃え上がらせている。

ＩＳＩＳの拡大する戦線

ヨーロッパと北アフリカ全土におけるＩＳＩＳの急速な浸透は、「テロとの戦い」に大きな変革をもたらすだろう。本書は二〇一五年の夏の終わりごろ出版されるが、世界はＩＳＩＳがもはや戦禍を被ったシリアとイラクの国境の内に制限されるレヴァントだけの脅威ではないということを把握し始めている。今やそれは地中海の海岸へと到達した。ダルナとシナイ半島は気がかりなことにラッカとモスルのようだ。もし即座に立ち向かわなければ、ＩＳＩＳがカイロやトリポリを攻撃するのを妨げるものは何も存在しないだろう。ＩＳＩＳの黒旗はあらゆる場所で確認できる。周りには恐怖が漂い、なぜＩＳＩＳが前進しているのか、どうやって組織を終焉に導けるかの答えは誰も持っていない。そのことは多くの現実を物語っている。その一つは無論、二〇一四年九月に結成されたアメリカ主導の有志連合の失敗である。もう一つは地域コミュニティーが、たとえどれほど歪んでいたとしても、資金と指導力を切実に必要としているという事である。ＩＳＩＳはそれをラッカ、モースル、ダルナとシナイ半島に供給している。もしエジプトとリビアが、アラブの春で長期独裁政権を崩壊させた後に強力な指導者を生み出せていれば、ＩＳＩＳによる征服の可能性は今よりも減っていたか、存在しなかっただろう。

ＩＳＩＳの拡大に伴う第三の事実は、アブー・バクル・バグダーディーが、自分が吸い付けるもの以外には口をつけない優れた戦略家であるということだ。彼はサッダーム・フセインの時代が軍事的な狂気の時代で、自分たちができる限界を超えた挑戦をしていたことを理解している。バグダーディーと彼の将軍たちは、ＩＳＩＳの北アフリカの統治者に、口先の好意と技術的助言以上のものを供与するのを拒否した。彼はリビアとエジプトから受けた支持の誓いに心を奪われることはなかった。さもなければ彼は致命的な誤りを犯していただろう。忠誠を表明した戦火の地へ軍隊の派遣すれば本拠地であるシリアをないがしろにし、多くの敵のいずれかの侵略を招くことになったはずだ。実際に、かつて何人もの指導者が、そのような援助の求めに対して、新しい領土を獲得し、伝統的な連携を強化し、敵を打倒する絶好の機会と考えて派兵をしてきた。ナースィル大統領は一九六〇年代に軍隊をイエメンに侵攻させ、ヴェトナム戦争時のアメリカの政権も同じことをした。ソ連の赤軍は冷戦が最高潮に達したときあまりにも多くの軍事的冒険に関与したが、それらはソ連を内部から食い潰した。しかし性急なカリフは、多くの人間が当初彼を評していたほどには逸脱していなかった。武力も資金も用いずに支持団体と県を創出したことは、カリフを自称して以来バクダーディーがどれだけ有名になったかを示している。さらに重要なのは、北アフリカへの拡大によってＩＳＩＳが近い将来には消滅しないことが確かになったことである。

組織の拡大は、オバマ大統領が宣言したようなＩＳＩＳの衰退や壊滅をほぼ不可能とした。たとえ巨大な有志連合がシリアとイラクのＩＳＩＳの壊滅に成功したとしても、類似した別の動きがリビアやアフリカの他の地域で組織化されるだろう。壊滅のプロセスは数十年にわたって続くはずだ。ヨーロッパに関しては、ＩＳＩＳはゆっくりと、だが確実にその中心部を攻撃する能力を向上させている。『シャルリー・エブド』襲撃は世界を震撼させ、フランスの社会的平穏を揺るがした。報復としてフランス空軍ができることはほんの僅かしかない。空軍戦力だけではＩＳＩＳを打ち負かしたり、少なくとも深刻な打撃を与える結果は得られないことが証明されているからだ。潜伏した細胞や一匹狼はヨーロッパの中心部で戦いを実行し、敵の前線の背後に攻撃を加えるだろう。しかしさらに決定的な重要性を持つのは、ヨーロッパ統合の過程における移民の世代の過激化がもたらす衝撃の方である。シリアとイラクからのユーチューブの映像がオンラインで流れ続ける限り、ＩＳＩＳはヨーロッパで不満を抱いたムスリムの若者の支持を得て、社会を危険に曝すだろう。それは不特定の場所への攻撃よりもはるかに深刻な脅威なのである。

ＩＳＩＳという現象を崩壊させようとするならば、まず、その台頭の理由と組織の方向性について完全に意見を一致させなければならない。我々はこの現象がすぐに消滅する一時的なものではないという事実を受け入れる必要がある。複雑に絡みあった中東政治の中で何に注目するかによるが、サウジアラビア、トルコ、イスラエル、シリアへの言及は避けられないはずだ。それらはＩＳＩＳに資金援助をしたか、劇的な勢力の拡大を容易にしたとして非難されてきた。非難の内容は様々である。シリア人はダマスカスの監獄からジハード主義者を釈放したこと、トルコ人は越境活動を容易にしたこと、そしてサウジ人はＩＳＩＳに資金と武器を提供したことをそれぞれ咎められている。だが人々がしばしば無視するのは、シリアとイラク国内の豊穣な領土の中に、ＩＳＩＳの訴えに耳を傾け、カリフのために戦い、バイア（誓い）を立てる聴衆がいたということである。もし彼らに取り込まれる準備のできた民衆がいなかったら、ＩＳＩＳはあのようには素早く支配を固められなかっただろう。しかし人々は旧来のやりかたに疲れ、飽き飽きしており、過去との決別を切実に望んでいた。テロリズムに塗り固められた下にあるＩＳＩＳの何かが、中東の少なくとも一部の人々にとっては魅力的に映った。ＩＳＩＳが台頭した社会は、それまで軍事政権、宗派主義、社会的流動性の欠如、失業、富の不均衡な分配、二流の教育などの災難に長期間にわたって苦しめられてきた。人々がＩＳＩＳに参加した理由は単に金のためや、アブー・バクル・バグダーディーの長い剣の脅しのためではなかった。以前の社会がばらばらになって彼らを振るい落とし、腐敗した貧困と無知の中に放置したために参加したのである。皮肉なことに、ＩＳＩＳの「国民」は、一九六三年以後のバアス党支配の中心をなした家族の子供や孫なのである。そうした人々はかつてバアス主義の保育器であった。そして今ではＩＳＩＳを養育している。イスラームは確かに理由の一つではあるが、バアス党自体の失敗も同じく理由の一つなのだ。

権力の腐敗。単純なことである。バアス党創設時の文書を読み返すと、そこには一九六三年以降の社会とアラブ世界のための輝かしい理念が明記されている。ラッカとモースルの若い男たちはかつてその華やかな文章に夢中になり、学校、大学と職場でそれを暗記した。「バアス」はその名前通り、アラブの「再興」ないしは「再生」を約束していた。そのためバアス党は一九五〇年代から六〇年代にかけて、最も頭脳明晰で有能なシリアとイラクの若者を惹きつけることができたのである。バアス党の古参は、バアス党メンバーが「ナンバーワン」と見なされるようにならねばばと、当時の若い党員たちが切実に望んでいたことを語るだろう。しかし一九八〇年代以降、事態は反対になった。バアス党の党員は仕事、給与、専門分野の成果に関する「ナンバーワン」の地位を、功績や成功によってではなく、単に支配体制の政党のメンバーであるという理由だけで与えられた。この事態は二流で低水準の党員が、能力ではなくバアス党員であるという理由だけで国家の支配的地位に上り詰める世代を生んだ。バアス党はメディアと法廷を統制し、法の支配と国家の問題に対する大衆の監視を妨害した。利己的で閉鎖的な派閥と化し、情実と非バアス党員に対する差別の文化を助長した。この独占の直接的な産物は腐敗であり、飽くことなき貪欲な獣が国家の財政、道徳の源泉を消費し、シリアとイラクの民衆の潜在的能力を奪い取った。それは最終的に、バアス党自身が過去に発展を約束した社会を完全に破壊した。

五〇年にわたりバアス党と国家は混合していた。結果的に党は肥大化し、秩序は乱れ内部に脆弱さを抱えるようになった。排他性、絶対的な政治責任の免責、競争の不在と監視の目の欠如のゆえに、バアス党は政治、そして国内の諸団体を腐敗させる活動的な寄生虫となった。バアス党への入党は権力への接近であり、日和見的なバアス党員という階級の一員になることを意味した。さらに身内びいき、馴れ合い、内通、恐喝と贈収賄は全てのバアス党員に広まっていた。多くの場合それらは比類ない党の支配力に由来していた。バアス党と国家の間の境界線はなくなる一方で、ナショナリズムと独立国家の全ての理念を破壊した。バアス党の旗は常にイラクとシリアの旗の側に掲げられ、国歌と党の唱歌は一緒に歌われ、指導者は共有された。学校の生徒や大学の学生は強制されて党の唱歌を歌い、スローガンを唱和し、バアス党の休日を祝った。人々は次第にバアス党を尊敬するよりも、そのスローガンや計画を笑いものにし始め、それらが社会の草の根にまで浸透することはないと考えるようになった。

ＩＳＩＳはバアス党の失敗から生まれた。バアス主義者はその事実をあまりに良く知っており、イスラームの衣装と教義を取り入れることでラッカとモースルの社会への復帰を試みた。問題は、第一ラウンドにおける自分たちの失敗から学んでいないということだ。彼らは一九六三年から二〇一一年の間と全く同じ過ちを繰り返している。貪欲さ、権威主義、カルト的崇拝、身内の馴れ合い、横領などである。

アブー・バクル・バグダーディーと彼の権力の基盤について、世界はより真剣に考え始める時を迎えている。人々はおそらくすでに気付き始めているだろうが、ＩＳＩＳがすぐには消滅せず、むしろその状態からはほど遠いという厳しい現実を受け入れる必要がある。同様に世界の人々は、アメリカ主導の有志連合の空爆が機能していないということを理解している。バグダーディー自身は目下三万五〇〇〇から五万人の戦闘員を命令下に置いており、六〇〇〇万人の人口を抱えてイギリスとほぼ同じ大きさの領土を支配している。カリフは預言者ムハンマドの後継者であり、ムハンマドに従う者はバグダーディーと、彼が代表する組織に忠誠を誓うことになる。ISISは独立国家としての象徴を全て持っている。首都、軍隊、警察組織、秘密警察、学校教育、国歌、国旗、そしてオイルマネーがもたらす財源である。間もなくISISは自前の貨幣を鋳造し始めるだろう。ナイジェリアのテロリスト、ボコ・ハラムはISISに忠誠を誓い、エジプトのエルサレムのアンサール団も同様のことを行った。その名の下のテロ活動がパリ、チュニジア、イエメンで実行された。ISISのモットーは「永続と拡大」だが、今までのところ彼らはそれに忠実である。バグダーディーには人々が好感を持ち追従する、何らかの魅力がある。それこそ彼の称号が意味するものである。彼は本当に自分がイスラームのカリフであると考えており、一部の人々は明白に彼のことを信じているのだ。

アブー・バクル・バグダーディーが好まない事はいくつもある。まず、彼は「アブー・バクル・バグダーディー」と呼ばれるのを好まない。それは彼がイラクで地下活動をしている間のみ使用された仮名であり、彼の正式な名前は「カリフ・イブラーヒーム」なのだ。彼はもう犯罪者ではなく、承認されない「国家」の長である。この「国家」は全てのムスリムを包摂し、ナイジェリア、エジプトとリビアの支持者を惹きつけている。彼は加えて自分の国家のアラビア語の頭文字を取った呼称「ダーイシュ」も好まず、「イスラーム国」の使用にこだわっている。自分に属する集団を民兵と呼ばれることも好まない。それはもはや民兵ではなく、完全に自立した軍隊だからだ。そしてもちろん、彼はテロリストと呼ばれるのも好まない。要するに、彼は公的な国家の元首、全てのスンナ派ムスリムの事実上の「大統領」として認知されたいのである。

だが、問題はアブー・バクル・バグダーディーが鼓舞する過激化の傾向であり、イスラーム国とカリフ制ではない。もし時期が熟して、カリフが有能で正気の判断のできる指導者になれば、多くの人間は不満を抱かないだろう。ある日ISISでクーデターが勃発し、バグダーディーが打倒されることを想像して欲しい。アラブ世界ではクーデターは一般的であり、シリアとイラクほど頻繁に起こっている場所はない。イラク人の最高クラスの将軍がカリフを取り巻いているが、詰まるところ彼らはクーデターの政治にも良く鍛えられているのだ。恐らくクーデターの指導者はイスラームの中核的教義から外れたという根拠でカリフを処刑し、全てをバグダーディーの責任にするだろう。その結果、物事への不介入を誓い、現代的なスーツを着用してあごひげを刈り込み、捕虜の斬首や彫像の破壊を命じない者にカリフの座が取って代わられたら、人々はISISに正式な支援の意志を表明するだろうか？　そしてもしそのような出来事が起こったら、このウェストファリア的なISISは中東の新しい国家として、国境の確定、大使館と国連の議席の確保も含めた公的な承認を受けられるだろうか？　歴史は大きな剣と野蛮な戦術を採る暴漢によって建設された国家をふるいにかける。だから国際社会に溶け込み承認を得るためには、彼らは最終的に自らの言説と実践を和らげる必要がある。それは国境を安定化させた後の話となるだろう。そうすれば、彼らは自分たちの存在を、実体として認めさせることができるはずだ。そしてこれこそが、二〇一五年現在の時点でＩＳＩＳが潜在的に抱いている未来像なのである。

主要人物

初期のムスリムたち

アブー・バクル・スィッディーク（五七三～六三四年）
マッカのクライシュ族の支族の出身。預言者ムハンマドの義理の父で代表的な教友の一人。六三二～三四年の間、初代正統カリフを務める。

ウマル・イブン・ハッターブ（五七七～六四四年）
マッカのクライシュ族の支族の出身。預言者ムハンマドの義理の父で代表的な教友の一人。六三四年にアブー・バクルを継いで第二代正統カリフに即位し、一〇年に渡り公正で高貴な統治を敷いた。六四四年、征服したペルシア人に報復として暗殺される。優れた政治家、法学者、哲学者として、ムスリムから「ファールーク」（真偽を分かつ人）との称号で呼ばれる。

ウスマーン・イブン・アッファーン（五七七～六五六年）
マッカのクライシュ族の支族の出身。預言者ムハンマドの代表的な教友の一人で、彼の娘二人と結婚した。ウマルを継いで第三代正統カリフに即位、一二年に渡る統治を敷く。しかし統治下で採った縁故主義に対して多くの不満が寄せられ、最後は自宅でクルアーンを読んでいる時に反乱勢力によって殺害される。

アリー・イブン・ターリブ（六〇〇～六六一年）
預言者ムハンマドの従弟で、代表的な教友の一人。ムハンマドの娘ファーティマと結婚した。最初にムスリムに改宗した青年男性とされ、六五六年、ウスマーンの暗殺を受けて第四代正統カリフに即位。ウマイヤ家が対抗してダマスカスで別のカリフを擁立したが、六六一年に逝去するまで現イラクを統治した。彼の支持者（後のシーア派）は、今日も彼を預言者ムハンマドに続く正統な後継者（シーア派における初代イマーム）と見なしている。なおスンナ派もシーア派も彼を最後の正統カリフと位置づけている。

ハディージャ（五五五〜六二〇年）

マッカの豪商の娘で、預言者ムハンマドの最初の妻にして最初の改宗者。ムスリムから「すべての信徒の母」との称号で崇められる。アリーと結婚したファーティマの実母である。

ファーティマ（六〇五〜六三二年）

預言者ムハンマドの最愛の娘で、第四代正統カリフであるアリーの妻。シーア派の重要人物であるハサンとフセイン、二人の母。ハディージャの逝去後にムハンマドの世話をした。六三二年、ムハンマドが逝去した数ヶ月後に自身も逝去した。スンナ派とシーア派の双方から高い尊崇を受けている。

アーイシャ（六一三〜七八年）

初代正統カリフであるアブー・バクルの娘。一〇歳代で預言者ムハンマドと結婚し、先妻のハディージャ亡き後、彼の最愛の妻となった。ムハンマドの死後は政治にも携わり、アリーのカリフ即位の際には、これに対抗すべく「ラクダの戦い」と呼ばれる戦争で自ら部隊を率いた。この戦いに敗れた彼女は余生をハディースの収集に費やし、預言者に関する二二一〇の伝承を集めた。ファーティマ（すなわちアリー陣営）との確執から、今日に至るまでシーア派からは忌避されている。

ムアーウィヤ・イブン・アブー・スフヤーン（ムアーウィヤ一世、六〇二〜八〇年）

マッカの豪商、名家ウマイヤ家の出身。当初は預言者ムハンマドと対立していたが、後に改宗してムハンマドの晩年における代表的な教友の一人となった。六三九年にシリア総督に任命され、六一年にカリフを名乗った。自ら戦地に赴いてアリーの軍勢を倒し、ダマスカスで警察、海軍、行政機構を擁する独自のイスラーム帝国を建設した。アリーとの政治抗争において、彼の二人の息子からカリフ位を簒奪したことで、シーア派から忌避されている。世襲王朝であるウマイヤ朝の初代カリフとして、自らのカリフ位を息子のヤズィードに引き継がせた。

ハサン・イブン・アリー（六二五〜七〇年）

第四代正統カリフであるアリーと妻ファーティマとの間に生まれた長男。預言者ムハンマドの孫にあたり、優れた法学者、文筆家として知られる。六六一年に父アリーが殺害された後にカリフ継承権を放棄し、余生はマディーナで隠遁生活を送った。四〇歳代半ばでウマイヤ朝の刺客により毒殺されたと言われる。

フセイン・イブン・アリー（六二六〜八〇年）
アリーとファーティマとの間に生まれた次男で、ムスリムの歴史においてきわめて重要な人物。勇敢な信徒として知られ、預言者ムハンマドの血統を継ぐ立場から、自らを父アリーの後継者であると訴えた。このため、ウマイヤ朝の世襲カリフ、ヤズィードへの忠誠を拒み、ウマイヤ朝との戦いに備えて居住していたマディーナを去り、現イラク領のクーファで支持者からなる部隊を編成した。しかしカルバラーでヤズィードの軍による待ち伏せに遭い、包囲されて兵糧攻めを受け、首を切られて殺害された。首はダマスカスのウマイヤ朝の宮廷に運ばれ、彼の死はスンナ派とシーア派の分裂を決定的なものにした。彼の命日であるヒジュラ暦ムハッラム月一〇日に、シーア派の人々は彼の追悼儀礼を行う。

ヤズィード・イブン・ムアーウィヤ（六四七〜八三年）
六八〇年にダマスカスで父ムアーウィヤ一世の後を継ぎ、三〇年に及ぶ統治を敷いたウマイヤ朝の第二代カリフ。シーア派は彼を、腐敗した、強欲で、大食の殺戮者として非難する。預言者ムハンマドの孫であるフセインの首をはねた人物とされる。

アブドゥッラー・イブン・ズバイル（六二四〜九二年）
預言者ムハンマドの教友の一人で、アブー・バクルの孫。ダマスカスに興ったウマイヤ朝を認めず、自らをカリフと名乗ってマッカから反乱を起こした。間もなくしてイラク、ターイフ、マディーナ、シリアの一部を制圧した。ウマイヤ朝は彼らをマッカで六ヶ月包囲し、町を石弓で破壊した。一部には彼をカリフと認める人もいたが、最終的はウマイヤ朝の手によって殺害され、反乱は失敗に終わった。

預言者ムハンマド以降の人物

ハールーン・ラシード（七六三〜八〇九年）
アッバース朝の第五代カリフ。バグダード、また一時的にＩＳＩＳが二〇一四年に首都としたラッカを中心にムスリム帝国を築いた英雄軍人。彼の統治下でアッバース朝は武功と文化・学問的繁栄を極めた。伝説的な英雄とされる一方、毀誉褒貶の多い人物でもある。

ムッタスィム（八三三～四二年）

ハールーン・ラシードの息子で、アッバース朝第八代カリフ。現イラク領の都市サーマッラーを建設し、同地をムスリム世界の中心とした。サーマッラーはＩＳＩＳのカリフ、アブー・バクル・バグダーディーが育った町で、彼はＩＳＩＳ設立にあたってサーマッラーの歴史から大いに刺激を受けたとされる。

イブン・タイミーヤ（一二六三～一三二八年）

モンゴルによるイラク侵略という、イスラームの激動期を生きた神学者、法学者。ダマスカスを活動の拠点とし、イスラーム初期のクルアーンの教えとムスリムの行動に基づいてイスラームを浄化することを呼びかけた。またこの一環として、シーア派とアラウィー派を無神論や不信仰な異端と見なし、排除することを呼びかけた。イスラームを非イスラーム的な実践から浄めるという考えは、後代のジハード主義、サラフィー主義、ワッハーブ主義に根深い影響を与え、アル＝カーイダとＩＳＩＳの思想的な核となった他、サウード家の推し進めたワッハーブ主義の指針ともなっている。

ムハンマド・イブン・アブドゥルワッハーブ（一七〇三～九二年）

アラビア半島中央部、ナジュド地方出身の大望を持った説教師。彼の思想は、同地方で武力による支配を築いたイブン・サウードに大きな影響を与えた。ムスリムの信仰を浄化し、自身が薫陶を受けたイブン・タイミーヤ同様、初期ムスリム（サラフ）の実践に立ち戻ることを呼びかけた。アル＝カーイダとＩＳＩＳの思想的基礎を形成したワッハーブ主義の開祖である。

ムハンマド・イブン・サウード（？～一七六五年）

イブン・サウードの名で知られるアラビア半島の豪族の長。イブン・アブドゥルワッハーブに影響を受けて、彼の協力のもとサウジアラビア王国を建設した。同王国はオスマン帝国エジプト総督のメフメト・アリー・パシャに滅ぼされたが、彼の子孫がその意志を継いでサウジアラビア王国を再興し、現在に至る。ワッハーブ主義に支配と領土を与える軍事力としての役割を担った。

ムスリム同胞団の関係者

ハサン・バンナー（一九〇六～四九年）
一九二八年三月にエジプトのムスリム同胞団を設立した学校教師、モスクの礼拝指導者。同世代のシリア人イスラーム主義者に影響を与え、彼らが四〇年代半ばにダマスカスで同胞団の支部を設立した。四九年、エジプトのファールーク国王が雇ったと言われる銃を持った男に暗殺された。

ムスタファー・スィバーイー（一九一五～六四年）
シリア人の宗教指導者で、ハサン・バンナーの初期の弟子の一人。一九四〇年代半ばにダマスカスでムスリム同胞団のシリア支部を設立した。アラブ世界にイスラーム国家の設立を呼びかけたが、これにあたっては、シリア議会と憲法制定議会のメンバーを通じて民主的な方法を採ることを選んだ。シリア大学（後のダマスカス大学）シャリーア学部の共同設立者の一人で、アル＝カーイダの思想的基礎であるアブドゥッラー・アッザームをはじめとするアラブ人イスラーム主義者たちを教育した。ムスリム同胞団が武器をとってシリア体制との武装闘争に突入する前にこの世を去った。文筆家で、五〇年代にはシリアの民主的統治を通して穏健政治を推進した。

マルワーン・ハディード（一九三四～七六年）
シリアのムスリム同胞団メンバーで、同組織の軍事部門である「戦闘前線」の設立者。一九六四年に故郷ハマーでバアス党への戦争を率いた。蜂起は失敗し、彼はただちに刑務所に送られて七六年に獄中死した。現代シリアにおいて軍事的イスラーム統治を目指す人々の先駆者とされ、八二年の反体制武装蜂起に参加した人々に大きな影響を与えた存在。二〇一一年には彼の名に因んだアル＝カーイダ関連武装組織が設立され、今日シリアで戦闘に従事する人々から「武装ジハードの父」と呼ばれている。

ユースィフ・カラダーウィー（一九二六年～）
著名なエジプト人神学者で法学者。ムスリム同胞団のイデオローグで、現在はカタールの首都ドーハを拠点に活動している。シリアのイスラーム主義者に対して思想面でも行動面でも強い影響力を持ち、二〇一一年には彼らの反体制行動を鼓舞した。ＩＳＩＳとその首領アブー・バクル・バグダーディーのカリフ僭称を強く批判する一方、他のシリアのイスラーム主義武装勢力を支持している。

アル＝カーイダの関係者

アブドゥッラー・アッザーム（一九四一〜八九年）
グローバル・ジハードの創唱者とされるパレスチナ人。ウサーマ・ビン・ラーディンの庇護者で、アル＝カーイダの思想的基礎。ダマスカス大学でシャリーアを学び、サウジアラビア、次いでアフガニスタンに渡って、一九七九年に同国に侵攻したソ連と戦うためにアラブ人ジハード主義者を募った。資金集めや軍事訓練キャンプの設立に貢献し、同世代のアラブ人ジハード戦士に影響を与えたが、八九年一一月にアル＝カーイダが公式に設立された直後、パキスタンのペシャワールで自動車爆弾により殺害された。

アブー・ムスアブ・スーリー（一九五八年〜）
アレッポ出身、本名ムスタファー・スィット・マルヤム・ナサール。ムスリム同胞団のメンバーで戦闘前線とともに武器をとってバアス党と戦った。アフガニスタンに渡航後、アル＝カーイダに参加してジハード主義のイデオローグの仲間入りを果たす。アフガニスタンの軍事訓練キャンプでシリア人や他のアラブ人イスラーム主義者を訓練し、ヨーロッパで活動する地下細胞を育てた。パキスタンで逮捕、シリアに送還された後、二〇一五年時点でいまだ収監中。彼が育てた戦士たちは〇三年のアメリカ侵攻後のイラクでジハード運動を引き継ぎ、現在その多くがシリアの戦場でヌスラ戦線とともに戦っている。ウサーマ・ビン・ラーディンに絶対的な忠誠を誓った。

アブー・ハーリド・スーリー（一九六六〜二〇一四年）
アレッポ出身のイスラーム主義者で、シリアのムスリム同胞団に加わった後、戦闘前線のメンバーとしてバアス党との戦争に参加した。そしてアブー・ムスアブ・スーリーとともにアフガニスタンに渡航し、アル＝カーイダに加わってウサーマ・ビン・ラーディンと緊密な関係を築いた。二〇一一年の暴動発生後にシリアに戻り、反体制派武装勢力「アフラール・シャーム」に参加した。ビン・ラーディンの後継者であるアイマン・ザワーヒリーによって、シリアにおけるアル＝カーイダ支部の指導者アブー・ムハンマド・ジャウラーニーと、ＩＳＩＳの首領でカリフを僭称したアブー・バクル・バグダーディーとの仲介役に任命された。

アブー・ムスアブ・ザルカーウィー（一九六六～二〇〇六年）
ならず者で有罪判決を受けたこともあるヨルダン人。一九八〇年代にアル＝カーイダに参加した後、ウサーマ・ビン・ラーディンに仕え、アラブ人ジハード戦士たちのキャンプで爆弾の扱い方について訓練を受けた。二〇〇三年にアメリカによる侵攻を受けたイラクに渡航し、アル＝カーイダのイラク支部「イラクのイスラーム国」（ＩＳＩ）を地下で設立した。イラクでアメリカ軍に対する凶暴な戦闘をしかけ、多くのシーア派をアメリカ当局の手先、また排除すべき宗教的異端と見なして殺害した。〇六年にアメリカ軍の攻撃によって殺害されたが、生き延びた彼の弟子たちはシリアに逃亡してアル＝カーイダのシリア支部、すなわちヌスラ戦線を設立した。現代において、ビン・ラーディンに匹敵する影響力を持ったイスラーム主義者の一人。

ヌスラ戦線の関係者

アブー・ムハンマド・ジャウラーニー（一九八一年～）

シリア東部ダイルッザウル出身、本名ウサーマ・ハダウィー。ダマスカス大学で医学を学んでいたが二〇〇五年に中退、イラクに渡航してアル＝カーイダに参加する。同組織の指導者アイマン・ザワーヒリーに忠誠を誓った後、〇七年にブーカー刑務所に収監された。その後、一一年にヌスラ戦線設立のためシリアに渡航。収監中、友人であり後のライバルとなるアブー・バクル・バグダーディーに出会う。シリアにおいてアル＝カーイダはＩＳＩＳに次ぐ力を持ち、かつては戦略都市ラッカを、現在はイドリブとその周辺一帯を支配している。「ファーティフ」の名でも知られ、インターネット上には彼の顔写真が配信されたものの、その存在が判然とせず、依然として彼の実像は疑わしい。ドーハ拠点のアル＝ジャズィーラ放送局のインタビューに複数回登場した。現在、彼の部隊はシリア政府軍と自由シリア軍、ＩＳＩＳと戦っている。


アブドゥッラフマーン・アブドゥッラー・イブラーヒーム・サリーフ（一九七八年～）

ウサーマ・ビン・ラーディンの三番目の従兄弟で、ヌスラ戦線の共同設立者の一人。サウジアラビア出身で、家族は全員アル＝カーイダの関係者。サナーフィー・ナスルの名でも知られ、兄弟六人がアル＝カーイダに所属している。この内二人はグアンタナモ湾刑務所に収監中である。パキスタンで短期間を過ごした後、イランでアル＝カーイダの地下活動を指揮し、二〇一三年にシリア北部へと拠点を移した。アブー・ムハンマド・ジャウラーニーと緊密な関係にあり、アル＝カーイダの指導者であるアイマン・ザワーヒリーに忠誠を誓っている。

ハーミド・ハマド・アリー（一九六〇年～）

ヌスラ戦線の共同設立者の一人でクウェート人。ロンドンとリヤドで学んだ後、故郷クウェートに戻って宗教寄進財省に勤務。その後間もなくアラブ湾岸諸国当局とトラブルになり、二〇一三年にシリアに渡る。そこでアブー・ムハンマド・ジャウラーニーと共同し、機密の扱いや資金集めを担当した他、公認会計士として活動する。アル＝カーイダの指導者であるアイマン・ザワーヒリーに忠誠を誓っている。

アブー・ユースィフ・トゥルキー（一九六七～二〇一四年）

ヌスラ戦線の共同設立者で、ジャウラーニーと非常に近しい関係にあった狙撃の名手。二〇一三年にトルコからシリアに渡り、ヌスラ戦線の狙撃手を訓練した。アル＝カーイダの指導者であるアイマン・ザワーヒリーに忠誠を誓ったが、一四年九月に空爆によって死亡。

「イスラーム国」（ISIS）の関係者

アブー・バクル・バグダーディー（一九七一年～）

イラクのサーマッラー出身、本名イブラーヒーム・アワード・イブラーヒーム・バドリー。二〇一一年のウサーマ・ビン・ラーディンの死後、世界で最も指名手配されるテロリストとなった。バグダードでイスラーム学を学んだ後、アブー・ムスアブ・ザルカーウィー率いる「イスラーム国」に参加してムジャーヒディーン評議会のメンバーとなる。〇三年のアメリカによるイラク侵攻後、イラクで地下活動を開始。〇六年にアメリカ当局によってブーカー刑務所に収監され、そこで後にヌスラ戦線の指導者となるアブー・ムハンマド・ジャウラーニーに会う。「イラクとシャームのイスラーム国」（ISIS）を設立し、サッダーム・フセイン政権に仕えた元バアス党員を多数リクルートする。一四年夏、モースルを制圧した後、ラッカでISISの建設を宣言し、自身はカリフ・イブラーヒームを僭称した。

アブドゥルマフディー・ハーラーティー（一九七四年～）

リビアで、カッザーフィー政権の崩壊後に形成されたトリポリ軍事評議会の副司令官。二〇一三年にシリアに渡航し、祖国から奪った資金で自身の軍隊「ウンマ旅団」を設立。同軍隊は間もなく自由シリア軍と合流し、シリアにおけるリビア人ジハード戦士の指導者となった。戦士の数は六五〇〜七〇〇人ほどで、その多くがＩＳＩＳとともに戦っている。

アブー・ムハンマド・アドナーニー（一九七七年〜）

シリア北西部の町ビニシュの出身で、二〇〇三年のアメリカによるイラク侵攻後、同国に渡って抵抗運動に従事した。〇五年にアメリカ当局によって逮捕、ブーカー刑務所に収監されている間、アブー・ムハンマド・ジャウラーニーとアブー・バクル・バグダーディーに出会う。アル＝カーイダに参加したがＩＳＩＳに身を移し、カリフであるバグダーディーに忠誠を誓ってからはＩＳＩＳの公式報道官を務める。ＩＳＩＳにおける古参のシリア人の一人で、一四年夏、ラッカでＩＳＩＳの設立を宣言した。

アブー・フライラ・アムリーキー（一九九二〜二〇一四年）

アメリカ人で、本名ムニール・ムハンマド・アブー・サルハ。シリアのイスラーム主義組織に参加し、二〇一四年に自爆攻撃を行った。シリア紛争で戦死した最初のアメリカ人。

アフマド・サラーマ・マブルーク（一九五六年〜）

シナイ半島で活動するＩＳＩＳ所属の武装組織「エルサレムのアンサール団」の司令官。かつてはコンピューター科学者でエジプト軍の事務官だった。一九八一年にイスラーム主義者としての活動が原因で有罪判決を下され、その後アフガニスタンに逃亡した。そこでアル＝カーイダに参加し、ウサーマ・ビン・ラーディンに忠誠を誓った。八八年にアゼルバイジャンで逮捕、祖国エジプトに送還されて二〇一一年のエジプト革命開始まで刑務所に収監されていた。その後エルサレムのアンサール団を設立し、一五年にアブー・バクル・バグダーディーに忠誠を誓った。

アクサー・マフムード（別名「ライオンの母」）

二〇一三年、スコットランドのグラズゴーからシリアに渡航し、ＩＳＩＳのメンバーと結婚した女性。「ムハージラ（女性移住者）の日記」と題したブログをインターネット上で公開、定期的に更新しており、特にヨーロッパからＩＳＩＳに参加しようとする外国人女性にアドバイスや秘訣を与えている。

アスマー・ファウズィー・クバイスィー

アブー・バクル・バグダーディーの最初の妻でイラク人。五人の子供産んだ。

イスラー・ラジャブ・マハル・カイスィー

アブー・バクル・バグダーディーの二番目の妻で、彼の息子アリーの実母。

サジャー・ドゥライミー（一九七八年〜）

アブー・バクル・バグダーディーの現在の妻。シリア当局に逮捕されたが二〇一四年前半に釈放された。イラクのスンナ派名家の出身で、家族は全員ＩＳＩＳのメンバーである。弟はバグダーディーの護衛を務め、他の兄弟もモースルでＩＳＩＳの軍司令官を務める。姉妹はイラクでアル＝カーイダに仕え、父はＩＳＩＳの設立に加担したが、一三年にシリア人によって殺された。

ワリード・ジャースィム・アルワーニー（？〜二〇一四年）

イラク軍の元武官で元バアス党員。アメリカのイラク侵攻後に地下活動に身を投じ、アル＝カーイダに参加した。ＩＳＩＳ、バグダーディーに忠誠を誓い、ＩＳＩＳの軍事評議会の議長となった。

サミール・フライファーウィー（？〜二〇一四年）

イラクのアンバール県出身で、サッダーム・フセイン政権下でバアス党に入党。空軍の諜報部門で事務官を務めた。同政権下、短期間ではあるが武器調達も担当し、二〇〇三年以降は地下活動に身を投じてアブー・ムスアブ・ザルカーウィーに協力する。アメリカ当局によって逮捕、ブーカー刑務所に収監中され、そこでアブー・バクル・バグダーディーに会う。ハッジー・バクリーというコード・ネームでＩＳＩＳ内での地位を築き、アレッポで初めてアル＝カーイダの作戦を担当した後、ＩＳＩＳの軍事評議会に参加した。一三年にはシリアにおけるバグダーディーの右腕として君臨したが、翌一四年に同国で殺害された。

アブー・ムハンマド・スワイダーウィー

イラク軍の元事務官で、二〇〇三年のアメリカによるイラク侵攻後にアル＝カーイダに参加、一三年にＩＳＩＳの高官として姿を現す。軍人時代、サッダーム・フセイン大統領の側近中の側近であったイッザト・ドゥーリーの庇護を受けていた。現在はＩＳＩＳの軍事評議会のメンバーとして、バグダーディーに仕えるイラク人の筆頭として活動している。

アワード・マフラーフ

ダイルッザウル出身のシリア人ジハード主義者。二〇一三年にアブー・バクル・バグダーディーとＩＳＩＳに忠誠を誓った。かつてラッカ州の長に任命され、現在はモースルに住んでいる。バグダーディーの周囲では珍しい古参のシリア人の一人。

アブー・フライラ・ジャズラーウィー

サウジアラビア人でISISの高位な立場にある司令官。アブー・バクル・バグダーディーに忠誠を誓い、二〇一四年にラッカ州の長であるアブー・サラーがアメリカ軍の空爆によって殺された後、アブー・バクル・バグダーディーから同州西部の司令官に任命される。

ガーリブ・アフマド・バクアティー（一九八五年〜）

イエメンの高校を中退後、アメリカ占領下のイラクに渡ってアル＝カーイダに参加。アメリカ当局は彼を逮捕、イエメンに送還するも、再びイラクに戻る。二〇一三年にシリアの戦場に渡り、その後ISISに忠誠を誓った。ISISの国歌や戦意高揚のための他の歌（ナスィード）の吟じ手である。現在はアブー・ハージル・ハドラミーのコード・ネームで通っている。

ジハーディー・ジョン（一九八九年〜）

人質の斬首動画に現れたことで世界中にその存在が知られたジハード戦士。一九九一年の湾岸戦争の後にロンドンに移住したイラク人家庭の出身で、流暢な英語を話す。本名はムハンマド・イムワーズィー。ロンドンのウエストミンスター大学で学び、二〇〇九年に卒業後、初めてタンザニアを訪れる。その後クウェート、サウジアラビアに行き、ジハードに参加するためシリアに渡る。最初はイドリブで西洋人捕虜の監視を担当し、その後アブー・バクル・バグダーディーに忠誠を誓った。一四〜一五年、様々な斬首動画に執行人として登場したことで国際的に悪名高い存在となる。

原註

第I章

(1) *Al-Ahram*, 4 March 1924.

(2) Ibid., 28 October 1928.

(3) Reza Pankhurst, *The Inevitable Caliphate?: A History of the Struggle for Global Islamic Union, 1924 to the Present* (London: Hurst & Co., 2013), p.17.

(4) Muhammad Rashid Rida, *Al-Khilafa* (Cairo: Dar al-Zahraa, 1922), p.73

(5) Ibn Taymiyya, 'The obligation of adherence to the leadership', *Al-Kitab al-Siyasah al-Shariyah.*

(6) Gabriel Said Reynolds, *The Emergence of Islam: Classical Traditions in Contemporary Perspective* (Minneapolis, MN: Fortress Press, 2012), p. 174.

(7) Ibid., p. 124.

(8) Ibid.

(9) Abdel Bari Atwan, *Al-Dawla al-Islamiyya* (London: Dar al-Saqi, 2014), p. 135.

(10) Ibid.

(11) Brian Ross, 'U.S.: Saudis Still Filling Al Qaeda's Coffers', *ABC News*, 11 September 2007.

(12) Declan Walsh, 'Wikileaks Cables Portray Saudi Arabia As a Cash Machine for Terrorists', *Guardian*, 5 December 2010.

(13) Ibid.

(14) Atwan, *Al-Dawla al-Islamiyya.*

(15) Hoda Gamal Abdel Nasser, *Britain and the Egyptian Nationalist Movement 1936-1952* (Reading: Ithca Press, 1994), p. 57.

(16) Sean Oliver-Dee, *The Caliphate Question: The British Government and Islamic Governance* (Lanham, MD: Lexington Books, 2009), p. 146.

(17) FO 684/111/98, Smart (Damascus) to FO (15 March 1923) and FO 371/4141 vol. 10164 (Damascus Consul to FO on 28 April 1924), National Archives, Richmond, Surrey.

(18) Hasan al-Banna, *Majmu 'at al-Rasa' ael lil Imam al-Shahid Hasan al-Banna* (Dar al-Da'wa, 1999), p. 110.

(19) Hasan al-Banna, *Fi al-Da'wa*, p. 107.

(20) Ibid., p. 80.

(21) Pankhurst, *The Inevitable Caliphate?*, p. 161.

(22) Lucy Williamson, 'Stadium Crowd Pushes for Islamist Dream', *BBC News*, 12 August 2007.

(23) Pankhurst, *The Inevitable Caliphate?*, p. 2.

(24) Ibid., p. 138.

(25) Ibid.

(26) Matthew Ohilips, 'Bush's New Word: "Caliphate"', *Newsweek*, 11 October 2006.

(27) Voice of America, 11 December 2006, cited in Pankhurst, *The Inevitable Caliphate?*, p. 2.

(28) Andrew Anthony, 'Richard Dannatt: "If the Tories Win, I Will Not Be a Defence Minister"', *Guardian*, 20 December 2009.

(29) Pankhurst, *The Inevitable Caliphate?*, p. 3.

(30) Ibid., pp. 2 and 4.

(31) Ibid., pp. 93.

(32) Ibid., p. 4.

(33) *Al Jazeera*, 29 June 2014.

(34) Ibid.
(35) *Al-Arabiya*, 1 August 2014.
(36) Ibid.
(37) Suhaib Anjarini, 'Al-Nusra Front Not Yet Dead As Its Emir Devises "Islamic Emirate of the Levant"', *Al-Akhbar*, 12 July 2014.
(38) Michael Weiss and Hassan Hassan, *ISIS: Inside the Army of Terror* (New York: Regan Arts, 2015), p. 184.
(39) Pankhurst, *The Inevitable Caliphate?*, p. 62.
(40) Tom Heneghan, 'Muslim Scholars Present Religious Rebuttal to Islamic State', *Reuters*, 25 September 2014.
(41) 'Qaradawi Slams ISIL's Caliphate: Void Under Sharia', *Al-Manar*, 6 July 2014.

第Ⅰ章

(1) *Al-Quds al-Arabi*, 9 March 2015.
(2) *Al-Ayyam*, 16 October 1953.
(3) Patrick Seale, *Asad: The Struggle for the Middle East* (Berkeley, CA: University of California Press, 1990), p. 323.
(4) Hanna Batatu, *Syria's Peasantry, The Descendants of its Lesser Rural Notables, and Their Politics* (Princeton, NJ: Princeton University Press, 1999), p. 262.
(5) Thomas Pierret, *Religion and State in Syria: The Sunni Ulama from Coup to Revolution* (Cambridge: Cambridge University Press, 2014), p. 64.
(6) Stephen Longrigg, *Syria and Lebanon under French Mandate* (Oxford: Oxford University Press, 1958), p. 8.
(7) Seale, *Asad: The Struggle for the Middle East*, p. 93.
(8) アル＝ジャズィーラ放送の番組『シャーヒド・アラー・アスル』（「歴史の目撃者」）における、司会者のアフマド・マンスールとのインタビューでの発言。Episode 12, *Al-Jazeera*, April 2001.
(9) Ibid.

(10) Ibid.

(11) Ibid.

(12) *Al-Thawra*, 2 February 1972. *Al-Thawra* と *Tishreen* は、一九六三年のバアス党政権誕生後もダマスカスで出版が許可された。

(13) Batatu, *Syria's Peasantry*, p. 260.

(14) Seale, *Asad: The Struggle for the middle East*, p. 324.

(15) *Jerusalem Post*, 10 April 2011.

(16) R. Hrair Dekmejian, *Islam in Revolution: Fundamentalism in the Arab World* (Syracuse, NY: Syracuse University Press, 1995), p. 115.

(17) Seale, *Asad: The Struggle for the Middle East*, p. 325.

(18) Batatu, *Syria's Peasantry*, p. 266.

(19) 筆者によるムスタファー・トゥラース国防大臣へのインタビュー（二〇一〇年一一月六日、ダマスカス）。

(20) Ibid.

(21) 筆者によるアフマド・ハスーン最高ムフティーへのインタビュー（二〇一四年七月一六日、ダマスカス）。

(22) Ibid.

(23) *Al-Thawra*, 3 February 1980.

(24) Batatu, *Syria's Peasantry*, pp. 271-2.

(25) Ibid.

(26) *Tishreen*, 1 July 1980. 本章の註（12）参照。

(27) Seale, *Asad: The Struggle for the Middle East*, p. 322.

(28) Ibid., p. 328.

(29) *Tishreen*, 7 July 1980.

(30) 筆者によるムスタファー・トゥラース国防大臣へのインタビュー（二〇一〇年一一月六日、ダマスカス）。

(31) Seale, *Asad: The Struggle for the Middle East*, p. 322.
(32) Ibid.
(33) *The Times*, 19 February 1982.
(34) Amin al-Hafez, *Al Jazeera* (2001).
(35) 筆者によるアブドゥルカーディル・カッドゥーラ議長へのインタビュー（二〇一一年八月九日、ダマスカス）。
(36) 一九八二年のハマーでの出来事について、同胞団及び戦闘前線側の見解については以下参照。*Al-Nadhir*, issue No. 40 (27 February 1982) & issue No. 46 (8 May 1982).
(37) 筆者によるパトリック・シールへのインタビュー（二〇一〇年一一月一一日、ロンドン）。
(38) Batatu, *Syria's Peasantry*, p. 273.
(39) *Damascus Radio*, 7 March 1982.

第三章

(1) Michael Weiss and Hassan Hassan, *ISIS: Inside the Army of Terror* (New York: Regan Arts, 2015), p. 4.
(2) *CNN*, 9 May 2011.
(3) 筆者によるタージュッディーン・マワーズィニーへのインタビュー（二〇一四年三月、ダマスカス）。
(4) 筆者によるファールーク・アブドゥッラフマーンへのインタビュー（二〇一四年三月、ダマスカス）。
(5) Ibid.
(6) Ibid.
(7) Mohammad Basil, *Al-Ansaru l'Arab fi Afghanistan* [The Arab Helpers in Afghanistan] (Jeddah: Matabe, Sharikat Dar al-Ilm, 1991), pp. 100-13, 123, 227.
(8) Brynjar Lia, *Architect of Global Jihad: The Life of Al-Qaeda Strategist Abu Mus'ab al-Suri* (New York: Columbia University Press, 2008), p. 32.
(9) Ibid., pp. 88-91.

(10) Ibid., p. 233.
(11) Ibid., p. 272.
(12) Ibid., p. 39.
(13) Peter L. Bergen, *Holy War, Inc.: Inside The Secret World Of Osama Bin Laden* (New York: Touchstone, 2020).
(14) Brynjar Lia, *Architect of Global Jihad*, p. 170.
(15) Ibid.
(16) Ibid.
(17) Lawrence Wright, 'The Master Plan', *The New Yorker*, 11 September 2006.
(18) Ibid.
(19) Thomas Pierret, *Religion and State in Syria: The Sunni Ulama from Coup to Revolution* (Cambridge: Cambridge University Press, 2013), p. 198.
(20) 筆者によるクタイバ・ウマリーへのインタビュー（二〇一五年一月）。
(21) Ibid.
(22) Ibid.
(23) Ibid.
(24) Ibid.
(25) `Syria Says Isolated Islamist Group Staged Damascus Attack' *Reuters*, 16 May 2004.
(26) Sami Moubayed, `Syria, US Shrouded in the Fog of War' *Asia Times Online*, 15 September 206.
(27) Line Khatib, *Islamic Revivalism in Syria: The Rise and Fall of Ba, thist Secularism* (Abingdon: Routledge, 2011), p. 140.
(28) *BBC*, 12 September 2006.
(29) *Al-Arabiya*, 4 June 2006.
(30) Sami Moubayed, `Syria、s Abu al-Qaqa: Authentic Jihadist or Imposter?, *Terrorism Focus*, Jamestown Foundation

Vol. 3, Issue 25, 27 June 2006.

(31) *Al-Rai al-Aam*, 14 June 2006.

第四章

(1) Thomas Joscelyn, 'Head of al-Qaeda "Victory Committee" in Syria', *Long War Journal*, 6 March 2014.

(2) 'Profile: Syria's al-Nusra Front', *BBC News*, 10 April 2013.

(3) Michael Weiss and Hassan Hassan, *ISIS: Inside the Army of Terror* (New York: Regan Arts, 2015), p. 144.

(4) ジャウラーニーへの独占インタビュー。'Nusra leader: Our mission is to defeat Syrian regime', *Al Jazeera*, 27 May 2015.

(5) David Ignatius, 'Al-Qaeda Affiliate Playing Large role in Syria Rebellion', *Washington Post*, 30 November 2012.

(6) 'Competition Among Islamists', *The Economist*, 20 July 2013.

(7) ヌスラ戦線の公共サービス機関のフェイスブックのページは以下参照(二〇一五年七月一五日アクセス)。www.facebook.com/general.management.of.services..

(8) 'Profile: Syria's al-Nusra Front', *BBC News*, 10 April 2013.

(9) 'Al-Qaeda Leader in Syria Speaks to Al-Jazeera', *Al Jazeera*, 19 December 2013.

(10) Ibid.

(11) Ibid.

(12) 'Syrian Protesters Slam U.S. Blacklisting of Jihadist Group', *Daily Star*, 14 December 2012.

(13) Ruth Sherlock, 'Syrian Rebels Defy US and Pledge Allegiance to Jihadi Group', *Telegraph*, 10 December 2012.

(14) Abdel Bari Atwan, *Al-Dawla al-Islamiyya* (London: Dar al-Saqi, 2014), p. 75.

(15) *Syrian Arab News Agency* (SANA), 6 January 2012.

(16) 'Syrian TV Presenter Executed', Doha Centre for Media Freedom, 5 August 2012.

(17) Bill Roggio, 'Suicide Bombers Kill 14 in Damascus', *Long War Journal*, 11 June 2013.

(18) Anne Barnard and Hwaida Saad, 'Nuns Released by Syrians After Three-Month Ordeal', *New York Times*, 9 March 2014.
(19) Baz Ratner, 'Syria's Nusra Front releases U.N. Peacekeepers in Golan', *Reuters*, 11 September 2014.
(20) *Al Jazeera*, 30 July 2013.
(21) Ruth Sherlock, 'Inside Jabhat al Nusra – The Most Extreme Wing of Syria's Struggle', *Telegraph*, 2 December 2012.
(22) Mohammed al-Khatieb, 'Jabhat al-Nusra, IS Compete for Foreign Fighters', *Al-Monitor*, 18 July 2014.
(23) *Al-Akhbar*, 14 July 2014.
(24) Ibid.
(25) *Al-Hayat*, 31 March 2015.

第五章

(1) Michael Weiss and Hassan Hassan, *ISIS: Inside the Army of Terror* (New York: Regan Arts, 2015), p. 180.
(2) Abdel Bari Atwan, *Al-Dawla al-Islamiya* (London: Dar al-Saqi, 2014), p. 21.
(3) 'Profile: Abu Musab al-Zarqawi', *BBC News*, 10 November 2005.
(4) Weiss and Hassan. *ISIS: Inside the Army of Terror*, p. xiv.
(5) Ibid., p. 11.
(6) *CNN*, 9 June 2006.
(7) Ibid.
(8) Jim miklaszewski, 'Avoiding Attacking Suspected Terrorist Mastermind', *NBC*, 2 March 2004.
(9) Charles Lister, 'Profiling the Islamic State', Brookings Doha Center Analysis Paper, No. 13, November 2014, p. 7.
(10) Nile Gardiner, 'The Death of Zarqawi: A Major Victory in the War on Terrorism', The Heritage Foundation, 8 June 2006.
(11) Atwan, *Al-Dawla al-Islamiyya*, p. 75.

(12) Adrian Blomfield, 'How US Fuelled Myth of Zarqawi the Mastermind', *Telegraph*, 4 October 2004.

(13) *Al Jazeera*, 23 June 2006.

(14) Ibid., 30 June 2006.

(15) Lister, 'Profiling the Islamic State', p. 7.

(16) Iraq Coalition Casualty Count, 14 November 2006, icasualties.org (accessed 15 July 2015).

(17) *Asharq Al-Awsat*, 13 June 2006.

(18) Sami Moubayed, 'Abu al-Ghadia to Build on al-Zarqawi's Legacy in iraq', *Terrorism Focus*, Jamestown Foundation, Vol. 3, No. 26, 9 July 2006.

(19) 'US says 80% of al-Qaeda leaders in Iraq removed', *BBC News*, 4 June 2010.

第六章

(1) Abdel Bari Atwan, *Al-Dawla al-Islamiyya* (London: Dar al-Saqi, 2014), p. 23.

(2) *Assafir*, 14 October 2014

(3) Michael Weiss and Hassan Hassan, *ISIS: Inside the Army of Terror* (New York: Regan Arts, 2015), p. 117.

(4) James M. Dorsey, 'Football Fields: A Way Station En Route to the Islamic State', *Daily News Egypt*, 4 March 2015.

(5) Tim Arango and Eric Schmitt, 'US Actions in Iraq Fueled Rise of a Rebel', *New York Times*, 10 August 2014.

(6) Weiss and Hassan, *ISIS: Inside the Army of Terror*, p. 21.

(7) Bill Roggio, 'ISIS Confirms Death of Senior Leader in Syria', *Long War Journal*, 5 February 2014.

(8) Christoph Reuter, 'The Terror Strategist: Secret Files Reveal the Structure of Islamic State', *Der Spiegel*, 18 April 2015.

(9) Ibid.

(10) Ibid.

(11) *Al Jazeera*, 9 July 2014.

(12) Atwan, *Al-Dawla al-Islamiyya*, pp. 26-7.
(13) Ruth Sherlock, 'Inside the Leadership of Islamic State: How the New 〝Caliphate〟 is Run', *Telegraph*, 9 July 2014.
(14) Charles Lister, 'Profiling the Islamic State', Brookings Doha Center Analysis Paper, No. 13, November 2014, p. 17.
(15) Adam Schrek and Qassin Abdul-Zahra, 'Abu Ghraib Prison Break: Hundreds of Detainees, Including Senior Al Qaeda Members, Escape Facility', *Huffington Post*, 22 july 2013.
(16) Lister, 'Profiling the Islamic State', p. 16.
(17) Michael R. Gordon and General Bernard E. Trainor, *Cobra II: The Inside Story of the Invasion and Occupation of Iraq* (New York: Vintage Books, 2007) and *The Endgame: The Inside Story of the Struggle for Iraq, From George W. Bush to Barack Obama* (New York: Vintage Books, 2013).
(18) Gordon and Trainor, *The Endgame*, p. 21.
(19) 'More than 1,000 Killed in Iraq in January: Officials', *Al-Arabiya*, 1 February 2014.
(20) Basma Atassi, 'Qaeda Chief Annuls Syrian-Iraqi Jihad Merger', *Al Jazeera*, 9 June 2013.
(21) Weiss and Hassan, *ISIS: Inside the Army of Terror*, p. 185.
(22) Atwan, *Al-Dawla al-Islamiyya*, p.62.
(23) 'Nusra Leader: Our Mission is to Defeat Syrian Regime', Abu Mohammad al-Golani in exclusive interview, *Al Jazeera*, 28 May 2015.

第七章

(1) Patrick Cockburn, *The Rise of Islamic State: ISIS and the New Sunni Revolution* (London: Verso, 2015), p. xii.
(2) Ibid., p. 18.
(3) Ceylan Yeginsu, 'ISIS Draws a Steady Stream of Recruits From Turkey', *New York Times*, 15 September 2014.
(4) 'Two Arab Countries Fall Apart', *The Economist*, 14 June 2014.
(5) Charles Lister, 'Profiling the Islamic State', Brookings Doha Center Analysis Paper, No. 13, November 2014, p. 3.

(6) Ibid., p. 38.
(7) 'UN Security Council Adds Libya Islamists to Terror List', *Telegraph*, 19 November 2014.
(8) Katharine Lackey, 'Boko Haram Pledges Allegiance to the Islamic State', *USA Today*, 8 March 2015
(9) *Al Jazeera*, 31 August 2014.
(10) Michael Weiss and Hassan Hassan, *ISIS: Inside the Army of Terror* (New York: Regan Arts, 2015), p. 230.
(11) Lister, 'Profiling the Islamic State', p. 32.
(12) Weiss and Hassan, *ISIS: Inside the Army of Terror*, p. 230.
(13) Liz Sly, 'Islamic State Appears to be Fraying from within', *Washington Post*, 8 March 2015.
(14) 'Beheading in the Name of Islam', *Middle East Quarterly*, Spring 2005, pp. 51-7.
(15) Ibid.
(16) Ishaan Tharoor, 'Israeli Foreign Minister says Disloyal Arabs Should Be Beheaded', *Washington Post*, 10 March 2015.
(17) *Al-Hayat*, 14 September 2014.
(18) *Al Jazeera*, 28 June 2014.
(19) SANA, Syrian News Agency, 30 August 2014.
(20) *Tishreen*, 20 November 2014.
(21) 'Iraq Crisis: Islamic State Accused of Ethnic Cleansing', *BBC News*, 2 September 2014.
(22) Chris Pleasance, 'Hundreds of Yazidi Women Held in Islamic State Prison', *Daily Mail*, 14 October 2014.
(23) *Al Jazeera*, 28 October 2014.
(24) Steve Hopkins, 'Full horror of the Yazidis who didn't escape Mount Sinjar', *Daily Mail*, 14 october 2014.
(25) Stephanie Nebehay, 'Islamic State Commiting "Staggering" Crimes in Iraq: U. N. report', *Reuters*, 2 October 2014.
(26) 'ISIS Claims Beheading 18 Syrians, AN American in New Video', *Al-Akhbar*, 16 November 2014.
(27) James Nye, Michael Zennie and David Martosko, 'I'm Back, Obama', *Daily Mail*, 2 September 2014.
(28) Souad Mekhennet and Adam Goldman, '"Jihadi John": Islamic State Killer is Identified as Londoner Mohammed

Emwazi', *Washington Post*, 26 February 2015.

(29) Ibid.

(30) '"Jihadi John": Extremists "Not Radicalised by M15"', *BBC News*, 26 February 2015.

(31) Mekhennet and Goldman, 'Jihadi John'

(32) Ibid.

(33) Monica Sarkar and Catherine E. Shoichet, '"Jihadi John's" Emails Revealed', *CNN*, 9 March 2015.

(34) Mekhennet and Goldman, 'Jihadi John'.

(35) Paul Wood, '"Jihadi John": Mohammed Emwazi was a Cold Loner, Ex-IS Fighter Says', *BBC News*, 1 March 2015.

(36) Mekhennet and Goldman, 'Jihadi John'.

(37) 'ISIS Video Appears to Show Beheadings of Egyptian Coptic Christians in Libya', *CNN*, 16 February 2015.

(38) Adam Taylor, 'The Islamic State Threatens to Come to Rome: Italians Respond with Travel Advice', *Washington Post*, 20 February 2015.

(39) Ministry of Education Records – Damascus (Academic Year 2014–15: al-Raqqa Governorate).

(40) Scott Bronstein and Drew Griffin, 'Self-Funded and Deep-Rooted: How ISIS Makes its Millions', CNN, 7 October 2014.

(41) Abdel Bari Atwan, *Al-Dawla al-Islamiyya* (London: Dar al-Saqi, 2014), p. 32.

(42) Ibid.

(43) Ibid.

(44) Lister, 'Profiling the Islamic State', p. 28.

(45) 著者による多数の情報提供者へのインタビュー（二〇一四年一〇月二六日、ダマスカス）

(46) Lister, 'Profiling the Islamic State', p. 28.

(47) Louise Loveluck, 'Islamic State Sets Up "Ministry of Antiquities" to Reap the Profits of Pillaging', *Telegraph*, 30 May 2015.

(48) Patrick Cockburn, Rise of Islamic State: ISIS and the New Sunni Revolution (London: Verso, 2015), p. 12.

(49) 'Isis to Introduce its Own Currency, the Islamic Dinar', *Guardian*, 14 November 2014.

(50) *USA Today*, 15 September 2014.

(51) Robert Mendick, 'Banker who Financed 9/11 Mastermind Now Funding Terrorists in Syria and Iraq', *Telegraph*, 4 October 2014.

(52) Ian Black, Rania Abouzeid, Mark Tran, Shiraz Maher, Roger Tooth and Martin Chulov, 'The Terrifying Rise of ISIS: $2bn in Loot, Online Killings and an Army on the Run', *Guardian*, 16 June 2014.

(53) Terrence McCoy, "ISIS Just Stole $425 Million, Iraqi Governor Says, and Became the "World's Richest Terrorist Group"', *Washington Post*, 12 June 2014.

(54) Edith M. Lederer, 'UN: ISIS Got Up to $45m in Ransoms', *Daily Star*, 25 November 2014.

(55) Keith Johnson, 'The Islamic State is the Newest Petrostate', *Foreign Policy*, 28 July 2014.

(56) Joseph Cotterill, 'Insurgent Finance', *Financial Times*, 16 June 2014.

(57) Martin Chulov, 'How an Arrest in Iraq Revealed Isis's $2bn Jihadist Network', *Guardian*, 15 June 2014.

(58) Catherine Taibi, '11 Rules for Journalists Covering ISIS, Issued by ISIS', *Huffington Post*, 10 July 2014.

(59) Josh Kovensky, 'ISIS's New Mag Looks Like a New York Glossy – With Pictures of Mutilated Bodies', *The New Republic*, 25 August 2014.

(60) *Dabiq*, October 2014.

(61) 著者によるアブー・ナダー・ファラジュへのインタビュー（二〇一四年一一月一六日、ラッカ）

(62) Lister, 'Profiling the Islamic State', p. 30.

(63) Ibid., p. 24.

(64) Rick Gladstone, 'Twitter Says It Suspended 10,000 ISIS-Linked Accounts in One Day', *New York Times*, 9 April 2015.

(65) Walbert Castillo, 'Air Force Intel Uses ISIS "Moron" Post to Track Fighters', *CNN*, 5 June 2015.

第八章

(1) Ulrike Putz, 'Foreign Fighters Join Syrian Rebels: Jihadists Declare Holy War Against Assad Regime', *Der Spiegel*, 30 March 2012.

(2) *Tishreen*, 28 July 2013.

(3) *Fox News*, 20 September 2013.

(4) Adam Goldman, Greg Miller and Nicole Rodriguez, 'American Who Killed Himself in Syria Suicide Attack Was from South Florida', *Washington Post*, 31 May 2014.

(5) Bill Gertz, 'Syria is Jihad Central: 6,000 Terrorists Flood New Al Qaeda Training Ground', *Washington Times*, 2 July 2013.

(6) Spencer Ackerman, 'Foreign Jihadists Flocking to Iraq and Syria on "unprecedented scale" – UN', *Guardian*, 30 October 2014.

(7) *Al-Arabiya*, 14 August 2014.

(8) Saleyha Ahsan, 'Operation Mum Won't Stop British Muslims Going to Syria. But Peace Will', *Guardian*, 25 April 2014.

(9) 'The Belgian Fathers Who Lost Their Sons in Syria', *BBC News*, 18 July 2014.

(10) Ian Traynor, 'Major Terrorist Attack is "Inevitable" as Isis Fighters Return, Say EU Officials', *Guardian*, 25 September 2014.

(11) 'Move to Curb Foreign Fighters in Syria', *Al Jazeera*, 24 April 2014.

(12) 'Foreign Fighters Flow to Syria', *Washington Post*, 11 October 2014.

(13) *Al-Hayat*, 14 July 2014.

(14) *Al-Akhbar*, 1 July 2014.

(15) Ibid.

(16) *An-Nahar*, 11 September 2011.

(17) Chris Harris, 'Which Country in Europe has the Most Jihadists in Syria and Iraq?', *Euronews*, 4 November 2014.

(18) Harriet Alexander, 'French 13-Year-Old Youngest Jihadi to Die Fighting for ISIL', *Telegraph*, 19 March 2015.

(19) Tom McTague, 'British Women Fighting in Syria', *Daily Mail*, 24 June 2014.

(20) *Al Jazeera*, 12 January 2014.

(21) 'Five Britons A Week Joining IS, Top Cop Warns', *Sky News*, 21 October 2014.

(22) 'Pakistan Taliban Set Up Camps in Syria, Join Anti-Assad War', *Reuters*, 14 July 2013.

(23) 'PM: Incidents in China "Almost Genocide"', *Hurriyet Daily News*, 10 July 2009.

(24) *Asia Times*, 1 July 2014.

(25) Qiu Yongzheng and Liu Chang, 'Xinjiang Jihad Hits Syria', *Global Times*, 29 October 2012.

(26) Jamestown Foundation, 12 July 2014.

(27) *Al Jazeera*, 29 October 2012.

(28) Radio Free Asia, 12 October 2012.

(29) 'The Truth Has Supporters as the Tyrant Has Soldiers', *Islamic Turkistan*, Vol. 13, March 2013.

(30) *The Hindu*, 1 July 2013.

(31) *Guardian*, 30 July 2013.

(32) 'Kyrgyz Youths Recruited to Join Syrian Opposition', *Voice of Russia*, 20 April 2013.

(33) Mairbek Vatchagaev, 'Chechens Among the Syrian Rebels: Small in Number, But Influential', *Eurasia Daily Monitor*, Vol. 10, Issue 223, Jamestown Foundation, 12 December 2013.

(34) Murad Batal al-Shishani, 'Islamist North Caucasus Rebels Training a New Generation of Fighters in Syria', *Terrorism Monitor*, Vol. 12, Issue 3, Jamestown Foundation, 7 February 2014.

(35) Bill Roggio, 'Chechen Commander Forms "Army of Emigrants", Integrates Syrian Groups', Long War Journal, 28 March 2013.

第九章

(1) Brenda Stoter, 'European Women Convert, Join IS', *Al-Monitor*, 29 October 2014.

(2) Mehdi Hasan, 'What the Jihadists Who Bought "Islam for Dummies" on Amazon Tell Us About Radicalisation', *Huffington Post*, 21 August 2014.

(3) 'ISIS Fighters open "Marriage Bureau"', *Al-Arabiya*, 28 July 2014.

(4) Harriet Sherwood, Sandra Laville, Kim Willsher, Ben Knight, Maddy French and Lauren Gambino, 'Schoolgirl Jihadis: The Female Islamists Leaving Home to Join Isis Fighters', *Guardian*, 29 September 2014.

(5) Michael Weiss and Hassan Hassan, *ISIS: Inside the Army of Terror* (New York: Regan Arts, 2015), p. 170.

(6) Umm Layth, *Diary of a Muhajirah*, 3 June 2014.

(7) Ibid., 9 April 2014.

(8) Ibid., 11 September 2014 and 9 April 2014.

(9) Ibid., 11 September 2014

(10) 'Blocked Online, Islamic State Supporters Launch CaliphateBook', *Reuters*, 10 March 2015.

(11) Damien McElroy, 'Austria Teenage Girl Jihadis "Want to Come Home" from Isil', *Telegraph*, 10 October 2014.

(12) Tony Paterson, 'Austrian "Jihad Poster Girls" Tell Friends: We Want to Come Home', *Independent*, 13 October 2014.

(13) Sam Webb, 'Mother of British "Terror Twins" Who Went to Syria to Become Jihadi Brides is Snatched by ISIS While on Rescue Mission to Find Them', *Daily Mail*, 2 November 2014.

(14) Harriet Sherwood, Sandra Laville, Kim Willsher, Ben Knight, Maddy French and Lauren Gambino, 'Schoolgirl Jihadis: The Female Islamists Leaving Home to Join Isis Fighters', *Guardian*, 29 September 2014.

(15) Ray Sanchez and Ana Cabrera, 'Colorado Teen Pleads Guilty in Plan to Join ISIS', *CNN*, 10 September 2014.

(16) Sherwood, Laville, Willsher, Knight, French and Gambino, 'Schoolgirl Jihadis'.

(17) '15-year-old girl Would-Be Jihadist May Have Been with Others', *Dutch News*, 3 July 2014.

(18) Jim Bittermann and Bryony Jones, 'Why are So Many Young French People Turning to Jihad?', *CNN*, 2 October 2014.

(19) Sherwood, Laville, Willsher, Knight, French and Gambino, 'Schoolgirl Jihadis'.
(20) David Barrett and Martin Evans, 'Three "Jihadi Brides" from London Who Travelled to Syria Will Not Face Terrorism Charges if They Return', *Telegraph*, 9 March 2015.
(21) Ben Quinn, 'UK Schoolgirls Lured to Syria by Isis "Have Made Contact With Their Families"', *Guardian*, 28 May 2015.
(22) 'Photos Surface of ISIS Leader Baghdadi's Wife', *Al-Arabiya*, 17 July 2014.
(23) Abdel Bari Atwan, *Al-Dawla al-Islamiyya* (London: Dar al-Saqi, 2014), p. 48.
(24) 'Dutch Teenager in Court After Syria "Rescue"', *Al Jazeera*, 22 November 2014.

第十章

(1) Helen Davidson, Peter Walker and Michael Safi, 'Sydney Siege Ends as Police Storm Lindt Cafe and Hostages Run Out', *Guardian*, 15 December 2014.
(2) 著者によるアブー・マンスール・リービーへのインタビュー（二〇一五年六月二日、ラッカ）
(3) *Dar al-Islam Magazine*, 15 February 2015.
(4) 著者によるアブー・マンスール・リービーへのインタビュー（二〇一五年六月二日、ラッカ）
(5) Ibid.
(6) Ibid.
(7) Charlotte McDonald Gibson, 'How ISIS Threatens Europe', *TIME*, 26 February 2015
(8) Michael Wilner, 'Middle East Must Fight for Itself, Says Kerry', *Jerusalem Post*, 22 September 2014.
(9) Stephen Kalin, 'Islamic State urges more attacks on Egyptian security forces', *Reuters*, 22 September 2014.
(10) 'After Joining IS, Ansar Bayt al-Maqdis Expands in Egypt', *Al-Monitor*, 1 December 2014.
(11) *CNN*, 15 February 2015.
(12) Ibid., 16 February 2015.
(13) Laura Dean, 'How Strong is The Islamic State in Libya?', *USA Today*, 20 February 2015.

(14) 'Foreigners Seized by Islamic State in Libya - Austria', *Reuters*, 9 March 2015.

(15) Suliman Ali Sway and David D. Kirkpatrick, 'Western Officials Alarmed as ISIS Expands Territory in Libya', *New York Times*, 31 May 2015.

(16) Sophia Jones, 'For Egyptian Survivors of Islamic State Raid, The Nightmare Continues', *Huffington Post*, 23 February 2015.

訳註

はじめに

[i]シャーム：西アジアの北方、現在のトルコ南東部やシリア、レバノン、イスラエル、ヨルダン一帯を指す。シリアの首都ダマスカスを指して用いられる場合もある。

[ii]「イラクとシャームのイスラーム国」：英文の名称として、Islamic State of Iraq and Sham (the Levant), Islamic State といったものがあり、これに応じてＩＳＩＳ、ＩＳＩＬ、ＩＳといった略称が用いられる。本書では特別な場合を除き、ＩＳＩＳと統一する。

[iii]ジハード主義：元来、ある目的のために行う「努力」を指す「ジハード」を、イスラーム世界の防衛や拡大のための戦いと捉え、今日では、とりわけ武力による行動を是認、支持する考えを指す。

[iv]イスラーム：古くは「回教」、「マホメット教」などと呼ばれてきた。今日では、「イスラム」と「イスラーム」の併用も見られるが、本訳書では原語の発音に近い「イスラーム」と統一する。

[v]ムスリム：イスラームの信徒を指すアラビア語。原語にならえば、男性の信徒は「ムスリム」、女性の信徒は「ムスリマ」となる。

[vi]イスラーム主義：イスラームを理念に掲げ、シャリーアに基づいた国家建設を目指す、近代以降の植民地政策や世俗主義政策に抵抗してきた政治運動を指す。現在では、個々人の国家観や宗教政党のイデオロギーを指す場合が多く、武力によって国家転覆を図る姿勢を「ジハード主義」と呼ぶことで区別する向きも見られる。

[vii]ウマイヤ朝（六六一～七五〇年）：正統カリフによるアラブ大征服の時代を経て、ダマスカスを都に誕生した世襲王朝。カリフ位を独占したウマイヤ家にその名を因む。イベリア半島から北西インドに及ぶ広大な版図を支配し、納税に応じて異民族や異教徒の生命・信仰を保護する政策をとったが、彼らに平等な権利を与えなかったため、度重なる内乱にも

見舞われた。

第一章

[i] ケマル・アタテュルク（一八八一～一九三八年）：トルコ共和国初代大統領。現ギリシア領のサロニカ生まれの軍人。第一次大戦後、国民議会の議長となって世俗主義の共和国を樹立。イスラームからの脱却を図り、女性のヴェールの廃止やトルコ語表記のアラビア文字からラテン文字への変換など、社会の西洋化を推し進めた。

[ii] ハナフィー法学派：八世紀のイスラーム法学者、アブー・ハニーファを祖とする、スンナ派四法学派の一つ。オスマン帝国の公式法学派として採用されることで、シリアやアナトリア、さらに中央アジアなどに広く浸透した。

[iii] ハディース：「話」や「言葉」を意味するアラビア語で、転じて預言者ムハンマドの原稿を記録したもの。ムハンマドの死後、口頭にて伝承された彼の言行を、学者たちが真贋を識別しながらまとめ、スンナ派では一〇世紀に「六書」と呼ばれる六つのハディース集が、シーア派では歴代イマームの言葉も含めた「四書」と呼ばれる四つのハディース集が完成した。ムハンマドの人格や生活を通じて、信徒の日常的な、細かい問題を多く扱っているため、ムスリムの日々の行動における指針となる他、イスラーム法学においてもクルアーンに次ぐ典拠（法源）とされる。

[iv] クルアーン：アラビア語で書かれたイスラームの聖典。六一〇～六三二年の間、神から預言者ムハンマドに下された啓示をまとめた書物。人々が記憶したものが第三代カリフであるウスマーンの時代に収録され、全一一四章からなる。

[v] ハワーリジュ派：第四代カリフであるアリーとムアーウィヤ一世の後継者争いに際し、和解しようとした双方を批判し、離脱した人々。「ハワーリジュ」が「外に出た人」を意味することから、現在では「異端」を指す比喩的な表現として用いられる他、誤った信仰を持つ人に対して「不信仰者宣告」（タクフィール）を行うという特徴から、断罪的な、教条主義的な人々を揶揄する表現としても用いられる。

[vi] マディーナ：かつてヤスリブという名で呼ばれたアラビア半島西部の町。「マディーナ」とはアラビア語で「町」を意味する言葉だが、預言者ムハンマドが居を構えて以降、「預言者の町」や「使徒の町」と呼ばれ、これらが「マディーナ」という名に略されたと言われる。敬意を込めて、「マディーナ・ムナウワラ」（光り輝くマディーナ）とも呼ばれる。

[vii] カルバラー：現イラク領。フセインの墓廟が建てられており、シーア派の重要な参詣地の一つとなっている。

［viii］ムハッラム月：イスラームで用いられる太陰暦「ヒジュラ暦」の第一月。フセインが殺された同月一〇日は、元々は断食が定められた日であったが、シーア派の人々はフセインの追悼日としてこれを重要視し、「アーシューラー」（アラビア語で「一〇」を意味する語の派生語）と呼ばれる儀礼を行う。

［ix］スーフィー：スーフィズム（イスラーム神秘主義）の修行を行う者を指す。スーフィズムの原型は八世紀頃の禁欲主義とされ、その後独自の修行論や「タリーカ」と呼ばれる教団の誕生によって普及、発展した。導師（シャイフ）を頂点とする徒弟制と教団を通じたネットワークによって、スーフィズムはしばしば民衆を動員する原動力ともなり、西洋諸国を含む外来勢力との戦いにも参加してきた。

［x］ファトワー：信徒の質問に対してイスラーム法学者が与える法判断。法律のような拘束性は持たないが、著名な学者のファトワーであれば、その見解が強い影響力を持ちうる。著名な学者の場合、礼拝や断食といった一般信徒の生活にかかわる法判断をまとめたファトワー全集が出版され、学者の死後も参照されることが多い。

［xi］サウジアラビア王国：一七四四年に興った第一次王国は一八一八年に滅び、その後第二次王国（一八二四〜九一年）を経て、一九三二年に第三次王国、すなわち現在のサウジアラビアが誕生した。

［xii］クッファール：「（神の恩寵を）抹殺した者」、すなわち「不信仰者」を指す「カーフィル」の複数形。

［xiii］シャイフ家：一般的に「シャイフ」とは、長老やスーフィー教団の師匠または長に冠せられる尊称である。サウジアラビアでは建国以来、公的宗教機関の中枢を占めてきた。

［xiv］ムスリム同胞団：一九二八年、ハサン・バンナーがエジプト北東部のイスマーイーリーヤで創設した社会団体。三二年にカイロに本部を移してから全国展開し、四〇年代末にはメンバー五〇万人を抱える国内最大の政治結社となった。政府から激しい弾圧を受け、四九年にはバンナーが暗殺、六六年にはバンナーを継いで同胞団の理論的指導者となったサイイド・クトゥブも処刑された。四〇〜五〇年代、弾圧を逃れた一部のメンバーによる亡命もあって周辺アラブ諸国に勢力を広げ、特に当時国家として黎明期であった湾岸アラブ諸国では、メンバーが行政職や教育職に就くなど活躍した。

［xv］ナフダ党：一九七九年に誕生したイスラーム主義運動が、八九年に「再生」を意味するナフダと名を改めたもの。世俗主義政権から非合法扱いとされ、九〇年にはクーデターを企てるも失敗。党首のガンヌーシーは八九年から二〇一一年までロンドンを拠点に活動していた。

[xvi] ブーカー刑務所：二〇〇三年、戦争犯罪人の収容所として、イラク南端、ペルシャ湾に面した都市ブーカーにアメリカ軍が建てた。〇九年に閉鎖されるまで、後述するアブー・グレイブ刑務所の囚人が多く移送された。

[xvii] モースル：ティグリス川にまたがるイラク北部の町。古代アッシリアの中心地であったニネヴェ（ニーナワー）の遺跡やキリスト教ネストリウス派の聖廟があることで知られ、世界有数の産油都市でもある。

[xviii] バイア：原義では売買の契約締結を意味するアラビア語。転じてカリフ、為政者、スーフィー教団の導師に対して行われる、忠誠を誓う儀礼を指す。カリフ制やスルターン制の場合、即位にあたってバイアを経ていることが条件とされてきた。

[xix] フィトナ：第三代正統カリフ、ウスマーンの暗殺をはじめとして、イスラーム共同体の分裂を促す「内乱」や「党争」を指すアラビア語。

第二章

[i] アラブ民族主義：二〇世紀のオスマン帝国の崩壊、西洋列強による植民地支配への抵抗、さらにイスラエルとの「中東戦争」を背景に、アラブの統一を求めるイデオロギーとして広がった。エジプトのナースィル大統領、シリア・イラクのバアス党によるものが有名。政治運動としてだけではなく、文学界にも波及するなど、幅広い影響力を持った。

[ii] ホムス：古代にはエメサと呼ばれ、ウマイヤ朝時代以降はイスラーム王朝の軍事的要衝であり続けたシリア中部の産業都市。またオスマン帝国時代以降、同市のアタースィー家は多くの宗教指導者や政治家を輩出した。預言者ムハンマドの教友で、「アッラーの剣」との尊称で知られるハーリド・イブン・ワリードが没した土地で、廟とともに彼の名を冠したモスクがある。

[iii] アズハル大学：九七〇年、ファーティマ朝下のカイロに、アズハル・モスクと併設して建てられた宗教学校。一三世紀後半、スンナ派のアイユーブ朝がシーア派のファーティマ朝を滅ぼしたことを機に、スンナ派イスラームの最高学府として国際的な影響力を持ち得てきた。現在も世界各国からムスリムの留学生が集まり、その中には帰国後に宗教指導者として活躍する人物も少なくない。エジプトでは最高ムフティーではなく、同大学の総長が国家における最高の宗教権威となる。

［iv］イドリブ：シリア北西部、トルコ国境に近い、オリーブや綿花の生産で有名な農業都市。南方にある紀元前三〇〇〇年から二〇〇〇年紀の都市国家、イブラー（エブラ）の遺跡が有名である。

［v］ハマー：聖書において、カナン王国の都ハマテと呼ばれる、シリア中部の農業都市。

［vi］イスマーイール派：八世紀半ばに誕生したシーア派の分派。シーア派一二イマーム派の第六代イマーム、ジャアファル・サーディクの子、イスマーイールを支持する。現在ではイエメン、イラン、シリア、パキスタンなどに居住。

［vii］ドゥルーズ派：イスマーイール派が建てたファーティマ朝の第六代カリフ、ハーキムを信奉する人々による分派。ハーキムをマフディー（救世主）として神聖視する他、固有の聖典や、輪廻転生をはじめとする独自の教義を持つ。現在はイスラエル、シリア、レバノンなどに居住。

［viii］ウマイヤ・モスク：ウマイヤ朝の第六代カリフ、ワリード一世によって七〇六〜一五年にダマスカスに建てられたモスク。ローマ時代に神殿として建てられたものが、同カリフの時代に洗礼者聖ヨハネ教会の敷地を接収して改築された、現存する世界最古のモスクである。

［ix］アーリム：原義は「知る者」、通常はイスラーム学者を指すアラビア語「ウラマー」の単数形。

第三章

［i］アブドゥルアズィーズ国王大学：一九六七年、第三次サウジアラビア王国初代国王の名を冠して、紅海沿岸の商業都市ジェッダに建てられた国立大学。ウサーマ・ビン・ラーディンが卒業したことでも知られる。

［ii］ファルド・アイン：イスラーム法上の概念で、個人に課された絶対的義務。通常、義務能力があるムスリム個人がなすべき礼拝や断食を指す。

［iii］ムジャーヒディーン：ジハードを行う人を指すアラビア語「ムジャーヒド」の複数形。

第四章

［i］ヒジュラ：六二二年、預言者ムハンマドとその支持者がマッカからマディーナに移住した出来事。転じて、非イスラーム世界からイスラーム世界への移住を指すこともある。イスラームの暦であるヒジュラ暦はこれに名を因み、六二二年

七月一六日を元年元日とする。

第五章

[i]「二大河の国のアル=カーイダ」:「二大河」とは、イラクを通るティグリス川とユーフラテス川を指す。

[ii]アブー・グライブ刑務所:バグダード近郊にある、サッダーム・フセイン政権時代の政治犯向けの収容所で、イラク戦争後はアメリカ軍が同政権幹部やイラク兵士の収容所として用いた。二〇〇四年、アメリカ軍が捕虜に電気ショックによる拷問や強姦など、非人道的な扱いをしていることが公表された。これを受けて複数のアメリカ軍関係者が解任、有罪となり、同年五月にはブッシュ大統領によって刑務所の廃止が発表された。

第六章

[i]バドル軍団:後述するイラクのシーア派政党であるイラク・イスラーム最高評議会傘下の軍事部門。フセイン政権の弾圧を逃れたシーア派を中心にイランで創設される。二〇〇三年のフセイン政権崩壊後、イラク政府の軍や治安機関に参加する一方、民兵組織としての影響力も残存させISISとの戦闘に従事している。

[ii]イラク・イスラーム最高評議会:一九八〇年代にイランでシーア派法学者ムハンマド・バーキル・ハキームが創設したイラクのイスラーム主義政党。旧名イラク・イスラーム革命最高評議会(SCIRI)。党首はハキーム家が担い、二〇〇三年以降のイラクでバドル軍団を包摂するシーア派を代表する政治・社会運動勢力である。

[iii]クルアーンからの引用は、三田了一訳『日亜対訳・註解　聖クルアーン』日本ムスリム協会(第八刷)、二〇〇四年に従った。該当章句はクルアーン雌牛章二二九節(上掲書四三頁)。

第七章

[i]第二次湾岸戦争…通常「湾岸戦争(第一次)」は一九九〇―一九九一年のイラクのクウェート侵攻に対する、アメリカを中心とした多国籍軍のイラクへの軍事介入を指し、第二次といわれる場合は二〇〇三年イラク戦争のことである。本文は中東地域でイラン・イラク戦争のことを「第一次湾岸戦争」と呼び、上記一九九〇―一九九一年の戦争を「第二次」

とする事例に従っている。

第八章

［ⅰ］イスラームではムスリムに課せられた義務としての信仰行為を「五つの柱」と表現する。それらは礼拝、喜捨、ラマダーン月の断食、聖地マッカへの巡礼を指す。

訳者あとがき

本書冒頭で述べられる、シリアにとっての「最も困難な時期」は、本書の原著が出版された二〇一五年九月から約一年が経った今もなお継続していると言って良い。シリア政府、反体制武装組織、またアメリカ主導の有志連合は、それぞれが自軍の成果を伝え、戦争終結がそう遠くないかのように報じている。しかしこれに伴ってシリア国内に住む人々の身の安全が確保され、祖国を脱出した人が無事に帰国する目処が立ちつつあるというような話は聞こえてこない。

著者サーミー・ムバイヤドはダマスカス生まれのシリア人である。レバノンのベイルート・アメリカン大学で学び、イギリスのエクセター大学で博士号を取得した後、中東情勢を専門とするシンクタンクや国内外のメディアで執筆活動に携わり、バアス党政権下のシリア情勢に関する情報発信を続けている。こうしたバックグラウンドから、本書は一九二二年のオスマン帝国崩壊から今日に至る、現代シリアの歴史を通じて「イスラーム国」（ＩＳＩＳ）の思想やルーツ、またその生態について分析するという性格が強い。この点、著者のＩＳＩＳへの見方は、「テロ組織」に対する陰謀論やゴシップ・偏見が混ざった物見遊山的な関心、また宗教の猟奇性に関する粗探しへの熱狂などに基づいてはない。むしろＩＳＩＳを梃子に現代シリアの歴史、さらには広く中東諸国の関係について知るために有益な書であると、訳者は理解している。

ＩＳＩＳの領土はシリアとイラクにまたがり、本書が扱うテーマも多岐にわたる。著者はＩＳＩＳについてシリア側の事例を多く扱うが、同時にイラク側の情勢や、アル＝カーイダ系であるヌスラ戦線の思想や活動との比較も交えながら分析を加える。本書はまずＩＳＩＳの前身となった組織のイラクでの活動を概観する。そして一度衰退した組織がシリアの混迷を利用して復活を遂げ、バグダーディーが台頭するに至る経緯を記述した後、領土拡大や支配の構造といったＩＳＩＳの実態を明らかにしていく。彼らが恐怖政治を敷き続ける要因として、フセイン政権時代の苛酷な統治の記憶が、バグダーディーや、ＩＳＩＳを構成する旧バアス党員に強く影響を及ぼしたことを指摘する著者の議論は示唆に富んでいる。

本書は続いて、ＩＳＩＳの宣伝や勧誘活動に応じて世界各地から組織に参加した者たちに焦点を当てる。ここで取り上げられるのは外国人の戦闘員と女性たちである。著者は彼らのルーツを掘り下げ、その主張を具体的に引用しつつ、従来メディアで報道されてきたイメージや偏見に基づく理解を批判的に論ずる。本書の特徴として、カリフを自称したバグダーディーの生い立ちと思想を筆頭に、従来あまり知られてこなかったＩＳＩＳと関わりを持つ個々人の出自や経歴に、多くの紙幅が割かれている点が挙げられる。各章で紹介されるエピソードは、著者自身の関係者へのインタビューと豊富な統計資料を用いて記述されており、興味深い内容が多い。

第十章と結語では、ＩＳＩＳがシリアとイラクを越えて国際的な広がりを見せる現実と、組織の将来についての著者の独自の展望が述べられる。本書に見られる通り、昨今ＩＳＩＳ思想の影響を受けた個人がテロ事件を引き起こすようになり、さらにＩＳＩＳに忠誠を誓った武装勢力の活動によって中東諸国に脅威が拡大している。この事態は欧州にとっても、シリアの戦争により生まれた難民と域内でのテロが社会問題化している現在、特に重要性を持つといえよう。

本書の邦訳企画にあたっては、東京外国語大学の青山弘之氏による紹介を通じ、青土社『現代思想』編集部の押川淳氏から、打ち合わせの段階より丁寧なアドヴァイスとご鞭撻を頂いた。厚く御礼申し上げたい。

当時、我々は本書の邦題を『「イスラーム国」とは何であったか』というふうに過去形の文章にできればこれに越したことはないとの想いを抱いていた。しかし残念ながら二〇一六年八月現在、まだＩＳＩＳはその猛威を世界に対して見せつけている。あるいは、たとえ組織としてのＩＳＩＳが壊滅していたとしても、残された爪痕の大きさを考えれば、ＩＳＩＳを過去の存在として振り返るには気の遠くなる年月が必要なはずである。「この国は、必ずその灰の中から蘇る」。著者の祖国に対する願いが一日も早く成就することを、心から祈りつつ。

訳者

二〇一六年八月

索　引

カ行

サ行

タ行

ナ行

ハ行

マ行

The original English edition of this book is entitled
'Under the Black Flag: At the Frontier of the New Jihad'
and Published by I.B.Tauris & Co Ltd.

イスラーム国の黒旗のもとに

新たなるジハード主義の展開と深層

2016年9月26日　第1刷印刷
2016年10月11日　第1刷発行

著者――サーミー・ムバイヤド
訳者――高尾賢一郎＋福永浩一
発行人――清水一人
発行所――青土社

〒101-0051　東京都千代田区神田神保町1-29　市瀬ビル
［電話］03-3291-9831（編集）　03-3294-7829（営業）
［振替］00190-7-192955

印刷所――ディグ（本文）
方英社（カバー・表紙・扉）
製本――小泉製本
装幀――竹中尚史

Printed in Japan
ISBN978-4-7917-6946-9　C0030